Byeouk-Gyu Lee
Energie- und Umweltpolitik in der VR China

Byeouk-Gyu Lee

Energie- und Umweltpolitik in der VR China

Mit einem Geleitwort von
Prof. Dr. Konrad Wegmann

 Springer Fachmedien Wiesbaden GmbH

Die Deutsche Bibliothek – CIP-Einheitsaufnahme

Lee, Byeouk-Gyu:
Energie- und Umweltpolitik in der VR China / Byeouk-Gyu Lee.
Mit einem Geleitw von Konrad Wegmann –
(DUV : Sozialwissenschaft)
Zugl.: Bochum, Univ , Diss., 1997
ISBN 978-3-8244-4223-2   ISBN 978-3-663-09929-1 (eBook)
DOI 10.1007/978-3-663-09929-1

© Springer Fachmedien Wiesbaden 1997
Ursprünglich erschienen bei Deutscher Universitäts-Verlag GmbH, Wiesbaden 1997

Lektorat: Monika Mülhausen

Das Werk einschließlich aller seiner Teile ist urheberrechtlich geschützt. Jede Verwertung außerhalb der engen Grenzen des Urheberrechtsgesetzes ist ohne Zustimmung des Verlags unzulässig und strafbar. Das gilt insbesondere für Vervielfältigungen, Übersetzungen, Mikroverfilmungen und die Einspeicherung und Verarbeitung in elektronischen Systemen.

Geleitwort

Im allgemeinen liegen die Ursachen für Umweltprobleme sowohl in der Produktion als auch in der Konsumtion, wobei der Produktionsfaktor Energie eine entscheidende Rolle spielt und für das hohe Ausmaß der Probleme verantwortlich ist.

Das gilt auch für die VR China. Angenommen, die gesamte chinesische Bevölkerung verbrauche täglich Aluminiumfolie, um ihre Reisschale bei Tisch abzudecken, dann muß diese erstmal produziert werden. Für die Produktion benötigt man Energie. Verwendet man dabei fossile Energieträger, so entsteht Umweltverschmutzung allein durch die anfallenden Emissionen. Werden diese Folien dann gebraucht, fallen anschließend jeden Tag mindestens 1,2 Mrd. Stück Aluminiumfolie als Müll an. So stellt sich die Umweltsituation im bevölkerungsreichsten Land der Erde dar.

Seitdem die VR China Ende der 70er Jahre ein Modernisierungsprogramm verkündet hat, hat sie ein beachtliches wirtschaftliches Wachstum zu verzeichnen. Die daraus resultierenden Umweltprobleme sind in China jetzt, kurz vor dem 21. Jahrhundert, besorgniserregender denn je. Angesichts der ökologischen Gegebenheiten, die den kommenden Generationen in China durchaus ein gesundes Leben ermöglichen sollten, ist es notwendiger als je zuvor, sich um eine wissenschaftlich fundierte Lösung der Probleme zu bemühen.

In diesem Zusammenhang ist das vorliegende Buch von Herrn Byeouk-Gyu Lee als ein sozialwissenschaftlicher Beitrag zur Lösung der Umweltproblematik in China zu verstehen. Der Verfasser erhebt den Anspruch einer fachübergreifenden Herangehensweise, indem er die Zusammenhänge zwischen Politik, Wirtschaft und Gesellschaft berücksichtigt. Die Notwendigkeit dieser Sichtweise ergibt sich aus dem fachübergreifenden Charakter der Umweltthematik. Denn Umweltprobleme, denen durch staatliche *policies* entgegengesteuert wird, halten sich in der Regel nicht an die bestehende wissenschaftliche Arbeitsteilung.

Trotzdem ist westliche Literatur, die sich in dieser Weise mit der Umweltthematik in China auseinandersetzt, noch selten - ganz zu schweigen von chinesischer Literatur. Deshalb ist das vorliegende Buch, in dem versucht wird, neuere westliche sozialwissenschaftliche Erkenntnisse auf die chinesische Situation anzuwenden, als wertvoller wissenschaftlicher Versuch einzuschätzen, diese Problematik interdisziplinär in Angriff zu nehmen. Das Buch enthält einen theoretischen und einen praktischen Teil. Im theoretischen Teil setzt sich der Verfasser auf der Basis wirtschaftswissenschaftlicher und soziologischer Ansätze wie der "öffentlichen Güter"-Theorie und der "Reflexiven Modernisierung" mit den Entwicklungstheorien auseinander. Darin zeigt sich die gut fundierte theoretische Grundlage dieser Arbeit. Im praktischen Teil untersucht der Verfasser, der bei mehrmaligen Forschungsaufenthalten in der VR China intensives Quellenstudium betrieben hat, die Möglichkeiten, eine ökologische Steuerreform auf die VR China anzuwenden.

Es wird interessant sein zu beobachten, wie die chinesische Modernisierung im bevorstehenden 21. Jh. aussehen wird, sowohl im positiven als auch negativen Sinne. Für diese Beobachtung ist das Buch als guter Maßstab zu empfehlen.

Konrad Wegmann

Vorwort

Mit der vorliegenden Arbeit hat sich der Autor die Aufgabe gestellt, auf dem Hintergrund der stattfindenden wirtschaftspolitischen Umwälzungen die Energie- und Umweltpolitik in der VR China zu untersuchen. Die zentrale Fragestellung ist dabei die nach den Wechselwirkungen zwischen der Energie- und Umweltpolitik und der Transformation des wirtschaftlichen Systems von der zentralen Planwirtschaft in ein System marktwirtschaftlicher Ordnung. Es stellt sich insbesondere die Frage, ob die Probleme der Energie- und Umweltpolitik im Rahmen der gegenwärtigen Transformationspolitik bewältigt werden können und wenn nicht: welche wissenschaftlich begründbaren theoretischen und praktischen Lösungsansätze anwendbar sind und wie sich andererseits eine veränderte Energie- und Umweltpolitik auf den Umgestaltungsprozeß in China auswirken würde.

Jede wissenschafliche Untersuchung basiert sowohl auf objektiven Kriterien als auch auf theoretischen Hypothesen, die dazu dienen, die Untersuchung systematisch durchzuführen, zu beurteilen und Prognosen zu erstellen. Absolute Objektivität ist aber kaum zu erreichen. Auch wenn physikalische, chemische und biologische Prozesse in der Energie- und Umweltpoltik eine große Rolle spielen, zeigt sich doch gerade hier, daß eine rein naturwissenschaftliche Herangehensweise unzureichend ist. Wenn es darum geht, Fakten zu beurteilen und einzuordnen in gesellschaftspolitische Gegebenheiten, hat auch die Objektivität der Naturwissenschaften ihre Grenzen. Ein gutes Beispiel dafür ist die Einschätzung der Sicherheit von Atomkraftwerken. Hier sind die Meinungen der Naturwissenschaftler und Ingenieure in zwei Lager geteilt: Befürworter und Gegner. Auch über die Auswirkungen der Kernkrafttechnologie auf die Ökologie existieren keine einheitlichen naturwissenschaftlichen Erkenntnisse. Die Ergebnisse in diesem Bereich sind sämtlich umstritten und nicht frei von gesellschaftspolitischen und wirtschaftlichen Interessen.

Damit begründet sich die Notwendigkeit einer interdisziplinären, v.a. sozialwissenschaftlichen Vorgehensweise, der ich mich in dieser Arbeit bedient habe. Dabei habe ich auf der Grundlage einer Analyse der Zusammenhänge zwischen der ökologischen Situation und den technischen, wirtschaftlichen und sozialen Gegebenheiten in China theoretische Erkenntnisse wie die Unterscheidung zwischen einfacher und reflexiver Modernisierung von Ulrich Beck verknüpft mit praktischen Lösungsansätzen wie die ökologische Steuerreform.

Im Hintergrund stand dabei auch die Motivation, im Zeitalter der globalen 'Nachahmung als Entwicklung' nach einem vernünftigen speziellen chinesischen Weg der Entwicklung zu suchen. So habe ich unter dem Apekt der ökologischen Probleme die konventionellen Entwicklungsmodelle kritisiert in dem Bestreben, theoretische und praktische Lösungsansätze für die VR China zu finden, in dem die Energie- und Umweltpolitik ihren angemessenen Platz hat.

Vorliegende Arbeit wurde im Herbst 1996 an der Fakultät für Ostasienwissenschaft der Ruhr-Universität Bochum als Dissertation angenommen. An dieser Stelle möchte ich mich bei allen bedanken, ohne deren Unterstützung ich diese Arbeit nicht hätte schreiben können.

Vor allem bei Herrn Prof. Dr. Konrad Wegmann für die intensive Betreuung. Seine tiefempfundene Besorgnis über die ökologische Situation in China und sein unerschütterliches Vertrauen in die Möglichkeit einer dauerhaften menschlichen Zukunft in China hat mich beim Schreiben der Arbeit immer begleitet und immer wieder ermutigt. Bei Herrn Priv. Dozent Dr. Wolfgang Ommerborn, der das Zweitgutachten übernommen hat, für seine engagierte und anregende Kritik, die für mich sowohl richtungsweisend als auch im Detail hilfreich waren. Bei Herrn Prof. Dr. Christian Uhlig für die sorgfältige Überprüfung der Struktur dieser Arbeit aus wirtschaftswissenschaftlicher Sicht. Bei Herrn Prof. Dr. E. U. Weizsäcker, der mich in meinem Vorhaben, die ökologische Steuerreform auf die Situation in der VR China anzuwenden, ermutigt und bestätigt hat.

Bei Herrn Guo-Quan Sun für das Kurrekturlesen der chinesischen Zusammenfassung und nicht zuletzt bei Frau A. E. Schlüter für das mühesame Korrekturlesen der Arbeit und ihre Unterstützung bei der Arbeit am Computer.

Widmen möchte ich die Arbeit meiner Mutter, die in Korea lange auf meine Rückkehr gewartet hat und meinem verstorbenen Vater.

Byeouk-Gyu Lee

INHALTSVERZEICHNIS

Einleitung 1

Erster Teil:
Die Theorie der reflexiven Modernisierung als alternativer Lösungs-
ansatz für die Energie- und Umweltpolitik...11

1. Zur Kritik des Modernisierungsverständnisses in der vorhandenen Literatur im Kontext der ökologischen Krise: Die Industrialisierung auf der Basis der Schwerindustrie als Grundlage der Entwicklung..12

1.1. Modernisierungstheorie...12

1.2. Dependenztheorie 24

1.3. Zum ideologischen Selbstverständnis der Kommunistischen Partei Chinas (KPCh) in ihrer Entwicklung seit 1978......................30

2. Kritik des konventionellen Modernisierungsverständnisses und die Alternative: der reflexive Modernisierungsansatz.......................43

2.1. Modernisierung als Rationalisierung und die "instrumentelle Vernunft"..43

2.2. Einfache Modernisierung und reflexive Modernisierung 47

2.2.1. Einfache Modernisierung und ihre Beschränktheit im Zusammenhang mit der Umweltschutzproblematik..47

2.2.2. Reflexive Modernisierung als notwendige Antwort auf die ökologische Krise...51

3.	Energie- und umweltpolitische Lösungsansätze im Kontext der reflexiven Modernisierungstheorie	55
3.1.	Die ökologische Steuerreform als Vorsorgeprinzip zur Förderung der erneuerbaren Energien	55
3.2.	Erneuerbare Energien im Bereich der Energiewirtschaft	59
3.2.1.	Die Technologie der erneuerbaren Energien	59
3.2.2.	Erneuerbare Energien unter dem Aspekt der Wirtschaftlichkeit	61
3.2.3.	Erneuerbare Energien unter sozioökonomischem Aspekt	63

Zweiter Teil:
Energieversorgung und Umweltgefährdung in der VR China 65

4.	Die ökologische Situation in der VR China unter dem Aspekt der Energieversorgung.	65
4.1.	Umweltproblem Luft	68
4.1.1.	CO_2- Emissionen / Treibhauseffekt	68
4.1.2.	Luftbelastung	73
4.2.	Umweltproblem Boden	82
4.2.1.	Entwaldung und Bodenerosion	82
4.2.2.	Bodenbelastung	88
4.3.	Umweltproblem Wasser	91
4.4.	Zusammenfassende Beurteilung der Umweltgefährdung durch die auf fossilen Energieträgern basierende Energiewirtschaft	95

Dritter Teil:
Chinesische Energie- und Umweltpolitik - Tauglichkeit des reflexiven Modernisierungsansatzes in der VR China 97

5. Einflußfaktoren der Energie- und Umweltpolitik der VR China 97

5.1. Die Arbeitswerttheorie als ideologischer Faktor der chinesischen Energiepolitik im Zusammenhang mit der Umweltzerstörung 97

5.2. Die Beschäftigungsproblematik als sozioökonomischer Faktor 103

6. Inhalte und Auswirkungen der chinesischen Energie- und Umweltpolitik 107

6.1. Die Transformation des Wirtschaftssystems und die Energiepolitik der VR China seit 1978 107

6.2. Investitionspolitik in der Energiewirtschaft 112

6.2.1. Förderungen im Energiesektor, der auf fossilen Energieträgern beruht 116

6.2.1.1. Investitionen in die Kohleindustrie 116

6.2.1.2. Erdöl- und Erdgasindustrie 123

6.2.1.3. Elektrizitätsindustrie und Wasserkraftwerke 128

6.2.2. Atomkraftwerke in der VR China 134

6.3. Energieverbrauchsstruktur 136

6.4. Die vorwiegend auf Grenzwerten basierenden energie- und umweltpolitischen Maßnahmen in der VR China 138

6.4.1. Die auf nachgeschalteten Technologien basierenden Umweltschutzmaßnahmen 138

6.4.2. Brennstoffsubstitution 141

Vierter Teil:
Lösungsansätze im Rahmen der reflexiven Modernisierung und ihre Anwendung auf die spezielle Energie- und Umwelt-Problematik in der VR China 143

7. Förderung der Nutzung regenerativer Energien und Einführung der ökologischen Steuerreform in der VR China 143

7.1. Aufbau der auf regenerativen Energien basierenden Energieversorgung 143

7.1.1. Kleine Wasserkraftwerke 148

7.1.2. Biogasenergie 151

7.2. Die ökologische Steuerreform zur Förderung der Nutzung regenerativer Energien in der VR China 155

7.2.1. Energieproduktivität 155

7.2.2. Preiserhöhung bei den fossilen Energieträgern 157

Zusammenfassung und Schluß 163

Abkürzungen der verwendeten chinesischen Zeitschriften 169
Literaturverzeichnis 171
Chinesische Zusammenfassung 195

Verzeichnis der Tabellen

Tabelle 1: Prozentualer Anteil der Treibhausgase weltweit am zusätzlichen Treibhauseffekt bezogen auf ihre Konzentration 70

Tabelle 2: Derzeitige Anteile der verschiedenen Verursacherbereiche welt-weit am zusätzlichen, anthropogen bedingten Treibhauseffekt 71

Tabelle 3: Menge des Staubs und SO_2 aus Kohleverbrennung in China im Jahr 1989 75

Tabelle 4: Abgasmenge und Abgasbehandlung in China (1980-1991) 77

Tabelle 5: hinas Ausstattung mit ausgewählten natürlichen Ressourcen pro Kopf der Bevölkerung im Vergleich (1985) 82

Tabelle 6: Abwassermenge und Abwasserbehandlung in China (1980-1990) 92

Tabelle 7: Situation der Großwirtschaftsräume hinsichtlich der Kohlereserven, der Kohleförderung, des Kohleverbrauchs und dem Bruttoproduktionswert (BPW) der Industrie 117

Tabelle 8: Entwicklung der durchschnittlichen Förderkosten pro Tonne Kohle 121

Tabelle 9: Vorkommen und Stellung der Großwirtschaftsräume Chinas hinsichtlich des Energiepotentials 124

Tabelle 10: Entwicklung der Rohölförderung in den wichtigsten Fördergebieten 1977 - 1985 127

Tabelle 11: Struktur der Kraftwerke nach Primärenergie 131

Tabelle 12: Veränderung des sektoralen Energieverbrauchs 1949-1990 136

Tabelle 13: Sektorale Elektrizitätsverbrauchsstruktur in der VR China und in ausgewählten Ländern(Entwicklungsländer) 136

Tabelle 14: Sektorale Elektrizitätsverbrauchsstruktur in der VR China und in ausgewählten Ländern(Industrieländer) 137

Tabelle 15: Struktur des Energieverbrauchs in China, Anteil der jeweiligen Energieträger am gesamten Verbrauch 137

Tabelle 16:	Umweltsstandard in Bezug auf die durch Energiegewinnung, Umwandlung und Verbrauch verursachten Umweltprobleme	139
Tabelle 17:	Installed Small Scale Renewable Energy Capacity in PR China (End 1990)	145
Tabelle 18:	Chinesische Energieproduktivität und Vergleich mit der in westlichen Ländern	155
Tabelle 19:	Preis- und Subventionsentwicklung der Rohkohle	157
Tabelle 20:	Die Relation der Kohlepreise zu anderen Güterpreisen in China im Vergleich zu den Preisrelationen in anderen Ländern	158

Verzeichnis der Abbildungen

Abbildung 1: Risiken und Gefahren 48

Abbildung 2: Zusammenhang zwischen Marktanteil und Preisentwicklung bei fossiler und erneuerbarer Energie 58

Abbildung 3: Die Luftsituation in der VR China (1988 - 1993) 74

Abbildung 4: Die industrielle Abfallsituation in der VR China (1988 - 1993) 89

Abbildung 5: Die Abwassersituation in der VR China (1988 - 1993) 91

Abbildung 6: Die gesamte Produktions- und Fördermenge der primären Energie 113

Abbildung 7: Jahresdurchschnittliche Investbauinvestitionen in den Energie-bereichen während der einzelnen Planperioden 114

Abbildung 8: Struktur der gesamten Produktion der primären Energie 125

Abbildung 9: Elektrizitätserzeugungsmenge 129

Abbildung 10: Chinesisches Verbundsystem 133

Einleitung

i. Fragestellung und Relevanz der Arbeit

Mit dem Zusammenbruch der UdSSR wurde der Ost-West-Konflikt de facto beendet. Seitdem befinden sich alle Länder mit ehemals sozialistischen Wirtschafts- und Gesell-schaftssystemen auf der Suche nach einem geeigneten zukünftigen System. Dies hat viele Fragen nach der Transformation der sozialen, politischen und wirtschaftlichen Ordnung dieser Länder aufgeworfen, z.B. im Zusammenhang mit Effizienz-, Demokratie-, Umweltfragen. Zu ihrer Beantwortung bedarf es eines angemessenen begrifflichen Rahmens, der den Prozeß des Systemwandels in das Zentrum der Betrachtung stellt, und einer in sich konsistenten und brauchbaren Theorie. Das betrifft auch die VR China, in der seit dem Ende der 70er Jahre eine Reihe ordnungspolitischer Reformen des Wirtschaftssystems durchgeführt wurden.

Eine vergleichbare Auseinandersetzung fand im Westen im Kontext der Diskussion um die Entwicklung bzw. den sozialen Wandel in den Ländern der sogenannten Dritten Welt statt. Seit den 50er Jahren versuchen die Entwicklungstheoretiker, den sozialen Wandel in den Entwicklungsländern zu analysieren und Entwicklungsmodell zu schaffen. Bis in die 70er Jahre wurde die theoretische Auseinandersetzung hauptsächlich von zwei gegensätzlichen Strömungen bestimmt: von den Vertretern der Modernisierungstheorie, die sich auf Max Weber beziehen, einerseits und den Dependenztheoretikern, die sich auf die Leninsche Imperialismustheorie stützen, andererseits. Letztendlich ist jedoch trotz aller Gegensätzlichkeit bei beiden Strömungen die Nachahmung des traditionellen Entwicklungsweges festzustellen, wie er in Europa, Nordamerika und Japan stattgefunden hat, nämlich die Gleichsetzung der Moderne mit der Industriemoderne [1]. Ein wichtiges Indiz dafür ist die Einschätzung der Rolle der Schwerindustrie. Wie selbstverständlich setzen beide voraus, daß Modernisierung nur auf der Grundlage einer auf der Schwerindustrie basierenden Industrialisierung möglich ist. Diese entwicklungspolitische Strategie ist auch in der VR China vorherrschend.

Demgegenüber waren einige Entwicklungstheoretiker bemüht, eine Alternative vorzustellen. So haben z.B. Mitte der 70er Jahre die Dag Hammarskjöld Foundation und die International Foundation for Development Alternatives (IFDA) mit ihrem Begriff einer "alternativen Entwicklung" zur Wiederbelebung der entwicklungsstrategischen Diskussion entscheidend beigetragen.

---

1. Vgl.: Beck, Ulrich, Die Erfindung des Politischen, Frankfurt/Main, 1993, S. 69-72.

Für den Umbruch, der sich gegenwärtig in den ehemaligen 'sozialistischen Ländern' vollzieht, wird von einigen Theoretikern (z.B. Wolfgang Zapf) die Modernisierungstheorie weiterhin als Erklärungsmodell empfohlen. Aber es ist davon auszugehen: Wenn man heute die Diskussion um sozialen Wandel im Kontext der Entwicklung aufgreift, müssen die Antworten im Lichte theoretischer Fortschritte und neuer Ansätze in den Gesellschaftswissenschaften gegeben werden. Von daher hat sich der Verfasser die Unterscheidung zwischen einfacher Modernisierung und reflexiver Modernisierung von Ulrich Beck zu eigen gemacht und als theoretischen Bezugsrahmen einer zukünftigen Energie- und Umweltpolitik herangezogen.

Vor dem Hintergrund der Überwindung des Kalten Krieges und angesichts der allgegenwärtigen ökologischen Zerstörung [2] hat U. Beck die konventionelle Modernisierungstheorie kritisiert. Er stellte ihr die reflexive Modernisierung gegenüber, die er als eine "Rationalisierung der Rationalisierung" versteht. Während die Strukturell-Funktionalisten, die Hauptvertreter der Modernisierungstheorie (Gabriel A. Almond, Marion Levy, S. N. Eisenstadt u. a.) das Wirtschaftswunderland Deutschland für einen paradigmatischen Fall der Moderne halten, hat Ulrich Beck es schon 1984 als "Risikogesellschaft" bezeichnet, in der mehr Risiken als Reichtum produziert werden. Mit der Kritik der konventionellen Modernisierung, die sich in seiner Theorie als "einfache Modernisierung" in der "Rationalisierung der Tradition" niederschlägt, hat er zugleich die Fragestellung aufgeworfen, "was geschieht, wenn die Industriegesellschaft selbst zur 'Tradition' wird" [3]. Auf vielen Gebieten haben Wissenschaftler eine Reihe neuer ökologischer realpolitischer Vorschläge erarbeitet, die sich in die Theorie der reflexiven Modernisierung einordnen lassen. Dazu gehören die von Ernst U. von Weizsäcker vertretenen Thesen zur "Ökologischen Steuerreform" sowie zur Nutzung von erneuerbaren Energien, die für die Energie- und Umweltpolitik als relevant anzusehen sind. Es wird sich zeigen, daß diese neueren theoretischen Erkenntnisse und die damit zusammenhängenden alternativen Vorschläge auch für die Erforschung der Energie- und Umweltpolitik der VR China relevant sind, besonderers angesichts der Tatsache, daß die VR China seit 1978 die Modernisierung aktiv in Gang gebracht hat und Umweltprobleme zu einem besorgniserregenden Aspekt dieser Entwicklung geworden sind.

---

2. Als ernste Warnung sind 1. 575 Wissenschaftler, unter ihnen 99 Nobelpreisträger, der Ansicht, daß den Menschen nur noch wenige Jahrzehnte verbleiben, um ein langfristiges Überleben auf der Erde zu sichern. Die dringendsten Probleme seien unter anderem die ökologische Zerstörung und die Überbevölkerung.
Vgl.: "Tageszeitung" (TAZ), 19. November 1992

3. Auf die Unterscheidung zwischen einfacher und reflexiver Modernisierung wird in Kapitel 2 näher eingegangen.

Gegenwärtig erschöpft sich die westliche Literatur, die sich mit den Umweltproblemen in der VR China auseinandersetzt, in der einfachen Darstellung von Umweltsituationen und vereinzelten "technologischen Gegenmaßnahmen" wie z.B. Filteranlagen gegen die Luftverschmutzung. Somit zeigt sich eine Lücke bezüglich der politischen Lösungsansätze, die nicht nur konkrete und systematische Instrumente beinhalten sollten, sondern auch einen direkten, kritischen Bezug zur theoretischen Diskussion um die Modernisierung aufzeigen müßten. Die Notwendigkeit der theoretischen Auseinandersetzung ist in dem wechselseitigen Verhältnis von Umwelt und Modernisierung begründet. Dabei ist folgendes zu berücksichtigen: Angesichts der ökologischen Krise und der Tatsache, daß mit dem Ende des Kalten Krieges viele sozialwissenschaftlichen Begriffe und ihr jeweiliger Bezugsrahmen - wie Ost-West oder Links-Rechts - ihre Bedeutung verloren haben, scheint eine einseitig empirische Spezifizierung auf der Grundlage der konventionellen sozialwissenschaftlichen Paradigmen problematisch zu sein. Um so mehr empfiehlt sich im Sinne einer umfassenderen, fachübergreifenden Sichtweise die Berücksichtigung der Zusammenhänge zwischen Politik, Wirtschaft und Gesellschaft im Modernisierungsprozeß. Die vorliegende Arbeit erhebt den Anspruch, diese Herangehensweise zu praktizieren.

Zentraler Untersuchungsgegenstand dieser Arbeit ist die "Energie- und Umweltpolitik" (abgek. E. u. U.) in der VR China. Damit werden zwei *policies*, Energie und Umwelt, die nicht selten unterschiedliche Ziele verfolgen, in Verbindung gebracht, wobei die Bewertung ihrer Energie- und Umweltpolitik dazu beiträgt, die gesamte Entwicklung Chinas, vor allem seit 1978, einzuschätzen. Während die klassische Umweltpolitik Aufgaben in verschiedenen Bereichen der staatlichen Politik - unter anderem in der Erziehung, Landwirtschaft, Wirtschaft usw. - erfüllt, ist die Energiepolitik in erster Linie ein unverzichtbarer Bestandteil einer an optimaler Konjunkturbelebung orientierten Wirtschaftspolitik. Dies liegt darin begründet, daß Energie als Produktionsfaktor eine grundlegende Voraussetzung fast aller Wirtschaftsaktivitäten darstellt. Angesichts der Notwendigkeit der Energieversorgung ist die Gewährleistung und Erhaltung der Versorgungssicherheit in der Regel das Hauptziel der Energiepolitik.

Wenn Energiepolitik jedoch lediglich an der Sicherstellung der Energieversorgung orientiert ist und andere Aspekte, z.B. die durch sie entstandenen Umweltprobleme, unberücksichtigt läßt, kann sie mit den Zielen anderer *policies* wie der Umweltpolitik in Konflikt geraten. Die potentielle Gegensätzlichkeit zwischen E. u. U. ist vor allem deshalb so groß, weil die schädlichen Umweltfolgen der Energiepolitik qualitativ und quantitativ sehr hoch sind. Die Verbindung der Energiepolitik mit der Umweltpolitik erfordert daher, daß erstere nicht nur als Wirtschaftspolitik betrachtet wird, sondern als Entwicklungspolitik im weitesten Sinne.

Ob auf chinesischer Seite entsprechende Einsichten in die eigene E. u. U. - oder zumindest Ansätze dazu - vorhanden sind, bleibt fraglich. Schon im Jahr 1976 wurde in der VR China offiziell das Ziel einer "Harmonie" zwischen Wirtschaft und Umwelt verkündet. Zu dieser Beziehung zwischen wirtschaftlicher Entwicklung und Umwelt schrieb 1976 der ehemalige Stellvertretende Direktor des Umweltschutzbüros im Staatsrat (1981), Qu Ge-ping [4]:
"*Entwicklung der Wirtschaft und Umweltschutz sind voneinander abhängig und treiben sich gegenseitig voran. Die wirtschaftliche Entwicklung bringt Umweltprobleme mit sich und der Umweltschutz stellt eine wichtige Bedingung für die Entwicklung der Wirtschaft dar.*" [5]
Dieser Anspruch der Harmonie zwischen Umwelt und Wirtschaft findet sich auch im offiziellen Modernisierungskonzept der Kommunistischen Partei Chinas (KPCh) von 1978. Da die Energieversorgung die Grundlage für die Entwicklung der Wirtschaft ist, ist eine tatsächliche Harmonie zwischen Umwelt und Wirtschaft aber nur möglich, wenn es gelingt, die Ziele der Energiepolitik und der Umweltpolitik miteinander in Einklang zu bringen und die aufgezeigte Gegensätzlichkeit zu überwinden. Es gilt also, die Ziele der E. u. U. und ihre Realisierung in der chinesischen "Reformpolitik" dahingehend zu untersuchen, wie die Ziele im Bereich der Energie und Umwelt miteinander verbunden sind und in welcher Beziehung die Transformation des chinesischen Wirtschaftssystems zur E. u. U. steht.

Weiterhin geht es darum, die angesprochenen neueren Erkenntnisse, wie sie sich in der Theorie der "reflexiven Modernisierung" niederschlagen, auf die Bedingungen der VR China anzuwenden.

---

4. Qu, Ge-ping hat seit seiner Teilnahme an der Umwelt-Konferenz der Vereinten Nationen in Stockholm 1972 in der Regierung eine führende Position im Bereich Umweltschutz. Er hat sowohl bei der Ausarbeitung der Theorie zur Koordination des wirtschaftlichen Wachstums mit dem Umweltschutz mitgewirkt, wie auch bei der Erarbeitung der Leitlinien zum Umweltschutz in China.
Vgl.: Qu, Ge-ping, Environmental Management in China, Beijing 1991, S. I

5. Qu, Ge-ping, Umwelt und Entwicklung, in: Peking-Rundschau, Nr. 20, 18. 5. 1976, S. 20

ii. Aufbau der Arbeit

Der erste, theoretische Teil beschäftigt sich mit drei Entwicklungstypen: westliche Modernisierung, Dependenztheorie und Modernisierung im Rahmen der sozialistischen Warenwirtschaft. Dabei konzentriert sich der Verfasser auf die Analyse der ökologisch relevanten Aspekte und auf die Rationalitätsproblematik des jeweiligen Entwicklungstyps. Die Beschäftigung mit wichtigen Deutungsmustern der Modernisierung ist eine Voraussetzung, um die gegenwärtig in der VR China stattfindenden Reformen - insbesondere die Transformation des Wirtschaftssystems - in adäquater Weise zu erfassen. Das 2. Kapitel dieses Teils behandelt die energie- und umweltpolitischen Optionen, die auf dem alternativen Konzept "reflexiver Modernisierung" basieren. Dabei geht es nicht um die allgemeine und vergleichende Theorie, sondern um die Folgen der reflexiven Modernisierung für die E. u. U.

Im zweiten Teil wird versucht, die Struktur der Umweltprobleme in der VR China im Zusammenhang mit den Energieaktivitäten zu verdeutlichen.

Der dritte Teil dient dazu, die Faktoren herauszufinden, die einen relevanten Einfluß auf die chinesische E. u. U. haben, und die Inhalte dieser Politik im Rahmen der Policy-Forschung zu analysieren. Diese Analyse erfolgt aus der Fragestellung heraus, ob der reflexive Modernisierungsansatz für eine ökologische Reform der chinesischen E. u. U. nützlich ist und welche Faktoren bei dieser Reform berücksichtigt werden müssen. Dabei wird die Analyse der Einflußfaktoren weitestgehend auf zwei beschränkt - Ideologie und sozioökonomische Probleme. Diese werden in der Policy-Forschung allgemein als relevante Einflußfaktoren anerkannt [6]. Diese Vorgehensweise entspricht auch den realen gesellschaftlichen Gegebenheiten in der VR China, angesichts der besonderen Rolle der Ideologie und der hohen akuten Arbeitslosigkeit.

Da die Umweltproblematik im Mittelpunkt der vorliegenden Arbeit steht, wird die Untersuchung ideologischer Faktoren auf die Auffassungen innerhalb der KPCh-Ideologie beschränkt, die sich auf das Verhältnis zwischen Menschen und Natur beziehen. Die Wahl der ideologisch determinierenden Einflußfaktoren findet ihre Rechtfertigung in der Annahme, daß die Ideologie über ihre politische Umsetzung die Entwicklungsrichtung und -inhalte bestimmt.

Im vierten Teil geht es darum, aus der Perspektive der soziologischen Rationalitätsproblematik und auf der Basis der kritischen Analyse des entwicklungstheoretischen

---

6. Vgl.: Schmidt, Manfred, Vergleichende Policy-Forschung, in: Berg-Schlosser, Müller-Rommel (Hrsg.) Vergleichende Politikwissenschaft, Opladen, 1987, S. 185 - 200

Gesamtkonzeptes und der empirischen Untersuchung der Inhalte der E. u. U. in der VR China energie- und umweltpolitische Lösungsansätze sowie Rahmenbedingungen zu erarbeiten, die im Sinne der reflexiven Modernisierung die sozioökonomischen Gegebenheiten der VR China mitberücksichtigen. Im Zentrum dieser Betrachtung stehen die Möglichkeiten des Einsatzes erneuerbarer Energien und die ökologische Steuerreform als Instrument, um ihre Produktion und ihre Verwendung zu fördern.

Der Terminus "Modernisierung" wird in der vorliegenden Arbeit verwendet, um verschiedene Teilprozesse der Entwicklung in den Ländern der Dritten Welt zusammenzufassen, wie etwa Akkumulation, Industrialisierung, Überwindung traditioneller Verhaltensweisen, Erweiterung der Subsysteme zweckrationalen Handelns etc. Dabei werden die ehemaligen realsozialistischen Systeme als eine spezifische Variante des Modernisierungsprozesses angesehen und zwar unter der Annahme, daß sich Modernisierung unter verschiedenen Bedingungen, vor allem, was das Eigentum an Produktionsmitteln betrifft, unterschiedlich vollzieht.

Nach Alan Wells z.B. ist Entwicklung das anhaltende Wachstum des materiellen Ertrages einer Gesellschaft, wenn dieser Ertrag den gesamten materiellen Reichtum steigert. Der Verfasser geht aus von der Notwendigkeit, zu diesem Argument eine kritische Haltung einzunehmen. Der Terminus "Entwicklung" wurde aus pragmatischen Gründen gewählt, um einen Oberbegriff aller Modernisierungstypen zu schaffen. Einige Sozialwissenschaftler dagegen wie z.B. Renè König versuchen den Begriff "Entwicklung" durch die wissenschaftlichere Sammelbezeichnung "sozialer Wandel" zu ersetzen, weil der Begriff "Entwicklung" im Hinblick auf die enge Anbindung an westlich-europäische Vorstellungen "wertbelastet" sei.

iii. Interdisziplinäre Vorgehensweise

Während die Untersuchung der E. u. U. in erster Linie zur "Politikfeldforschung" (*Policy*-Forschung) gehört, stammt die Unterscheidung zwischen einfacher und reflexive Modernisierung aus der soziologischen Auseinandersetzung um die Rationalitätsproblematik. Die vorliegende Arbeit verbindet beide Teildisziplinen miteinander. Die Notwendigkeit interdisziplinärer Untersuchungen in dieser Arbeit ergibt sich aus dem fachübergreifenden Charakter der gesamten Umweltthematik. Um zum Beispiel die Zusammenhänge zwischen Ökologie und Ökonomie zu verstehen, ist wirtschaftswissenschaftliches Verständnis unentbehrlich. Umweltprobleme, denen durch staatliche *policies* gegengesteuert wird, halten sich in der Regel nicht an die bestehende wissenschaftliche Arbeitsteilung.

Die Wertvorstellungen eines Menschen können zur Lösung der ökologischen Probleme beitragen, ebenso wie die Forschungs- und Wirtschaftsethik. Der wesentliche Lösungsansatz, der auch wesentlicher Bestandteil der Theorie der "reflexive Modernisierung" ist, liegt jedoch in der Auseinandersetzung mit der Reformierung "der historisch fragwürdig werdenden Regelsysteme der Institutionen" [7]. Von daher ist der soziologische Ansatz für die Bearbeitung von Umweltthemen unerläßlich. Nicht zuletzt bezieht auch die Politikwissenschaft soziologische Fragestellungen bei der Erforschung staatlicher Politik mit ein, da sie anderen Methoden und Disziplinen gegenüber offener ist, weil sie über kein dominierendes Paradigma verfügt [8]. Aus diesem Grund wird in dieser Arbeit mehr Gewicht auf die Reform der Institutionen als auf die Ethik gelegt, um die ökologische Krise zu überwinden.

Mit der Übertragung der Theorie der "reflexiven Modernisierung" auf die VR China ist ein grundsätzliches Problem verbunden. Fraglich ist insbesondere, ob und wie die Übertragung eines im europäischen Kontext konzipierten theoretischen Rahmens auf die VR China - eines ganz anders gearteten Geschichts- und Kulturraumes - überhaupt möglich ist. Die Übertragung europäisch geprägter sozialwissenschaftlicher Begriffe auf die chinesische Gesellschaft wurde nicht zu Unrecht häufig wegen des europäischen Kulturgehaltes dieser Begriffe kritisiert. Bei der Übertragung der Begriffe "Rationalisierung" und "reflexive Modernisierung" auf die chinesische Gesellschaft besteht tatsächlich das Risiko eines Mißverständnisses.

J. Habermas unterscheidet jedoch technische Regeln von gesellschaftlichen Normen. Da die gesellschaftliche Normen auf der Ebene der Umgangsprache definiert

---

7. Vgl.: Beck, Ulrich, Politik in der Risikogesellschaft, Frankfurt/Main, 1991, S. 189

8. Vgl.: Mintzel, Ralf, Politische Soziologie, in: Nohlen, Dieter (Hrsg.), Pipers Wörterbuch zur Politik, München, Zürich. Bd. 2, 1987, S. 781-783.

werden, ist hier das Risiko von Mißverständnissen nicht ausgeschlossen. Unpräzise Definitionen der Situation oder unterschiedliche soziokulturelle Hintergründe der Kommunikationspartner spielen dabei eine Rolle. Für einen Chinesen, der die europäische Kultur nicht kennt, ist es nicht leicht, ein Gespräch zwischen Europäern nachzuvollziehen, weil China und Europa unterschiedliche kulturelle Hintergründe haben. Dagegen besitzen die in technischen Regeln in einer künstlichen Sprache formulierten Aussagen eine große Unabhängigkeit vom alltäglichen kulturellen Kontakt. Gute Beispiele dafür sind Gebrauchsanweisungen für komplizierte Maschinen, Meßanleitungen usw. [9]

Nach Habermas entsprechen die zwei Handlungstypen - technische Regeln und gesellschaftliche Normen - zwei unterschiedlichen gesellschaftlichen Bereichen: der soziokulturellen Lebenswelt (z.B. Familie) und den Subsystemen zweckrationalen Handelns. Der kapitalistische Betrieb, der Markt, das Rechtssystem und die Bürokratie sind Beispiele für Subsysteme, in denen zweckrationales Handeln vorherrscht.

Inhalte der E. u. U. kommen in erster Linie in Gesetzen, Anordnungen und in der Investitionspolitik des Staates im Bereich der Energiewirtschaft zum Ausdruck. Sie sind daher in die Subsysteme zweckrationalen Handelns integriert. Die empirische Untersuchung der Arbeit (Dritter Teil), die das Ziel hat, Parameter der Unterscheidung zwischen einfacher und reflexiver Modernisierung in China zu suchen, kann nicht die gesamte soziokulturelle Lebenswelt einbeziehen, sondern beschränkt sich weitgehend auf das Subsystem E. u. U..

---

[9] Habermas, Jürgen, Theorie des kommunikativen Handelns, Bd. 2, Zur Kritik der funktionalistischen Vernunft, Frankfurt am Main, 1988, S. 229 - 244

iv.   Einordnung der Arbeit

Modernisierung darf sich nicht auf den wirtschaftlichen Aspekt der Entwicklungstheorie beschränken, sondern ist als "Rationalisierung" im Sinne Max Webers zu verstehen. [10] Die Wissenschaft, die sich in ihren Grundbegriffen am ehesten an der Rationalitätsproblematik orientiert, ist die Soziologie. Andere Disziplinen wie die Politik- oder Wirtschaftswissenschaft entlasten sich eher von der Aufgabe, die Gesellschaft im Ganzen aus der Perspektive der Rationalisierung zu konzipieren, weil *policies* in der Politikwissenschaft hauptsächlich aus dem Blickwinkel der politischen Legitimität heraus betrachtet werden, und in der Wirtschaftswissenschaft unter dem Aspekt der Produktivität und Rentablität. Die Verbindung der Politikfeldforschung mit dem soziologischen Ansatz der Rationalisierung rückt die vorliegende Arbeit in die Nähe der "Politischen Soziologie".

Andererseits kann die vorliegende Arbeit aufgrund ihrer Ausrichtung auf die räumlich-geographisch abgegrenzte politische Einheit der VR China auch als "Area"-Studie zu einem sozialistischen Entwicklungsland betrachtet werden.

---

[10]   Hindess, Barry, Rationality and the Characterization of Modern Society, in: Lash, Scott / Whimster, Sam (Hrsg.), Max Weber, Rationality and Modernity, London, 1987, S. 137; Sterbling, Anton, Modernisierung und soziologisches Denken, Hamburg, 1991, S. 107 - 111

v. **Quellen der Arbeit**

Während die chinesischen Umweltdaten bis Ende der 70er Jahre sehr spärlich waren und ihre Authentizität nicht selten fraglich ist, geben die Daten in den umweltschutzbezogenen chinesischen Medien und Veröffentlichungen, die im Laufe der Öffnungspolitik zustande gekommen sind, einen relativ verläßlichen Überblick über die ökologische Situation in der VR China.

Die chinesische Presse und die staatlichen Veröffentlichungen haben eine Propaganda- und Erziehungsfunktion. Die politischen und ideologischen Aussagen in den chinesischen Medien sind auf die inhaltliche Vorbereitung, Erklärung und Legitimierung von politischen Entscheidungen ausgerichtet. Daraus ergibt sich eine Annahme: Ein geheimer politischer und ideologischer Diskurs in den parteiinternen Kommunikationskanälen, von dem die Öffentlichkeit ausgeschlossen ist, deckt sich tendenziell mit der offiziell verkündeten Politik und Ideologie. Somit liegt der vorliegenden Arbeit die Prämisse zugrunde, daß sowohl die E. u. U. der VR China als auch die sie bestimmende Ideologie der KPCh über die von ihr kontrollierten Massenmedien der Öffentlichkeit gegenüber propagiert werden.

Erster Teil:
Die Theorie der reflexiven Modernisierung als alternativer Lösungsansatz für die Energie- und Umweltpolitik

In diesem theoretischen Teil geht es nicht darum, eine Theorie zu entwickeln, die in der Lage ist, allen "Entwicklungsländern" eine auf ihre jeweilige Geschichte und Situation zutreffende Analyse ihres Übergangsprozesses (Modernisierungsprozesses) zu liefern und ihnen die jeweils angemessenen Wege und Ziele ihrer speziellen Entwicklung aufzuzeigen. Die geographischen, geschichtlichen und kulturellen Bedingungen sind von Land zu Land quantitativ und qualitativ zu unterschiedlich. Der Modernisierungsprozeß dieser Länder ist für diese Arbeit nur insofern von Bedeutung, als er neben anderen Faktoren den historischen Hintergrund für die Entstehung der Theorien bildet, mit denen sich der Verfasser kritisch auseinandersetzt, ohne allerdings den Anspruch zu erheben, alle Aspekte des komplexen Wirkungszusammenhangs der Modernisierung aufzuzeigen. Im Zentrum dieses Teils der Arbeit stehen neue, kritische Theorieansätze, die in der Lage sind, die neuere Entwicklung in der VR China und die dabei auftretenden Übergangsphänomene aus ökologischer Perspektive zu erfassen und die umweltrelevanten Aspekte des chinesischen Modernisierungsversuchs theoretisch zu untermauern. Die Theorie der reflexiven Modernisierung liefert den alternativen begrifflichen Rahmen dazu - vor allem im Zusammenhang mit der Energie- und Umweltpolitik.

Mit dieser selektiven Fragestellung versucht der Verfasser, den Wirkungszusammenhang zwischen den politischen, ökonomischen und sozialen Umweltfaktoren zu erfassen statt sich auf einen Teilaspekt des Prozesses zu beschränken. Der theoretische Ansatz bleibt jedoch nicht spekulativ und operationalisierungsunfähig. Dies zeigt sich im dritten Teil der Arbeit, wo dann mit bestimmten Indikatoren empirisch überprüft wird, ob die aufgestellten Hypothesen für die Modernisierung in der VR China anwendbar sind. Der theoretische Teil ist somit Voraussetzung und Grundlage, um die Indikatoren für die empirische Untersuchung im weiteren Teil der Arbeit aufzustellen und zu begründen.

1. **Zur Kritik des Modernisierungsverständnisses in der vorhandenen Literatur im Kontext der ökologischen Krise: Die Industrialisierung auf der Basis der Schwerindustrie als Grundlage der Entwicklung**

1.1. Modernisierungstheorie

Nach dem Ende des 2. Weltkrieges haben sich viele ehemalige Kolonien die politische Unabhängigkeit erworben, eine Entwicklung, die geprägt war durch die ideologische Konfrontation zwischen den USA und der ehemaligen UdSSR. Die Modernisierungstheorien, die in der Zeit des "Kalten Krieges" entstanden sind, sehen in dem westlichen Weg der Modernisierung das Entwicklungsmodell für diese Länder und lehnen das sowjetische Modell ab.

Im entwicklungstheoretischen Schlagabtausch mit der Dependenztheorie in den 70er Jahren wurde jedoch der Modernisierungstheorie der Bankrott erklärt [11]. Nach dem Zusammenbruch des Ostblocks allerdings haben die Vertreter dieser Theorien als "Sieger" triumphiert. Die Modernisierungstheorie wurde von ihren Vertretern (z.B. Wolfgang Zapf) nicht zuletzt als geeigneter Ansatz empfohlen, um die Umbrüche im Osten zu verstehen. Somit hat sie wieder an Aktualität gewonnen [12].

Die Relevanz der Stellungnahmen von Modernisierungstheorikern im Zusammenhang mit der E. u. U. in China zeigt sich bei folgenden Fragestellungen:

---

11. Vgl.: Nuscheler, Franz, Lern- und Arbeitsbuch Entwicklungspolitik, Bonn, 1987, S. 66

12. Seit der Reformpolitik in der VR China haben eine Reihe chinesischer Wissenschaftler vorsichtig versucht, eine inoffizielle Interpretation der gegenwärtig stattfindenden Modernisierung zu formulieren. Die Modernisierungstheorie ist eine der Hauptrichtungen dieser inoffiziellen Interpretation. Sie befinden sich aber noch ganz am Anfang ihrer Forschung. Die meisten Arbeiten, die in China veröffentlicht wurden, sind Übersetzungen von ausländischen Forschungsarbeiten, die die Modernisierungstheorie als Methode annehmen.
    Siehe dazu:
    Kolonko, Petra, Mit Max gegen Marx? Zum Beginn einer Weber-Rezeption in der VR China, in: Internationales Asienforum, Vol. 18 (1987), No. 1/2, S. 157 - 161;
    Zhang, Sui, Zhongguo gongyehua (Industrialisierung in China), in: Jingjixue qingbao (Wirtschaftswissenschaftliche Informationen), 1995, Nr. 1, S. 2 - 6;
    Li, Xiulin / Li, Weichun / Chen, Anqing / Guo, Chen (Hrsg.), Zhongguo xiandaihua zhi zhexue tantao (Philosophische Untersuchung über die chinesische Modernisierung), Beijing, 1990;
    Zapf, Wolfgang, Modernisierung und Modernisierungstheorien, in: Zapf, Wolfgang (Hrsg.) Die Modernisierung moderner Gesellschaften, Frankfurt/ New York, 1990, S. 37

- Die Frage nach politischer und wirtschaftlicher Zentralisation und Dezentralisation. Die Atomkraftwerkprojekte und der Bau grosser Wasserkraftwerke wie das Drei-Schluchten-Dam-Projekt am Yangzi-Fluß sind im Hinblick auf die Umweltprobleme Gegenstand westlicher Kritik. Voraussetzung und Rahmenbedingung für die Durchführung solcher großen Projekte ist die politische Zentralisation, wie sie in der VR China vorherrschend ist. Projekte zur Produktion und Nutzung regenerativer Energiequellen dagegen erfordern dezentralisierte poltische und wirtschaftliche Strukturen.

- Die Schwerindustrie ist in der VR China Hauptverbraucher der Energie und damit Hauptverursacher der Umweltverschmutzung. Eine Entwicklungstheorie, die ihren Schwerpunkt auf den Aufbau der Schwerindustrie legt, ist deswegen nicht unproblematisch als Erklärungsmodell für die chinesische Entwicklung.

Die Kerngedanken der Modernisierungstheorien bestehen darin, die Entwicklung von Gesellschaften seit der Zeit der großen Revolutionen in Europa zu beschreiben und etappenweise zu erklären. Herausgestellt werden dabei der Vorsprung einzelner Gesellschaften und die Versuche anderer Gesellschaften, diesen Vorsprung aufzuholen.

Von besonderem Gewicht sind dabei
- die Bildung eines Nationalstaates wie z.B. in der großen französischen Revolution.
- das wirtschaftlche Wachstum wie z.B. in England während und nach der industriellen Revolution.

Um es zusammenzufassen: sozialer Wandel, wie ihn die Modernisierungstheoretiker propagieren, hat seinen Ursprung in der englischen industriellen Revolution von 1760 bis 1930 und in der politischen Französischen Revolution von 1789 bis 1794.
13

---

13 Cipolla, Carlo M., Die Industrielle Revolution in der Weltgeschichte, in: Cipolla, Carlo M. (Hrsg.), Die Industrielle Revolution, Stuttgart, 1976, S. 1;
Bendix, Reinhard, Modernisierung in internationaler Perspektive, in: Zapf, Wolfgang (Hrsg.), Theorien des sozialen Wandels, Königsstein, 4. Aufl. 1979, S. 510

Zentralisation und die Entstehung von Nationalstaaten

Bis zum Beginn der 60er Jahre war die Methodik der Vergleichenden Politikwissenschaft im Westen beschränkt auf einen Institutionenvergleich der westlichen parlamentarischen Verfassungssysteme. Insbesondere die Gemeinsamkeiten und Unterschiede zwischen den verschiedenen europäischen Verfassungssystemen waren der übliche Untersuchungsgegenstand dieser Methodik. Mit der schnell wachsenden Anzahl von nachkolonialen Staatsgebilden in den 50er Jahren wurden die Vertreter dieser konventionellen Methode mit der Frage konfrontiert, ob man sie auch auf die andersartigen Kulturen und Politiktraditionen der neu entstandenen Staatenwelt übertragen kann [14]. Vor allem die US-amerikanische politische Schule "Comparative Politics" (Almond, Coleman, Pye u. a.) hat auf diese methodische Herausforderung reagiert und die Bildung des Nationalstaates im Rahmen des demokratisches Verfassungsstaates als politische Modernisierung interpretiert.

Der strukturelle Funktionalismus als seine Methodologie steht diesem Ansatz nahe. Vertreter dieser Richtung sind Talcott Parsons und Emile Durkheim [15]. Sie haben Funktion und Anpassung hervorgehoben als transzendentale Prinzipien, gültig für alle Gesellschaftstypen. Dabei vergleichen sie den menschlichen Organismus mit dem sozialen System. Der menschliche Lebensprozeß als Ganzes setzt die Existenz einer organischen Struktur und ihre Funktion voraus und kann ohne sie nicht existieren. Dieses Verhältnis zwischen der Funktion des Organismus und seinem Lebensprozeß besitzt Parsons zufolge wesentliche Ähnlichkeit mit dem Verhältnis zwischen den Komponenten der Gesellschaft. Damit überträgt er das von ihm aufgestellte biologische Organismusmodell auf das gesellschaftliche System.

" Es ist ein fundamentales Prinzip der Organisation lebender Systeme, daß ihre Strukturen sich hinsichtlich der verschiedenen, ihnen von ihrem jeweiligen Milieu auferlegten Notwendigkeiten differenzieren. So sind die biologischen Funktionen der Atmung, der Nahrungsaufnahme und Ausscheidung, der Fortbewegung und der Informationsverarbeitung die Grundlagen unterschiedlicher Organsysteme, deren jedes auf die Notwendigkeit gewisser Beziehungen zwischen dem Organismus und

---

14. Vgl.: Nuscheler, Franz , Politikwissenschaftliche Entwicklungsländerforschung, Darmstadt, 1986, S. XIII

15. Vgl.: Homans, G. C., Funktionalismus, Verhaltenstheorie und sozialer Wandel, in: Zapf, Wolfgang (Hrsg.) Theorien des sozialen Wandels, Königsstein, 4. Aufl. 1979, S. 96

seinem Milieu spezialisiert ist. Wir werden dieses Prinzip zur Organisation unserer Analyse sozialer Systeme verwenden." 16

Neben der Funktion spielt der Begriff der Anpassung eine zentrale Rolle für den strukturellen Funktionalismus Talcott Parsons', auch hierbei gibt es starke Parallelen zwischen dem Biologismusmodell und dem Gesellschaftssystem. Ein weiterer zentraler Begriff ist der der Institution. Durkheim und Parsons definieren Institution als Bündel von Rollen, und eine Rolle als Bündel von Normen. Normen sind die Aussagen von Gruppenmitgliedern über das richtige an die jeweiligen Umstände angepaßte Verhalten. Normen, Rolle und Institution sind bestimmend für die Funktionsweise eines sozialen Subsystems Die Funktion sozialer Strukturelemente und Anpassung ist notwendig für das Überleben eines soziales System. Eine Institution zur Konfliktlösung beispielsweise ist unerläßlich für die Gesunderhaltung einer Gesellschaft. Dies ist die charakteristische Hypothese funktionalistischer Modernisierungstheorie.

In diese Richtung gehen auch die Vorstellungen von "Comparative Politics" über den "Demokratischen Verfassungsstaat", dem Idealbild einer demokratischen Institution [17]. Ihr spezielles Verständnis von Souveränität und Legitimität des Staatstypus "demokratischer Verfassungsstaat" ist die zentrale Aussage der strukturellfunktionalistischen Schule. Ihr zufolge stehen Souveränität und Legitimität in wechselseitigen Abhängigkeit zueinander. Souveränität ist zu verstehen als die Fähigkeit der Staatsgewalt, sich durchzusetzen und den inneren Frieden im Staat zu garantieren. Diese besteht nur solange, wie sie zumindest bei den Trägern des Staatsapparates als im wesentlichen gerechtfertigt gilt; d. h. die Souveränität des Staates hängt ab von seiner Legitimität und die Legitimität begründet seine Souveränität [18].

Hier zeigt sich die theoretische Verbindung dieser Schule wie auch der gesamten Modernisierungstheorie mit Max Weber. Weber unterscheidet drei Arten dieser Legitimität: charismatische, traditionelle und rationale Legitimität.
- Die charismatische Legitimität beruht auf der Heiligkeit, Heldenhaftigkeit oder Vorbildlichkeit einer Person;
- Traditionelle Legitimität begründet sich auf der Heiligkeit des von den Vätern Überlieferten, auf der Gewohnheit, der alten Ordnung.

---

16. Parsons, Talcott, Gesellschaften, Evolutionäre und komparative Perspektiven, Frankfurt/Main, 1986, S. 18/ 19

17. Vgl.: Nuscheler, Franz, a.a.O., S. XV

18. Vgl.: Bermbach, Udo, Demokratietheorie und politische Institutionen, Darmstadt, 1991, S. 193-211

- Rationale Legitimität besteht Max Weber zufolge in der Legalität der Ordnungen, d. h. der Rationalität des Rechts [19].

Bei Max Weber hat der moderne Staat eine rationale Legitimitätsgrundlage, während die kosmologische und theologische Lehre eine Grundlage für die Legitimation von Herrschaft in traditionellen Gesellschaften liefert. Die Theoretiker der politischen Modernisierung haben diese Auffassung voll übernommen. Somit sind die politischen Systeme im Westen, wie z.B. Großbritannien, für diese Theoretiker (z.B. Almond) die Verkörperung moderner politischer Systeme, die Verkörperung rationaler Legitimität [20].

Mit diesem theoretischen Rüstzeug wurden in den 60er Jahren "ganze Hundertschaften" von US-amerikanischen Politologen zur Feldforschung in die Dritte Welt geschickt. Dabei bestand neben dem wissenschaftlichen Erkenntnisinteresse das politische Interesse, die innenpolitisch labilen und außenpolitisch nicht selbständigen Länder der Dritten Welt in den westlichen Einflußbereich einzubeziehen [21]. Kurz gesagt: ihre Definition von politischer Entwicklung war - vor dem Hintergrund des Kalten Krieges - die proamerikanische und antikommunistische Stabilität.

Dabei ist nicht zu übersehen, daß die Frage nach Zentralisation und Dezentralisation ein entscheidender Parameter bei der Bildung moderner nationalstaatlicher Gesellschaften ist:
- bezüglich der Formen der Produktion und Konsumtion
- bezüglich der Austauschmechanismen von Waren
- für die Existenz bürokratischer Systeme
Aufgrund dieser Parametern hat z.B. M. J. Levy, ein bedeutender Modernisierungstheoretiker, Gesellschaften als traditionell definiert, in der die Produktion und Konsumtion dezentralisiert in geschlossenen Einheiten stattfindet. Die Moderne Gesellschaft verfügt überwiegend über eine einheitliche Form der Produktion und Konsumtion wie z.B. einen Markt auf nationaler Ebene. Das Vorhandensein der stark generalisierten Austauschmechanismen wie Geld und die Existenz bürokratischer

---

19. Vgl.: Münch, Richard, Die Struktur der Moderne, Grundmuster und differentielle Gestaltung des institutionellen Aufbaus der modernen Gesellschaften, Frankfurt/Main, 1984, S. 319-334

20. Vgl.: Almond, Politische Systeme und politischer Wandel, in: Zapf, Wolfgang, a.a.O., S. 215-216;
Pohlmann, Friedrich, Individualität, Geld und Rationalität, Stuttgart, 1987, S. 106 - 110

21. Vgl.: Nuscheler, Franz, a.a.O., 1986, S. XIII

Systeme sind nicht zuletzt Voraussetzung für diese Entwicklung [22]. Die Produktion und Konsumtion in geographisch großen Umfang führt zu einer rapiden Zunahme des Waren- und Personenverkehrs. Der wiederum ist eng verbunden mit Umweltproblemen wie z.b. der Luftverschmutzung. Mit der Kritik an der Modernisierungstheorie aus der Perspektive der Umweltprobleme, soweit sie im Zusammenhang mit der E. u. U. relevant ist, beschäftigt sich Kapitel 2.

Die Wachstumsorientierte Modernisierungstheorie

Beispielhaft für eine wirtschaftswissenschaftliche Ausrichtung der Modernisierungstheorie ist der stufentheoretische Ansatz von Rostow. Er hat den Modernisierungsprozeß in fünf Wachstumsstadien unterteilt:

- Die traditionelle Gesellschaft
- Die Anlaufperiode
- Die Phase des wirtschaftlichen Aufstiegs ("take-off")
- Die Entwicklung zum Reifestadium
- Das Zeitalter des Massenkonsums [23]

Wie für die Modernisierungstheorie typisch, vertritt er die Meinung, dieses Schema sei auf jede Volkswirtschaft anwendbar. Die traditionelle Gesellschaft basiert seiner Ansicht nach auf vor-Newtonscher Wissenschaft und Technik und vor-Newtonschem Verhalten gegenüber der physikalischen Welt. Da in einer solchen Gesellschaft das Verständnis der systematischen Zusammenhänge der Außenwelt und eine zielorientierte Forschung nicht existieren, können die Anwendungsmöglichkeiten der modernen Wissenschaft und Technik nicht voll ausgeschöpft werden. Aus der daraus folgenden niedrigen Produktivität ergibt sich, daß ein höher Anteil an Ressourcen (inklusive der arbeitenden Bevölkerung) im landwirtschaftlichen Sektor Verwendung findet [24].

---

22. Vgl.: Levy, M. J., Modernization and the Structure of Societies. A Setting for International Affairs, Princeton, 1966, Bd. 1, S. 100 - 107

23. Vgl.: Bill, James A. / Hardgrave, Robert L., Comparative Politics, The Quest for Theory, Columbus, Ohio, 1973, S. 60

24. Vgl.: Rostow, W. W., Stadien wirtschaftlichen Wachstums, Eine Alternative zur marxistischen Entwicklungstheorie, Göttingen, 2. Auf. 1967, S. 18 - 19

Das zweite Wachstumsstadium ist die Phase, in der die Vorbedingungen für den wirtschaftlichen Aufstieg, dem sogenannten "take-off" geschaffen werden. Rostow nennt 3 Charakteristika dieser Phase:

- Die Steigerung der landwirtschaftlichen Produktivität und Produktion
- Die Ausdehnung der Außenhandelsbeziehungen.
  Abgesehen von der Möglichkeit des Kapitalimports soll die Devisenbeschaffung in der Anfangsphase hauptsächlich durch Ausbeutung und Export natürlicher Rohstoffe finanziert werden, um die notwendigen industriellen Vorprodukte aus dem Ausland importieren zu können.
- Aufbau der Infrastruktur.
  Ein ausgebautes Verkehrsnetz ermöglicht die Erschließung des nationalen Marktes und eine effektivere Ausnutzung der natürlichen Bodenschätze. Die verbesserte Kommunikation bietet die Möglichkeit, die Verwaltungsarbeit der Zentralinstanzen effizienter gestalten zu können [25].

Der eigentliche Durchbruch von der traditionellen Gesellschaft zur modernen Industriegesellschaft vollzieht sich im dritten Wachstumsstadium, der Phase des "take-off". Die wesentlichen Merkmale dieser Phase sind:
- Die Steigerung des Anteils der produktiven Investitionen am Volkseinkommen auf mindestens 10%.

- Die konzentrierte Entwicklung eines oder mehrerer wichtiger industrieller Sektoren. Diese "leading sectors" besitzen positive Ausbreitungseffekte ("spread effects") auf sämtliche Teile der Wirtschaft.

- Die Förderung des wirtschaftlichen Wachstums durch den geeigneten politischen, sozialen und institutionellen Rahmen. Gute Beispiele dazu sind die Bereitstellung der Infrastruktur und die Mobilisierung einheimischer Kapitalressourcen [26].

Nach dem vierten Wachstumsstadium, für das die weitgehende Ausdehnung der modernen Technik auf alle wirtschaftlichen Aktivitäten kennzeichnend ist, stellt das Zeitalter des Massenkonsums und der Massenproduktion das fünfte und letzte Wachstumsstadium dar. Die breite Masse der Bevölkerung verbraucht über die

---

25. Vgl.: Rostow, W. W., ebenda, S. 38 - 45

26. Vgl.: Rostow, W. W., Die Phase des Take-off, in: Zapf, Wolfgang (Hrsg.), a.a.O., S. 287-293

Grundbedürfnisse des täglichen Lebens wie Nahrung, Wohnung und Kleidung hinaus zusätzliche und dauerhafte Konsumgüter [27].

Rostow hat diese Wachstumsbedingungen erarbeitet, um sie als Maßstäbe für die Aufdeckung möglicher Ursachen der ökonomischen Unterentwicklung in Ländern der Dritten Welt zu verwenden und entwicklungsstrategische Konzeptionen zu formulieren. Grundlage für diesen Ansatz sind Erkenntnisse aus der Geschichte der Industrialisierung in Westeuropa und Nordamerika [28].

Für diese Industrialisierung spielt der Aufbau der Schwerindustrie eine entscheidende Rolle, v. a. in der Phase des "take-off". Dabei soll der Anteil der produktiven Investitionen am Volkseinkommen auf mindestens 10% steigen und ein oder mehrere wichtige industrielle Sektoren sollen sich als "leading sectors" konzentriert entwickeln. In der chinesischen Entwicklungsstrategie nimmt der Aufbau der Schwerindustrie eine so hohe Position ein wie früher in anderen industrialisierten Ländern. Die negative Auswirkungen auf die Umwelt sind unvermeidlich.

Stadt/Land - Dualismus

Wie die konkrete Untersuchung ergeben wird, ist die Stadt/Land-Problematik in China in verschiedener Hinsicht von Bedeutung. Z.B. gibt es große Unterschiede zwischen Stadt und Land bezüglich der Energieaktivitäten und der Umweltsituation. Darüber hinaus ist der wirtschaftliche Widerspruch zwischen Stadt und Land, wie z.B. das Einkommensgefälle, einer der großen sozialen Konflikte in China, v.a. seit der Reformpolitik.

Dieser Dualismus ist eine Konzeption der Modernisierungstheorie zur Analyse dieser Problematik in den Entwicklungsländern. Formuliert wurde die Dualismus-Theorie zum erstenmal in den 50er Jahren von J. K. Boecke bei seiner Analyse der indonesischen Gesellschaft. Danach wurde sie von einer Reihe von Modernisierungstheoretikern übernommen und ihr Einfluß auf die westliche Entwicklungspolitik ist immer noch spürbar [29].

---

27. Vgl.: Rostow, W. W., Stadien wirtschaftlichen Wachstums, a.a.O., S. 94 - 103
28. Vgl.: Rostow, W. W., Die Phase des Take-off, a.a.O., S. 292 - 296
29. Vgl.: Nuscheler, Franz, Entwicklungspolitik, Lern- und Arbeitsbuch, a.a.O., S. 68 - 74

Die indonesische Gesellschaft - damals noch "Niederländisch-Indien" - war geprägt durch die gleichzeitige Existenz der "Eingeborenen"-Gesellschaft mit ihren speziellen Normen und Verhaltensmustern und dem "importierten" westlichen System. Der Begriff "Dualismus" charakterisierte genau diesen Gegensatz zwischen den soziokulturellen Elementen des einheimischen Agrasektors einerseits und den modernen, wachstumsorientierten Einstellungs- und Verhaltensmustern andererseits [30]. Boecke versuchte einzuschätzen, ob eine ausgeglichene Entwicklung möglich sei. Wesentlich war für ihn das Vorhandensein von Profitstreben, Anziehungskraft von Spekulationsgewinnen, Berufshandel, organisatorischer Einstellung usw.. Mit anderen Worten, er hat in der indonesischen Gesellschaft nach den Grundzügen des westlichen Kapitalismus gesucht: Rationalität und Organisation im Sinne der Darstellung von Weber und Sombart, Unternehmergeist im Sinne der Schumpertschen Analyse. Das Ergebnis seiner Analyse war negativ. Die Sozialkultur der Agrargesellschaft und die Formen ihrer sozialer Organisation besaßen seiner Meinung nach genau die entgegengesetzten Merkmale. Seine Untersuchung diagnostiziert die Neigung, kein Risiko einzugehen, Apathie gegenüber jeder Art von ökonomischem Anreiz sowie Mangel an organisatorischen Attitüden. Dies wertete er als erhebliches Hindernis für eine Entwicklung nach dem westlichen Modell. Es war seine Überzeugung, daß man die geistigen Werte in den Mittelpunkt stellen muß, um die rückständige Länder zu modernisieren [31].

Diese soziokulturell ausgerichtete Dualismus-Theorie wurde von einer Reihe von Modernisierungstheoretikern weiter entwickelt und durch andere Aspekte erweitert. Da die Dependenztheorie entstanden ist aus der Kritik an der lateinamerikanischen Ausprägung des Dualismus, scheint es angemessen, näher auf sie einzugehen.

In Lateinamerika waren es insbesondere die Modernisierungstheoretiker Gino Germani und Jorge Graciarena, Vertreter der sogenannten "Argentinischen Schule", die den Dualismus auf die speziellen südamerikanischen Verhältnisse angewandt haben. Besonders hervorzuheben ist dabei der Beitrag von Gino Germani. Nach Germani findet der bewegte Prozeß des sozialen Wandels, in dem sich Südamerika befindet, in dem Kontinuum zwischen den beiden Polen Traditionalität und Modernität statt, wobei er beide Grundbegriffe in starker Anlehnung an den strukturellen Funktionalismus bestimmt. Dieser dualistische Charakter der ökonomischen, sozialen und politischen Strukturen Lateinamerikas sind seiner Meinung nach ein fundamentales Kennzeichen dieses Kontinents. Germani spricht von dualistischen Sektoren, die er

---

30. Vgl.: Martinelli, Alberto, Dualismus und Abhängigkeit. Zur Kritik herrschender Theorien, in: Senghaas, Dieter, Imperialismus und strukturelle Gewalt, Analysen über abhängige Reproduktion, Frankfurt/Main, 1972, S. 370

31. Vgl.: Martinelli, Alberto, ebenda., S. 370

als relativ archaisch und relativ fortgeschritten definiert, weil er dort bei denselben Gruppen und Individuen eine Koexistenz von archaischen und modernisierten Werten und Verhaltensweisen beobachtet hat, was sich auch in den politischen Institutionen widerspiegelt. Ausgesprochen dualistische Züge weisen besonders solche Gesellschaften auf, in denen extraktive Industrien und Plantagewirtschaft des ausländischen Kapitals moderne Enklaven bilden, von denen aber fast keine modernisierenden Einflüsse auf das sie umgebende traditionelle Hinterland ausgehen. Die Kluft zwischen den archaischen und modernisierten Sektoren ist hier tief. Die wenigen Modernisierungseffekte betreffen nur eine dünne Ober- und Mittelschicht in einigen Metropolen, und sie koexistieren mit traditionellen Orientierungs- und Verhaltensmustern, die weiterhin überwiegen [32].

Eine noch radikalere Version von Dualismus hat Jorge Graciarena entworfen: Alle im Übergang begriffenen Gesellschaften weisen seiner Meinung zwei klar voneinander getrennte Bereiche auf: den unterentwickelt gebliebenen, marginalsierten ländlichen und bäuerlichen Sektor, und den städtischen, industriellen, in Entwicklung begriffenen Bereich [33].

Entscheidend ist dabei, daß etliche Modernisierungstheoretiker den Dualismus nur als eine vorübergehende Phase im Modernisierungsprozeß ansehen. Es gibt Wirtschaftswissenschaftler wie z.B. A. O. Hirschman, die den ökonomisch-technologischen Dualismus als ein Phänomen betrachten, das einer jeden sich entwickelnden Wirtschaft eigen ist und den Entwicklungsprozeß keineswegs stört oder verzögert. Hirschman erkennt zwar an, daß der Dualismus bittere ökonomische und soziale Spannungen hervorruft, aber seiner Meinung nach kompensiere er diese Nachteile dadurch, daß er es ermögliche, in der Übergangsphase die Ressourcen in bestmöglicher Form zu verwenden [34]. Im Grunde genommen teilt Germani auch die optimistische Auffassung über den Integrationsgrad und den Charakter der repräsentativen Demokratie sowie der Ausdehnung der politischen Partizipation durch den Prozeß der sozialen Mobilisierung beim Erreichen der fortgeschrittenen Etappen der Mo-

---

32. Mansilla, Hugo C. F., Entwicklung als Nachahmung, Zu einer kritischen Theorie der Modernisierung, Meisenheim am Glan, S. 40 - 41

33. Vgl.: Mansilla, ebenda , S. 42

34. Vgl.: Voppel, Götz, Die Industrialisierung der Erde, Stuttgart, 1990, S. 67 - 79;
Martinelli, Alberto, Dualismus und Abhängigkeit. Zur Kritik herrschender Theorien, in: Senghaas, Dieter, Imperialismus und strukturelle Gewalt, a.a.O., S. 367
Hirschman, Albert O., Die Strategie der wirtschaftlichen Entwicklung, Stuttgart, 1967, S. 58 - 65

dernisierung [35]. Damit stimmen Hirschman und Germani mit der Stufentheorie von Rostow überein, die eine Unilinearität der wirtschaftlichen Entwicklung voraussetzt. Wie später dargestellt, üben die Dependenztheoriker gerade an dieser Einschätzung Kritik.

Entwicklung ist ein sozialwissenschaftlicher Begriff europäischer Herkunft und ist eng verbunden mit den großen geschichtsphilosophischen Systemen von Hegel, Marx und Comte: Entwicklung ist ein zielgerichteter Prozeß. Wegen der Zielverbundenheit ist Entwicklung also notwendigerweise ein normativer Begriff [36]. Daraus ergibt sich die grundlegende Frage, welche und wessen Ziele verwirklicht werden sollen. Es gibt eine Fülle von Definitionen des Begriffes Entwicklung. Aus der Perspektive eines Entwicklungslandes - wie China - kann man sie schwerpunktmäßig in zwei Gruppen einteilen: sie sind entweder exogenen oder endogenen Ursprungs. Wenn die Analyse und Darstellung der Entwicklung einer Gesellschaft sich von den "entwickelten" Phänomenen anderer Gesellschaften ableiten läßt, oder wenn international und universell anerkannte Ziele übernommen werden, dann ist sie von ihrem Ursprung her exogen. Wenn Ideen und Vorstellungen über die Ziele und Inhalte der Entwicklung ihrer Gesellschaft von den Eliten dieser Gesellschaft selbst formuliert werden und sich aus der Geschichte ihres Landes ableiten lassen, dann sind sie endogenen Ursprungs. Die Modernisierungstheorie ist beispielhaft für eine exogene Definition des Entwicklungsbegriffs für die Länder in der dritten Welt. Franz Nuscheler schreibt dazu:

"Grundlegende und gemeinsame Annahme der sogenannten Modernisierungstheorien ist, daß die bereits entwickelten Länder das Leitbild von Entwicklung darstellen und der von ihnen seit der industriellen Revolution durchlaufene Entwicklungsprozeß auch den weniger unter- oder fehlentwickelten als in der Entwicklung verspäteten Randländern den unausweichlichen Entwicklungsweg weise. Das modernisierungstheoretische Leitbild ist die "moderne" westliche Gesellschaft mit einem ökonomischen (kapitalistischen) und politischen (pluralistischen) Konkurrenzsystem, häufig mit einem unverkennbar amerikanischen Gesicht. Alles, was von der so verstandenen und lokalisierten "Modernität" abweicht, wird als Entwicklungsdefizit oder gar als Fehlentwicklung ausgemacht - also auch der Sozialismus. Entwicklung wird von der idealisierten Version der "Modernität" und nicht von den je unter-

---

35. Vgl.: Mansilla, ebenda, S. 46 - 48

36. Vgl.: Nohlen, Dieter/ Nuscheler, Franz, Was heißt Entwicklung? in: Nohlen, Dieter/ Nuscheler, Franz (Hrsg.), Handbuch der Dritten Welt, Grundprobleme, Theorien, Strategien, Bonn, 1993, S. 56 - 64

schiedlichen historischen Entwicklungsbedingungen her definiert: Modernisierung wird also mit "Westernisierung" gleichgesetzt." [37]

Die meisten nachkolonialen Staaten haben auch nach der Erlangung der Unabhängigkeit in der Regel keine eigene Forschung über ihre politische, soziale und wirtschaftliche Entwicklung geleistet. Stattdessen haben sie die Ergebnisse der Entwicklungsforschung ihrer ehemaligen Kolonialherren übernommen [38]. Eine Ausnahme ist das Entstehen der Dependenztheorie.

---

37. Nohlen, Dieter/ Nuscheler, Franz, Handbuch der Dritten Welt, Theorie und Indikatoren der Unterentwicklung und Entwicklung, Hamburg, 1974, S. 19.

38. Vgl.: Goetze, Dieter, Entwicklungspolitik 1, Soziokulturelle Grundfragen, Paderborn, 1983, S. 214 -245

1.2. Dependenztheorie

Von ihrem wissenschaftstheoretischen und politischen Ansatz her sind die Dependenztheoretiker sehr viel kontroverser als die verschiedenen Modernisierungstheoretiker, die sich in ihren wissenschaftlichen Arbeiten eher ergänzen. Ein entscheidender Punkt in dieser Kontroverse untereinander ist der Einfluß des Marxismus in seinen verschiedenen Ausprägungen und die Frage, wie stark sich die einzelnen Dependenztheoretiker an ihm orientieren. Sie besitzen allerdings zwei Gemeinsamkeiten, die grundlegend sind:

- Fast alle Theorien basieren auf der Analyse der Gesellschaftsstrukturen Lateinamerikas und verstehen sich als sozioökonomische Gesamtinterpretation sowohl der gegenwärtigen Situation Lateinamerikas als auch seiner jüngsten Geschichte.
- Einig sind sie sich auch in ihrer Kritik an den Modernisierungstheorien wie z.B. der Stufentheorie von Rostow [39].

Die Dependenztheorie entstand aus den Bestrebungen, der Frage nach den Ursachen der Unzulänglichkeiten bei der beginnenden Industrialisierung und der stagnierenden Entwicklung in den Ländern Lateinamerikas systematisch nachzugehen. Dabei stieß man auf den zusammenhängenden Komplex von internationalen Beziehungen, Märkten und Investitionen. Indem sie diese Beziehungen und die sich daraus ergebende Abhängigkeit der Entwicklungsländer bloßlegten, glaubten die Dependenztheoretiker, sowohl die Ursachen der Unterentwicklung als auch einen Ansatz zu deren Überwindung gefunden zu haben.

Dos Santos, der die marxistische Linie der Dependenztheorie vertritt, versteht unter Abhängigkeit eine Situation, in der die wirtschaftliche Entwicklung bestimmter Länder determiniert wird durch die Entwicklung und Expansion der Wirtschaft eines anderen Landes. Die Entwicklung in den abhängigen Ländern sind lediglich ein

---

39. Die systematische wissenschaftliche Ausarbeitung der Dependenztheorie wurde hauptsächlich von oppositionellen lateinamerikanischen Sozialwissenschaftlern geleistet, wobei einige entscheidende Impulse auch von westlichen marxistischen Wirtschaftswissenschaftlern wie Paul A. Baran, Maurice Dobb, Paul M. Sweezy und Andre Gunder Frank kam. Insbesondere die Arbeiten von Dos Santos, Andre Gunder Frank, Fernando H. Cardoso, Armando Córdova, Theotonia und Osvaldo Sunkel zeichneten sich durch Originalität und den systematischen Charakter ihrer Thesen. Dies macht sie zu Hauptvertretern dieser Theorie aus. Vgl.: Dieterich, Heinz, Produktionsverhältnisse in Lateinamerika, Gießen, 1977, S. 360 - 374

"Reflex" auf die Entwicklung der beherrschenden Länder, die sich aus eigener Kraft kontinuierlich entfalten können [40].

Vor den eigenen Industrialisierungsversuchen war die Grundstruktur des lateinamerikanischen Außenhandels geprägt durch die internationale Arbeitsteilung, wie sie sich in der Kolonialzeit herausgebildet hat. Für das jeweilige Mutterland waren die Kolonien Rohstofflieferant und Absatzmarkt für die Waren, die im Mutterland produziert wurden. Die Fabrikation von Waren, die das Mutterland liefern konnte, war während der Kolonialzeit verboten. In der nachkolonialen Zeit gelang es nicht, diese Grundstruktur zu durchbrechen. Im Gegenteil: Begünstigt durch die steigende Nachfrage der europäischen Länder und der USA nach Nahrungsmitteln und Rohstoffen und die Nachfrage der Lateinamerikaner nach Fertigwaren wurde diese "komplementäre" internationale Arbeitsteilung weiter verfestigt [41]. Diese Entwicklung entsprach nicht nur den Interessen der Industrieländer, sondern auch der kleinen Oberschicht in den jeweiligen Ländern (Land- und Bergwerksbesitzer), die in Zusammenarbeit mit den ausländischen Exportunternehmen in "Enklaven" (Plantagen und Bergwerke) die Exportgüter produzierten bzw. förderten [42].

Seit dem Ende des 19. Jahrhunderts gibt es aber auch Bestrebungen zum Aufbau eigener Industrien. Während des ersten Weltkrieges, der die Verbindung zu Europa gestört hatte, und durch die Weltwirtschaftskrise in den 20er Jahren erhielt diese Tendenz einen wesentlichen Auftrieb, da in dieser Situation die Regierungen und auch ein Teil der Oberschicht die importsubstituierende Industrialsierung als notwendig erachteten. In den 50er Jahren kamen diese Industrialisierungsversuche besonders im "cepalismo" (von CEPAL = spanische Anfangsbuchstaben für die UNO-Wirtschaftskommission für Lateinamerika) zum Ausdruck [43].

Ein Teil der Oberschicht, insbesondere die Land- und Bergwerksbesitzer allerdings sahen durch diese Entwicklung ihre führende wirtschaftliche Stellung gefährdet. So gab es in den 50er Jahren eine heftige Diskussion zwischen dieser Oligarchie und den Vertretern des cepalismo um die zukünftige Außenhandelspolitik. Die alte Oligarchie trat ein für das Weiterbestehen der bisherigen internationalen Arbeitsteilung. Ihrer Meinung nach käme der technische Fortschritt in der verarbeitenden Industrie

---

40. Vgl.: Dos Santos, Über die Struktur der Abhängigkeit, in: Senghaas, Dieter, Imperialismus und strukturelle Gewalt, a.a.O., S. 255

41. Vgl.: Nitsch, Manfred, Außenhandel und Entwicklung in Lateinamerika, in: Wolf Grabendorff (Hrsg.), Lateinamerika, Kontinent in der Krise, Hamburg, 1973,. S. 272 - 273

42. Vgl.: ebenda, S. 273

43. Vgl.: ebenda, S. 275

der "Zentren" über sinkende Preise auch der wirtschaftlichen Entwicklung und dem Lebensstandard in Lateinamerika zugute.

Prebisch, ein führender Theoretiker des cepalismo, stellte dies in Frage: Wegen der monopolistischen Praktiken und der durch gewerkschaftlichen Druck steigenden Lohnkosten in den Industieländern prognostizierte er eine Preisentwicklung, die genau umgekehrt ist. Die Preise für die Fertigwaren würden steigen und die Rohstoffpreise sinken. Diese Einschätzung wurde durch die Realität im wesentlichen bestätigt. In dieser Auseinandersetzung setzte sich der cepalismo durch und die Industrialisierung nahm einen Umfang an, so daß von der Kapazität her sogar der Export von Fertigwaren möglich gewesen wäre [44].

Auf politischem Gebiet trat der cepalismo vor allem ein für einen parlamentarischen Wohlfahrtsstaat europäisch-sozialdemokratischer Prägung, um die adäquate Integration der unteren Volksschichten zu erreichen [45].

Der cepalismo blieb bis etwa 1960 in Lateinamerika relativ unangefochten. Sein Scheitern fällt zusammen mit dem Entstehen der Dependenztheorie. Deren wesentlichste Kritik am cepalismo läßt sich in 2 Punkten zusammenfassen.

- Das Konzept der fünfziger Jahre beruhe auf der Annahme, die Entwicklungsländer würden durch die importsubstituierenden Industrialisierung vom Außenhandel unabhängiger. Dies sei aber nicht der Fall, da sich die Struktur der Importe lediglich verlagert habe: von Luxusgüterimporten auf Produktionsmittel und Zwischenproduktimporte.

- Das Entscheidungszentrum sei nicht - wie angenommen- in die Länder hinein verlegt worden. Das ausländische Kapital kontrolliere zunehmend auch diese Industrien.

"Die importsubstituierende Industrialisierung habe darüber hinaus folgende Wirkung gehabt: Mit Erreichen der Grenzen des vorher mit Importen belieferten Marktes wurde nicht exportiert, sondern entweder standen Kapazitäten frei, oder der Absatz der relativ hochwertigen Konsumgüter brach, unterstützt von modernen Marketingmethoden, in die traditionellen Sektoren ein und verdrängte das Kleingewerbe (z.B. bei Schuhen, Bekleidung, Getränken, Baustoffen, Küchengeräten), ohne den vormaligen Produzenten Beschäftigungsmöglichkeiten in der Industrie zu schaffen. Insofern sei die "Marginalisierung" großer Bevölkerungsteile mit ein Effekt der

---

44. Vgl.: ebenda, S. 273

45. Vgl.: ebenda, S. 274

eingeschlagenen Importpolitik. Im politisch-ökonomischen Bereich wird die starke Vermutung geäußert, daß die ausländischen Unternehmen häufig nicht inländisches Management, Kapital und Know-how ergänzt, sondern ersetzt haben und daß ihr zurückhaltendes Auftreten bei industriepolitischen Reformen und ihre weniger zurückhaltende, auf die Bewahrung des Status quo gerichtete Allianz mit mehr oder weniger traditionellen inländischen Gruppen im politischen Bereich einer energischen Industrialisierungspolitik eher abträglich gewesen sei" [46].

So ist weder ein Durchbruch in Richtung auf Ablösung der alten Oligarchie erreicht worden, noch ist man einer Massenkonsumgesellschaft näher gekommen.
Mit dieser Kritik unterscheiden sich die Dependenztheoretiker von den Modernisierungstheoretikern, die wie Rostow die Entwicklung in den nicht westlichen Ländern optimistisch beurteilt haben.

Kritisiert wird von Dependenztheoretikern wie z.B. Rodolfo Stavenhagen auch die Theorie des Dualismus. Die Entwicklungsstrategie, die sich aus der Analyse der Länder der Dritten Welt aufgrund dieser Theorie ergibt, intendiert insbesondere die Verdrängung der traditionellen Elemente, die Förderung der modernen Bereiche und die Erleichterung des Übergangsverfahrens. Stavenhagen zufolge wirkt die Entfaltung der "entwickelteren" Sektoren auf die Entwicklung der unterentwickelten Sektoren nicht positiv, wie von den Vertretern des Dualismus erwartet. Stavenhagen leugnete, daß die traditionelle Elemente in Lateinamerika durch die Industrialisierung verdrängt würden. Statt dessen hätten die sogenannten traditionellen und feudalen Überreste die Funktion, billige Arbeitskraft für die Industrialisierung zu liefern, wie früher für die koloniale extraktive Industrie und die Plantagenwirtschaft, um so die Produktionskosten der kapitalistischen Wirtschaft zu minimieren. Statt mit der Entfaltung des Zentrums (Stadt) die Entwicklung der Peripherie (Land) herbeizuführen, geschehe der Fortschritt der modernen Gebiete Lateinamerikas auf Kosten der traditionellen Regionen. Deswegen sei es illusorisch, von der Förderung der modernen Sektoren und der allmählichen Zurückdrängung der traditionellen Zonen einen gewissen sozialen Fortschritt zu erwarten [47].

Die Stadt/Land Problematik und das Verhältnis zwischen Zentrum und Peripherie spielt, wie sich später zeigen wird, auch in der VR China eine große Rolle.

---

46. Ebenda, S. 274

47. Siehe dazu:
Stavenhagen, R., Sieben falsche Thesen über Lateinamerika, in: Frank, A. G., Kritik des bürgerlichen Anti-Imperialismus, Entwicklung der Unterentwicklung, Berlin (W), 1969, S. 17; Marini, R. M., Dialektik der Abhängigkeit, in: Senghaas, Dieter (Hrsg.), Peripherer Kapitalismus, Analysen über Abhängigkeit und Unterentwicklung, F/M, 1974, S. 99 - 101

Ein wesentlicher Ausgangspunkt der Dependenztheorie ist ebenfalls die Annahme, daß eine angemessene Entwicklung Lateinamerikas ohne die Schaffung eines Sektors für Produktionsmittel- und Schwerindustrie nicht denkbar sei. Eine Alternative dazu können sich auch die Dependenztheoretiker nicht vorstellen, und sie sind somit weiterhin auf das westliche oder das sowjetische Entwicklungsmodell fixiert. Ihre Hauptkritik an den reformistischen Regimes und den entsprechenden Theorien (beispielsweise dem cepalismo) besteht darin, daß es ihnen nicht gelungen ist, die für möglich und wünschenswert erachtete Entwicklung hin zur Vollindustrialisierung zustande zu bringen. Dabei wird die Wünschbarkeit des Aufbaus einer Produktionsmittel- und Schwerindustrie nicht theoretisch begründet, sondern als selbstverständlich vorausgesetzt. Ihre Ausführungen über die Notwendigkeit einer vollindustriellen Entfaltung bleiben sehr allgemein. Da die Abhängigkeit von den Metropolen diese Entwicklung unmöglich gemacht habe, gelte es nun, sie unter einer ihr adäquaten gesellschaftspolitischen Ordnung nachzuholen, nach dem Motto: Positiv ist das, was einem vorenthalten wird. An diesen Ansatz knüpft auch der bei einigen Dependentheoretikern übliche Zirkelschluß an: Die Bourgeoisie der Dritten Welt bleibt politisch abhängig vom Imperialismus, weil es ihr nicht gelingt, eine Schwerindustrie aufzubauen. Andererseits behauptet z.B. Vitale, daß die politische Abhängigkeit von Anfang an die Ursache dafür gewesen sei, daß es nicht zum Aufbau einer Schwerindustrie kam. Die gesellschaftspolitische Schlußfolgerung liegt dann auf der Hand: die Dependenztheorie muß sich zu einer revolutionären Lösung bekennen, die die gleichzeitige Entwicklung der Produktionsmittel und der Etablierung einer geeigneten politischen Ordnung propagiert [48].

Bei der Formulierung einer Strategie zur Überwindung jener Abhängigkeitsverhältnisse zeigt sich, daß die meisten Dependenztheoretiker mehr oder weniger von sozialistischen und marxistischen Ideen beeinflußt werden. Vitale vertritt konsequent die Theorie von der permanenten Revolution. Er hält gerade die rückständigsten Länder der Erde am geeignetsten für eine sozialistische Umwälzung. Er orientiert sich am kubanischen Modell, sowohl bezüglich der Strategie der Machtergreifung als der Art und Weise des sozialistischen Aufbaus [49].

Genauso unvermittelt geht Frank von der Dependenz-Analyse zu dem Postulat einer Landguerilla-Bewegung über. Aber neben der Empfehlung, die forcierte sowjetische Akkumulation zu imitieren, enthält sein Werk auffallend wenig konkrete Hinweise zur wirtschaftlichen Weiterentwicklung nach der sozialistischen Machtergreifung. Um die Schwächen und Beschränkungen der bisher praktizierten Wirtschaftspolitik

---

48. Vgl.: Mansilla, a.a.O., S. 55 - 56

49. Vgl.: Vitale, L., Ist Lateinamerika feudal oder kapitalistisch?, in: Frank, A. G. (Hrsg.) Kritik des bürgerlichen Anti-Imperialismus, a.a.O., S. 90

zu überwinden, "*müßten diese lateinamerikanischen Länder dem sowjetischen Industrialisierungsmodell folgen, in dem der Staat und nicht das Bedürfnis der Konsumenten bestimmt, welche wesentlichen Güter zuerst produziert werden.*" [50]

Andere Theoretiker wie Córdova, Quijano und Dos Santos - die ebenfalls zur marxistischen Linie gerechnet werden - begnügen sich damit, allgemein eine sozialistische Strategie zur Überwindung der Unterentwicklung zu propagieren, die sich am sowjetischen Modell orientiert [51].

---

50. Frank, A. G., Lateinamerika - kapitalistische Unterentwicklung oder sozialistische Revolution, in: Frank, a.a.O., S. 108

51. Vgl.: Mansilla, a.a.O., S. 84

1.3. Zum ideologischen Selbstverständnis der Kommunistischen Partei Chinas (KPCh) in ihrer Entwicklung seit 1978

Die VR China ist ein zentralistisch organisierter Staat. Allerdings unterscheidet sich die zentralistische Staatsform in einem kommunistischen Land wie China insbesondere hinsichtlich ihrer Legitimationsgrundlage wesentlich von der, die von den Modernisierungstheoretikern als wünschenswert angesehen wird (siehe dazu Kapitel 1.1.). Die politische Macht, Entscheidung, Durchführung und Kontrolle von wichtigen politischen Maßnahmen ist in der Hand einer einzigen Partei, der KPCh, konzentriert. Nach der Darstellung der theoretischen Grundlagen der Legitimation der zentralisierten staatlichen Macht und der politischen und ökonomischen Entwicklung Chinas und ihrer Ziele im allgemeinen, beschäftigt sich dann der 2. Teil dieses Abschnitts mit der Stadt-Land-Problematik (Dualismus) und der Rolle der Schwerindustrie als Rahmenbedingungen der E. u. U. in China.

Zentralisation und die Rolle der KPCh

So wie die KPdSU und ihre Ideologie die Entwicklung nach der Oktoberrevolution in der ehemaligen UdSSR überwiegend und richtungsweisend beeinflußt hat, hat auch die KPCh eine bestimmende Rolle für die Entwicklung in der VR China gespielt [52]. Sowohl in der UdSSR als auch in der VR China wurde bzw. wird die Machtausübung durch die Partei ideologisch legitimiert durch den Marxismus-Leninismus (ML).

Eine der zentralen Marxschen Thesen ist: Nicht das Bewußtsein der Menschen bestimmt ihr Sein, sondern: ihr gesellschaftliches Sein bestimmt ihr Bewußtsein. Lenin ging auf dieser Grundlage einen Schritt weiter: die ökonomischen Verhältnisse und die divergierenden Klasseninteressen bestimmen das soziale Bewußtsein. Folglich zerfalle das soziale Bewußtsein in das Klassenbewußtsein der herrschenden und das der beherrschten Klasse [53].

---

52. Vgl.: Altrichter, Helmut, Kleine Geschichte der Sowjetunion, München, 1993, S. 29 - 33

53. Siehe dazu:
Marcuse, Herbert, Die Gesellschaftslehre des sowjetischen Marxismus, Berlin, 1964, S. 122 - 135;
Nedbailo, Pjotr Jemeljanowitsch, Einführung in die marxistische Rechts- und Staatstheorie, Köln, 1973, S. 55 - 61

Lenin entwickelte auch den Marxschen Ideologiebegriff weiter. Während Marx den Begriff "Ideologie" nur zur Kennzeichnung des Klassenbewußtseins der jeweils herrschenden Klasse benutzte, dehnte Lenin diesen Begriff auf das proletarische Klassenbewußtsein aus. Seiner Auffassung nach können klassenneutrale Weltanschauungen überhaupt nicht entstehen. Dementsprechend sei nicht nur das Klassenbewußtsein der herrschenden Klassen, sondern auch das proletarische Klassenbewußtsein ideologisch. Ihm zufolge existiert nur eine "bürgerliche" und eine "sozialistische" Ideologie. Dazwischen gibt es nichts [54].

Der ML, der von Stalin als wissenschaftliche Ideologie etabliert wurde, unterscheidet grundsätzlich zwischen der 'wissenschaftlichen proletarischen' und der 'unwissenschaftlichen bürgerlichen' Ideologie. Der Historische Materialismus ist die Grundlage der proletarischen Ideologie. Er versteht die Geschichte als einen gesetzmäßigen Entwicklungsprozeß von niederen zu höheren Entwicklungsstadien der Gesellschaft. Die marxistisch-leninistische Ideologie legitimiert die Herrschaft des Proletariats, die sich in der Machtausübung der marxistisch-leninistischen Kommunistischen Partei manifestiert. Die Gesetzmäßigkeit der Entwicklung begründet die Unbedingtheit dieses Herrschaftsanspruchs. Der ML erlaubt keinen Zweifel, keinen Widerspruch und keine Opposition [55].

Die nach der Revolution zurückgelegten Entwicklungsetappen in Richtung auf den Kommunismus dienten vor allem als Leistungsnachweis der Partei. Sie waren gleichzeitig Bestandteile eines die weitere Herrschaftsausübung legitimierenden Programms für die Schaffung einer klassenlosen Gesellschaft [56]. Ähnliches gilt für die Ideologie und Programmatik der KPCh. Die Ziele und die Richtung, die die KPCh in den jeweiligen Etappen vorgibt, orientieren sich wie die der ehemaligen KPdSU ebenfalls an dem Endziel der "kommunistischen Gesellschaftsordnung". Die

---

54. Siehe dazu:
Tomson, Edgar / Su, Jyun-hsyong, Regierung und Verwaltung der Volksrepublik China, Köln, 1972, S. 37 u. 238;
Marcuse, Herbert, ebenda;
Nedbailo, Pjotr Jemeljanowitsch, ebenda

55. Siehe dazu:
Tomson, Edgar / Su, Jyun-hsyong, ebenda;
Marcuse, Herbert, a.a.O., S. 54 - 63;
Nedbailo, Pjotr Jemeljanowitsch, a.a.O., S. 85 - 94

56. Siehe dazu:
Tomson, Edgar / Su, Jyun-hsyong, a.a.O., S. 237 - 238;
Krizan, Mojmir, Vernunft, Modernisierung und die Gesellschaftsordnungen sowjetischen Typs, Eine kritische Interpretation der bolschewistischen Ideologie, Düsseldorf, 1991, S. 123 - 135

Beschreibung dieser zukünftigen Endgesellschaft durch die KPCh basiert im wesentlichen auf den Ausführungen von Marx und Engels sowie deren Systematisierung in der orthodoxen Sowjetideologie [57].

Aber sie hat auch mehr oder weniger größere Veränderungen durchgemacht. In den Anfangsjahren der VR China galt eine hochentwickelte Produktion und die Schaffung einer entsprechenden "materiellen Basis" (wuzhi jichu) als die grundlegende Bedingung zur Verwirklichung der kommunistischen Gesellschaft. In der Phase des "Großen Sprungs nach vorn" wurden dann ein zweites Merkmal des Kommunismus als gleich wichtig hervorgehoben: daß die "Produkte zahlreich" (chanpin duo) sein müßten. Doch in der Phase der Einschränkung des "Großen Sprungs" und der Volks-Kommunenbewegung im Winter 1958/59 wurde die Schwerpunktsetzung erneut zugunsten der Entwicklung der Produktivkräfte und der Schaffung der materiell-technischen Basis verschoben. Diese Interpretation von Kommunismus setzte sich in den frühen sechziger Jahre im Rahmen der "Readjustierungspolitik" verstärkt fort. Während der Kulturrevolution erfolgte dann eine erneute Umwertung: Als grundlegende Voraussetzung des Kommunismus galt nun weniger die materielle Basis als vielmehr das kommunistische Bewußtsein der Menschen und die Aufhebung der Klassenunterschiede. Unter dem Einfluß dieser kulturrevolutionären Auffassung wurde 1971 in dem Artikel zum 100. Jahrestag der Pariser Kommune die Abschaffung der Klassen als allgemeines Endziel der proletarischen Revolution bezeichnet. In einer anderen Schrift zum Parteiprogramm aus dem Jahre 1972 wurde die Beseitigung der Klassen und der Klassenunterschiede als das "grundlegendste Merkmal" (zui genben de tezhan) des Kommunismus angeführt. Anders als in den angeführten Beschreibungen des kommunistischen Ideals aus den Anfangsjahren, wird die Entwicklung der Produktivkräfte im Kommunismus nicht als Folge einer Revolutionierung der Produktionstechnik gesehen, sondern als Folge der "vollständigen Beseitigung" (chedi xiaomie) der Ausbeuterklassen und des Ausbeutungssystems [58].

1978 wurde dann wieder entgegengesetzt argumentiert: So hieß es, daß die "drei großen Unterschiede (San da chabie)" [59] eng mit dem niedrigen Entwicklungsniveau der Produktivkräfte zusammenhingen. Sollten diese Unterschiede und die Klassen beseitigt werden, müßten die Produktivkräfte auf einen höheren Entwicklungsstand

---

57. Bauer, Edgar, Ideologie und Entwicklung in der VR China, Bochum, 1980, S. 258 - 259

58. Bauer, Edgar, ebenda, S. 278 - 279

59. Die drei großen Unterschiede sind: zwischen Stadt und Land, Arbeiterklasse und Bauernschaft, geistiger und körperlicher Arbeit.
Vgl.: Bauer, ebenda, S. 265

gebracht werden, denn sie wären der "Hebel" (ganggan) zur Aufhebung der drei großen Unterschiede. Damit wurden die Prioritäten wieder verschoben. Nicht mehr das *"richtige Bewußtsein"* und der Klassenkampf haben Vorrang, sondern die *"materiellen Bedingungen"* [60].

Aber die auf dieser Interpretation basierende Reformpolitik seit 1978 hat sogar zur Koexistenz verschiedener Wirtschaftsformen geführt. Vor allem die Einführung des Marktsystems hat die Frage aufgeworfen, wie die Ideologie der KP Chinas diese neue Entwicklung rechtfertigen soll. Die Antwort der Theoretiker der KP Chinas ist "Anfangsstadium des Sozialismus". Der ehemalige Direktor des 'Instituts für Marxismus-Leninismus und die Maozedongideen' in Peking, Su Shaozhi, erklärte dazu: *"Wir haben (in der sozialistischen Stufe) mindestens drei Perioden: die frühe, die mittlere und die entwickelte. Meiner Meinung nach steht China am Anfang der frühen Stufe. Rußland und einige osteuropäische Länder sind in der mittleren Stufe. Niemand hat die entwickelte Stufe erreicht."* [61]

Diese Auffassung lag schon 1979 dem Begriff "unentwicklelter Sozialismus" zu Grunde und ist seit 1987 mehr oder weniger etabliert. Der "unentwickelte Sozialismus" erkläre den Zustand, in dem China sich befinde:

- Diese 'lange Periode' des unentwickelten Sozialismus weise verschiedene Eigentumsformen auf, sowie Warentausch und Warenproduktion.
- Die absolute Mehrheit der Bevölkerung bestehe aus Kleinproduzenten (Bauern)
- Mangelnde Demokratie, große Eimkommensdisparitäten und geringes 'ideologisches Bewußtsein' der Menschen seien charakteristisch.
- Eine planmäßige Warenwirtschaft, d. h. die Anerkennung der Regulierungsfunktion des Marktes, sei notwendig und ein Zeichen des 'unentwickelten Sozialismus' [62].

Die Theorie vom Anfangsstadium des Sozialismus rechtfertigt eine Einbindung weitgehender Reformmaßnahmen in ein sozialistisches Konzept. Die Notwendigkeit ökonomischer Formen wie die der Privatwirtschaft, der verträglichen Übernahme bzw. des Leasens kleiner Staatsunternehmen usw. basiert darauf, daß sozialistische

---

60. Ebenda, S. 280

61. zitiert bei: Weigelin, R., Revisionismus jetzt auch in China?, in: das neue China 2, Frankfurt/Main, 1987, S. 28

62. Vgl.: Jingji Yanjiu (Wirtschaftsstudien), 5, 1979, S. 14

Elemente nur partiell und eingeschränkt funktionieren, weil der Entwicklungsstand der Produktivkräfte niedrig ist. Ein Kernpunkt dieser Theorie ist die Auffassung, daß die Einführung des Marktsystems notwendig ist, um die Produktivkräfte zu entwickeln. Die Vielfalt der Eigentumsformen entspreche dem rückständigen Niveau der Produktivkräfte in China, weil die privaten Wirtschaftsstränge das mangelnde Funktionieren der Kollektive ergänzen und ausgleichen sollen. Die dabei weiter bestehende Dominanz des Staatseigentums beweise den sozialistischen Charakter Chinas. Damit setzt diese Theorie die Gleichsetzung vom Sozialismus und Direktivplanung außer Kraft und ebenfalls die Gleichsetzung von Warenwirtschaft und Markt mit dem Kapitalismus [63].

Die dualistischen Züge in der chinesischen Gesellschaft und die Rolle der Schwerindustrie

Vor der Revolution war Chinas Volkswirtschaft kaum industrialisiert. In China waren 1949 noch mehr als 83% aller Erwerbstätigen in der Landwirtschaft beschäftigt [64]. Außerdem stand China vor tiefgreifenden Strukturproblemen: regionale Unterschiede der industriellen Entwicklung, starkes Stadt-Land-Gefälle, geringe Verflechtung der Wirtschaftsbereiche, unzureichende Infrastruktur etc. Sieht man von dem im wesentlichen von den Japanern aufgebauten schwerindustriellen Zentrum in der Mandschurei ab, so waren moderne Industriebetriebe nur in den Küstenregionen anzutreffen. Das riesige Hinterland war hingegen noch weitgehend von traditionellen agrarischen Produktionsformen geprägt [65].

Die Lösung der Agrarfrage war in China eine der dringendsten sozialen und ökonomischen Aufgaben der neuen politischen Führung. Die niedrige Produktivität in der Landwirtschaft war meist auf eine ungleiche Bodenverteilung und andere Hemmnisse zurückzuführen, wie z.B. Rechtsunsicherheit, Zwangsabgaben, Pachtzahlungen. Ländliche Überbevölkerung sowie eine äußerst langsame Industrialisierung waren die Ursachen für hohe Arbeitslosigkeit und Unterbeschäftigung. In China, wo nur ca. 10% der Gesamtfläche landwirtschaftlich genutzt werden konnten, wurden durch intensive Bewirtschaftung - z.B. durch Bewässerung - zwar

---

63. Vgl.: Zhou, Daren, Jianshe youzhongguo teshe shehui zhuyide jiben lilun yu shiqian (Grundlegende Theorie und Praxis zum Aufbau des Sozialismus chinesischer Prägung), Beijing, 1991, S. 26 - 29

64. Vgl.: Zhonguo tongji nianjian (Statistisches Jahrbuch Chinas), 1992, S. 101

65. Vgl.: Menzel, Ulrich, Wirtschaft und Politik im modernen China, Opladen, 1978, S. 11 - 12

Höchsterträge pro Fläche erzielt, doch blieb die Pro-Kopf-Produktion äußert niedrig, so daß Hunger und Unterernährung zum Alltag gehörten. Der stete Rückgang der ohnehin sehr knappen Anbaufläche hatte seine Ursache in der Zunahme der Bevölkerung, der fortschreitenden Zersplitterung des Landes durch Erbteilung und einer nur geringen Ausdehnung der kultivierten Fläche [66].

Vor der Revolution besaßen Großgrundbesitzer und Großbauern - ca. 10 % der Bevölkerung - nach chinesischen Angaben etwa 70 - 80% des Ackerlandes. Entscheidend war außerdem, daß die vorhandenen Agrarüberschüsse durch den Landadel meist konsumtiv verbraucht wurden. Die Bauern verfügten deshalb kaum über Investitionsmittel, um ihre Agrartechnologie zu verbessern. Eine Reform der Agrarverhältnisse war somit Voraussetzung einer Lösung der landwirtschaftlichen Entwicklungsprobleme [67].

Nach dem politischen Umbruch leitete die neue Führung Chinas Agrarreformen und Nationalisierungen ein, um überkommene Entwicklungshemmnisse zu beseitigen. Aber die Regierung hat sich nicht konsequent um die Entwicklung auf dem Land und die Nivellierung des Stadt-Land-Gefälles bemüht. Zwischen 1953 und 1957 übernahmen sie das sowjetische Entwicklungsmodell als eine geeignete Konzeption zur Überwindung der ökonomischen Rückständigkeit. Die sowjetische Entwicklungsstrategie unter Stalin strebte im Rahmen zentraler Planung und Sozialisierung aller Wirtschaftsbereiche ein hohes Wirtschaftswachstum an. Das Konzept eines vorrangigen Aufbaus der Schwerindustrie erzwang hierbei extrem hohe Investitionsraten, die für eine Anhebung des Konsumniveaus keinen Raum ließen. Die Führung wollte langfristig eine Industrialisierung einleiten, die durch rasches Wirtschaftswachstum Beschäftigung und höhere Einkommen für breitere Bevölkerungsschichten schaffen sollte. Aber die einseitige Entwicklung der Schwerindustrie im Rahmen der zentralisitisch-administrativen Planung ließ nicht nur unwirtschaftliche und kaum konkurrenzfähige Industriebetriebe entstehen, sondern die oft willkürlich nach vorwiegend politischen Kriterien aufgebauten Betriebe waren darüber hinaus weder untereinander ökonomisch sinnvoll verflochten, noch förderten sie den Aufbau von Verarbeitungsindustrien. Die Vernachlässigung der Landwirtschaft und Kollektivierungsmaßnahmen führten dazu, daß sich die Agrarproduktion zu langsam entwik-

---

66. Vgl.: Zhao, Dexiang, Zhongguo renmin gongheguo jingjishi (Wirtschaftsgeschichte der VR China), Xinxiang, S. 28

67. Siehe dazu:
Zhao, Dexiang, ebenda;
Durau, Joachim, Die Krise der chinesischen Agrarökonomie, in: Lorenz, Richard (Hrsg.), Umwälzung einer Gesellschaft - Zur Sozialgeschichte der chinesischen Revolution (1911 - 1949), Frankfurt/Main, 1977, S. 135 - 141

kelte. Die geplanten Überschüsse an Nahrungsmitteln für die Stadtbevölkerung, an Rohstoffen für die Industrie und an Exportgütern für den Außenhandel konnten nicht bereitgestellt werden. Die einseitige Entwicklung der Schwerindustrie auf Kosten der Konsumgüterindustrien und der Landwirtschaft sowie die damit einhergehenden hohen Investitionsraten, die durch die Unwirtschaftlichkeit des Systems zusätzlich in die Höhe getrieben wurden, verlangte der Bevölkerung unnötige Opfer ab: das wirkte sich äußerst ungünstig auf die Motivation der Beschäftigten aus [68].

Mao Zedong kritisierte schon 1956 in seiner Schrift über die "Zehn Großen Beziehungen" das sowjetische Industrialisierungsmodell. In Diskussionen der politischen Führung und zwischen chinesischen Ökonomen wurde festgestellt, daß die Nachahmung des sowjetischen Weges zu erheblichen Ungleichgewichten geführt habe, welche die weitere Produktivkräfteentwicklung behinderten [69].
Mao Zedong hatte 1956 eine "simultane" Entwicklung von Industrie und Landwirtschaft sowie ein ausgewogenes Wachstum von Schwer- und Leichtindustrie gefordert. Mit der 1957 sich abzeichnenden neuen Entwicklungsstrategie des "Großen Sprungs nach vorne" (GSV) wurden jedoch zwei unvereinbare Ziele angestrebt: einerseits höchste Wachstumsrate, andererseits ein gleichgewichtiges Wachstum ("Auf-zwei-Beinen-Gehen") [70].

Die Ziele des GSV wurden nicht nur nicht erreicht: Die ökonomischen Folgen der maoistischen Wirtschaftspolitik waren verheerend. Bereits 1959 brach die landwirtschaftliche Produktion praktisch zusammen; sie verminderte sich von 1958 bis 1961 jährlich fast um 7%, und der persönliche Pro-Kopf-Verbrauch nahm um ca. 5% ab. Millionen von Menschen verhungerten, die Zufuhr von Rohstoffen in die Industrie versagte [71]. Ein weiterer Mißerfolg während des GSV war die ländliche Kleinindustrialisierung. Anders als das sowjetische Entwicklungsmodell ließ Mao die Schwer-

---

68. Vgl.: Han, Zhun, Woguo gongnongye guanxi de lishi kaocha (Historische Untersuchung der Beziehung zwischen Industrie und Landwirtschaft unseres Landes), in: Zhongguo shehui kexue (Sozialwissenschaft in China), Beijing, 1993, Nr. 4, S. 31

69. Vgl.: Zhao, a.a.O., S. 446 - 448

70. Auf-zwei-Beinen-Gehen war eine Weisung Maos vom Frühjahr 1958: gleichmäßige Entwicklung von Industrie und Landwirtschaft.
    Siehe dazu:
    Weggel, Oskar, Die Alternative China. Politik, Gesellschaft, Wirtschaft der VR China, Hamburg, 1973, S. 188 - 190;
    Menzel, a.a.O., S. 114

71. Vgl.: Schier, Peter, Die wirtschaftliche und gesellschaftliche Entwicklung bis zur Kulturrevolution (1949 - 1966), in: Bundeszentrale für politische Bildung (Hrsg.), VR China im Wandel, Bonn, S. 69 - 74

industrie, v. a. die Stahlproduktion, nicht nur in den Städten und Industriezentren, sondern auch auf dem Lande aufbauen. In vielen Kleinbetrieben der Volkskommunen wurde die Produktion nach dem Scheitern des GSV eingestellt [72], weil die meisten der dort - auf recht primitive Weise - hergestellten Produkte nur von geringer Qualität waren. .

Anfang der sechziger Jahre wurde von der sogenannten liuistischen Fraktion, der auch Deng Xiaoping angehörte, eine gemäßigte Wirtschaftspolitik eingeleitet. Bis Mitte der sechziger Jahre gelang es, die wirtschaftlichen Folgen des GSV und des Bruchs mit Moskau weitgehend zu überwinden. Die vergleichsweise erfolgreiche Wirtschaftspolitik wurde jedoch im Zuge des von Mao eingeleiteten kulturrevolutionären Kurswechsels abermals aufgegeben. Außenwirtschaftlich gesehen verfolgte China mit der Parole "Vertrauen auf die eigene Kraft" während der Kulturrevolution eine extreme Autarkiepolitik. Dabei hat Mao dem Rückgriff auf traditionelle und selbstentwickelte einfache Technologien den Vorrang gegenüber dem Import moderner Großtechnologien eingeräumt, um die im Sinne einer eigenständigen Entwicklung für notwendig erachteten Lernschritte durch die Mobilisierung der eigenen Kreativität statt durch Nachahmung zu vollziehen. Dadurch diente die VR China besonders den Dependenztheoretikern als praktisches Vorbild dafür, daß nur durch weitgehenden Rückzug aus dem Weltmarkt die Chance einer völligen Restrukturierung der eigenen Ökonomien gegeben sei. Kennzeichnend für das politische System war die Überkonzentration der Macht in der Hand weniger wie der Viererbande und Mao [73]. Nach dem Tod Maos und der Eliminierung der Viererbande hat Deng Xiaoping im Dezember 1978 mit dem 3. Plenum des 11. Parteitags die wirtschaftliche Reformpolitik eingeleitet. Die Ideologie der Kulturrevolution und die "Linkstendenz", die sich in ihr manifestierte, wurden grundlegend kritisiert. Als Leitgedanke wurde die Parole "Suche die Wahrheit in den Tatsachen" erneut bestätigt. Zur Verwirklichung der "Vier Modernisierungen" wurde eine wirtschaftliche Reformpolitik und eine Politik der Öffnung beschlossen. Konkretisiert werden sollten Richtung, Aufgabe und Charakter der Reform in einem "Beschluß der KPCh über die Reform des wirtschaftlichen Systems" (Zhongguo zhongyang guanyü jingji tizhi gaiigede jueding), der auf dem Plenum angekündigt wurde. Der Begriff der

---

72. Vgl.: ebenda

73. Vgl.: Weggel, Oskar, Der Wandel in China seit der Kulturrevolution, in: Bundeszentrale für politische Bildung (Hrsg.), VR China im Wandel, Bonn, S. 88

planmäßigen Warenwirtschaft wurde eingeführt, womit das Wirtschaften auf der Basis des Wertgesetzes gemeint war [74].

Die Analyse der damaligen wirtschaftlichen Situation und der industriellen Struktur in China ergab, daß für die Realisierung der hoch gesteckten Wachstumsziele allgemein und in der Schwerindustrie im besonderen keine tragfähige Basis vorhanden war. Die neue Entwicklungsstrategie beruhte auf dieser Analyse, deren Inhalt sich in drei Hauptpunkten zusammenfassen läßt :

1) Bis dahin hatte China eine erstaunliche Wachstumsrate der Schwerindustrie in einzelnen ausgewählten Bereichen aufzuweisen. Erkauft wurde dies jedoch durch ein erhebliches wirtschaftliches Ungleichgewicht: die schon lange bestehende Knappheit im Konsumgütersektor, die Vernachlässigung der Landwirtschaft und das unausgewogene Verhältnis zwischen der energie- und rohstofferzeugenden Industrie einerseits und der verarbeitenden Industrie andererseits. Das rasche Wachstum der Schwerindustrie konnte sich nur auf Kosten des Konsumgütersektors vollziehen. Aber neben dem Konsumgütersektor wurden auch weitere wichtige Wirtschaftssektoren und Branchen vernachlässigt. Dies gilt auch für die Landwirtschaft, obwohl das Wachstum der Industrie im Grunde genommen von landwirtschaftlichen Vorleistungen abhängt. Die geringe Produktivität der Landwirtschaft wirkte letztendlich wachstumbeschränkend. Vernachlässigt wurde auch die energie- und rohstoffversorgende Industrie. Angesichts der unzureichenden Brennstoff-, Energie- und Rohstoffversorgung war die Auslastung der vorhandenen Kapazitäten der Industrie nicht möglich. Außerdem hat der Mangel an Transportkapazitäten die zwischenbetriebliche und die regionale Arbeitsteilung erschwert.

2) Eines der Risiken bei der Fortführung der bisherigen Politik, d. h. der umfangreichen Investitionen in der Schwerindustrie, lag in der fehlenden Einsatzbereitschaft der zu niedrig entlohnten Bevölkerung. Der Anfang des Jahres 1978 veröffentlichte Entwicklungsplan sah ein Anwachsen der industriellen Produktion um jährlich mehr als 10% und die Errichtung zahlreicher Großprojekte, vor allem in der Eisen-, Stahl- und Buntmetallindustrie und im Kohlesektor, vor. Die dafür notwendigen hohen staatlichen Investitionen setzten voraus, daß die Bevölkerung auch in den nächsten Jahre nur das Nötigste zum Leben erhalten sollte. Nach so vielen Jahren des Konsumverzichts war eine weitere Verschiebung der Verwirklichung eines besseren Lebensstandards für die Bevölkerung nicht mehr akzeptabel.

---

74. Vgl.: Gao, Shangquan, "Shinian laide zhongguo jingji tizhi gaige" (Die Reform des chinesischen Wirtschaftssystems seit 10 Jahren), in: Zhongguo jingji nianjian (fortan: ZGJJNJ), 1989, Teil II, S. 38 - 42

3) Die Verwaltung hatte mit der fortschreitenden Entwicklung der Wirtschaft, insbesondere der zunehmenden Spezialisierung der Arbeitsteilung und der Verflechtung zwischen den industriellen Sektoren nicht Schritt gehalten. Die Zentralverwaltung litt vor allem unter einem Mangel an Information. Diese sind aber gerade für ein zentral geleitetes Wirtschaftsgeschehen lebensnotwendig, wenn es zügig laufen und funktionieren soll. Weder die Wirtschaftsbehörden noch die einzelnen Unternehmen hatten die nötigen wirtschaftlichen Mechanismen, um eine am Bedarf orientierte Produktion zu gewährleisten. Das hatte eine Vergrößerung des wirtschaftlichen Ungleichgewichte zur Folge. [75]

Zur Lösung dieser Entwicklungsprobleme enthielt die neue Entwicklungsstrategie, die in den 80er Jahren als Leitlinie der Wirtschaftpolitik propagiert wurde, eine Reihe von Maßnahmen zur Umstrukturierung der Wirtschaft:

1) Ein größerer Teil des Volkseinkommens sollte für den Konsum verfügbar gemacht werden und die Entwicklung der Landwirtschaft durch Preissteigerung der landwirtschaftlichen Produkte und Zuschüsse etc. gefördert werden.

2) Es sollte eine tragfähige Infrastruktur, vor allem der Brennstoff-, Energie- und Rohstoffversorgung und der Transportkapazitäten, aufgebaut werden.

Für die Verwirklichung beider Ziele soll die bisherige sektorale Ressourcenallokation geändert, d. h. die Investitionsquote in die Schwerindustrie gesenkt werden.
"Bei den Änderungen in der Allokationspolitik handelt es sich demnach im wesentlichen darum, daß diejenigen Branchen, die Vorleistungen für den "Eigenbedarf" der Schwerindustrie produzieren, weniger Ressourcen als bisher erhalten. Um aber die Investitionsquote zu senken, sollen die Investitionskürzungen in den für den "Eigenbedarf" der Schwerindustrie produzierenden Branchen - sie erhalten bisher den größten Teil der Investitionsmittel - grundsätzlich größer sein als die Investitionssteigerungen in allen anderen Bereichen zusammengenommen. An dieser Politik

---

75. Klenner, W., Der Wandel in der Entwicklungsstrategie der VR China, Hamburg, 1981, S. 11 -25;
Cui, Minyuan, Bashiniandai zhongguo gongye jiegou biandong yanjiu (Forschungsergebnisse zur Veränderung der industriellen Struktur in den 80er Jahren in China), in: Shengchanli yanjiu (Forschung der Produktivkräfte), Taiyuan, 1994, Nr. 6, S. 54 - 56;
Gao, Shangquan, "Zhongguo de jingji tizhi gaige" (Reform des chinesischen Wirtschaftssystems), in: ZGJJNJ, 1983, Teil III, S. 108 u. 111

will man so lange festhalten, bis eine deutlich bessere Versorgung der Bevölkerung mit Konsumgütern und mit Gütern des öffentlichen Bedarfs erlaubt. " [76]

Die Senkung der Quote der Investitionen in die Schwerindustrie bedeutete jedoch auf keinen Fall eine grundsätzliche Abkehr von einer auf der Schwerindustrie basierenden Industrialisierung, sondern nur eine strukturelle Regulierung. Da die Schwerindustrie ein energieintensiver Sektor ist, wäre eine langfristige Reduzierung der Schwerindustrie auch positiv für die Umweltverbesserung. Das war aber nicht Ziel und Zweck der neuen Entwicklungsstrategie.

3) In den 60er Jahren, besonders während der Kulturrevolution, wurden ausländische Anlagen nur im begrenzten Umfang importiert und stattdessen das Vertrauen in die "eigenen Kräfte" propagiert und praktiziert. Die neue Entwicklungsstrategie sah verstärkte Einfuhr von ausländischen Investitionsgütern und ausländischem Knowhow vor. Man erwartete durch den Einsatz der importierten Anlagen und Ausrüstungen eine höhere Produktivität und eine Beseitigung der bestehenden Engpässe. Damit wollte man die Umstrukturierung der chinesischen Wirtschaft unterstützen und in der nächsten Phase das wirtschaftliche Wachstum der so umstrukturierten Wirtschaft beschleunigen.

4) Eine allgemeine Einkommenserhöhung wurde als positiv für die Steigerung der Produktivität angesehen. Diese Einschätzung geht davon aus, daß die Einsatzbereitschaft der Bevölkerung steigt, wenn sie angemessen entlohnt wird. Trotz der hohen Wachstumsrate beim Bruttosozialprodukt wurde das Einkommen und damit der Konsum der Bevölkerung in den dreißig Jahren vor der Reformpolitik sehr niedrig gehalten. So konnte eine rasche Industrialisierung finanziert werden. Der fehlenden Einsatzbereitschaft der Bevölkerung wollte man mit an Leistungssteigerung gekoppelten individuellen Einkommenserhöhungen begegnen. D. h. man rechnete damit, daß die Abhängigkeit des Einkommens von der Leistung die Arbeitsmotivation erhöht [77]. Ähnliche Maßnahmen könnten auch dazu beitragen, daß man beim Produktionsprozeß mit der Energie sparsam umgeht.

5) Die neue Entwicklungsstrategie enthielt auch eine Änderung des bisherigen ordnungspolitischen Konzepts. Die Unternehmen sollten weniger als bisher an Weisungen der Verwaltungsbehörden gebunden sein, stattdessen wurde eine Dezentralisierung der Planung bis hinunter zu den Unternehmen vorgenom-

---

76. Klenner, W., ebenda, S. 28

77. Vgl.: Bai, Hewen, "Nongye shengchan zerenzhide jianli yu fazan" (Aufbau und Entwicklung des Verantwortungssystems der landwirtschaftlichen Produktion), in: ZGJJNJ, 1983, Teil III, S. 111 u. 112

men. Die Unternehmen sollten stärker an den Markt gekoppelt werden. Diese Anpassung der Produktionsprogramme am Bedarf sollte zur Beseitigung des wirtschaftlichen Ungleichgewichts beitragen [78]. Hätte man diese Maßnahme in der Energiepolitik angewendet, hätte dies eine Widerspiegelung des Verhältnisses von Angebot und Nachfrage im Energiepreis bedeutet. Dies wurde allerdings weitgehend unterlassen.

Die Landwirtschaft hat sich in den 80er Jahren viel schneller entwickelt als in den dreißig Jahren vorher, allerdings immer noch wesentlich langsamer als die Industrie. Zwischen 1953 und 1978 betrug die durchschnittliche Entwicklungsrate der Landwirtschaft pro Jahr 3,2%, die der Industrie 11,2%. Die Entwicklungsgeschwindigkeit beider Sektoren stand im Verhältnis 1 : 3,5. Zwischen 1979 und 1988 lag die jährliche Entwicklungsrate der Landwirtschaft im Durchschnitt bei 6,2%, die der Industrie bei 12,8%. Das Entwicklungsverhältnis der beiden Sektoren betrug 1 : 2,06. Aber das Wachstum der Landwirtschaft, das bis zum Jahr 1984 besonders hoch war, verlangsamte sich wieder. Zwischen 1985 und 1988 betrug es nur 3,9%, das der Industrie 17,8%. Auch die Investitionen waren in der Landwirtschaft viel geringer als in der Industrie. Somit hat sich das Ungleichgewicht zwischen beiden Sektoren in den 80er Jahren trotz der neuen Strategie weiter vergrößert [79].

1991, ein Jahr nach dem Abschluß des siebten Fünfjahresplan, wurden auch die anderen strukturellen Probleme der Wirtschaft, auf deren Lösung die neue Entwicklungsstrategie abgezielt hatte, als nicht gelöst eingeschätzt. Zwar sind die Kapazitäten der Energiewirtschaft, der Rohstoffversorgung und des Transports durch intensive Bemühungen in den 80er Jahren enorm gestiegen, aber auch die Nachfrage ist schnell gewachsen: die Knappheit in der Energieversorgung ist immer noch ein hemmender Faktor des wirtschaftlichen Wachstums. Insgesamt kann man sagen, daß die neue Entwicklungsstrategie, die keine Abkehr von der konventionellen Industrialisierung auf der Basis der Schwerindustrie bedeutete, bei der Lösung des bis-

---

78. Klenner, W., a.a.O., S. 22 - 32;
Yuan, Baohuo, Kuoda qiyezizhuquan wanshang jingji zerenzhi (Erweiterung der unternehmerischen Selbstständigkeit zur Vervollständigung der wirtschaftlichen Verantwortung), in: Zhongyangdang xuexiao zhengzhijingjishi (Abteilung der politischen Ökonomie der zentralen KPCh-Schule) (Hrsg.), Zhongguo jingji tizhi gaige yu xiandaihua jianshe de lilun he shiqian, Beijing, 1985, S. 1 - 18;
Han, Zhun, a.a.O., S. 34 - 35;
Gao, Shangquan, a.a.O, Teil III, S. 108 u. 111

79. Vgl.: Wang, Menggui, "Jingji jianshe shinian" (10 Jahre wirtschaftlicher Aufbau), in: ZGJJNJ, 1989, Teil II, S. 34

herigen strukturellen Ungleichgewichts zwischen Energieversorgung und Energienachfrage gescheitert ist [80]. Auch wenn der Wirtschaftskurs in den ersten drei Jahrzehnten der VR China Änderungen durchmachte, war die besondere Förderung der Schwerindustrie ein gemeinsames Merkmal der verschiedenen wirtschaftlichen Entwicklungsstrategien [81]. Es ist also festzustellen: Die Grundlage der wirtschaftlichen Modernisierung ist auch in der VR China die Industrialisierung auf der Basis der Schwerindustrie.

Solange China Modernisierung mit dieser Strategie betreibt, ist die ökologische Zerstörung unvermeidbar, weil diese Entwicklung wiederum auf dem hohen Verbrauch der Kohle basiert, die verschiedene Umweltverschmutzungen verursacht. Eine theoretische Kritik der konventionellen Modernisierung und ein alternatives Verständnis von Modernisierung sind daher notwendig, um die negative Entwicklung zu vermeiden und eine umweltfreundliche Energiepolitik einzuleiten.

---

80. Vgl.: Wang, Chunzheng, "Zhongguo guomin jingji fazan shuping" (Über volkswirtschaftliche Entwicklung in China), in: ZGJJNJ, 1992, S. 51;
    Wang, Menggui, a.a.O., Teil II, S. 34 - 35

81. Siehe dazu:
    Wei, Liqun, "Zhonguo guomin jingji de tiaozheng he fazhan" (Regulierung und Entwicklung der chinesischen Volkswirtschaft), in: Zhongguo baike nianjian (Enzyklopädisches Jahrbuch Chinas) (fortan: ZGBKNJ), 1980, S. 290 - 291;
    Wang, Chunzheng, "Zhongguo guomin jingji fazan shuping" (Über die volkswirtschaftliche Entwicklung in China), in: ZGJJNJ, 1992, S. 51;
    Wang, Menggui, a.a.O., Teil II, S. 34 - 35

2. Kritik des konventionellen Modernisierungsverständnisses und die Alternative: der reflexive Modernisierungsansatz

2.1. Modernisierung als Rationalisierung und die "instrumentelle Vernunft"

Max Weber hat seine weltgeschichtliche Analyse unter dem Gesichtspunkt der exzeptionellen westeuropäischen Rationalität und ihrem Niederschlag im okzidentalen Geschichtsverlauf durchgeführt. Nach der Weberschen Schule [82] ist das Spezifische an der abendländischen Geschichte eine quantitative und qualitative Zunahme des zweckrationalen Handelns, vor allem in den Sphären von Wirtschaftsleben und Rechtsprechung. Zweckrationalität meint eine Form des Handelns, die durch Zielgerichtetheit, Planmäßigkeit und Nachvollziehbarkeit charakterisiert wird - eben durch Rationalität. Das zweckrationale Handeln ist auf Erfolg ausgerichtet und setzt dafür die Umweltbedingungen planvoll ein. Es erscheint mit anderen Phänomenen wesensmäßig verschränkt, die Weber zufolge ebenfalls die Exzeptionalität der okzidentalen Entwicklung ausmachen: Entfaltung der Wissenschaft, Entstehung des "Spezialistentums", Aufkommen des Kapitalismus [83].

H. A. Marcuse, einer der Hauptvertreter der klassischen kritischen Theoretiker wie auch Horkheimer und Adorno, hat in seinem Werk "Der eindimensionale Mensch" die Moderne diagnostiziert. Der Schlüsselbegriff in seiner Diagnose ist der der "Rationalität" oder der "Rationalisierung". Er hat dabei den Weberschen Begriff übernommen, ihn aber kritisch umgedeutet, indem er ihn mit Horkheimers und Adornos Begriff der "instrumentellen Vernunft" gleichsetzt. Weber hat keineswegs den Begriff "zweckrational" mit Zwang oder Nötigung gleichgesetzt. Aber Marcuse ist der Überzeugung, daß Ökonomie, Kultur und Politik zu einem einheitlichen und historisch neuen Typus totaler Herrschaft verschmelzen, wenn alle gesellschaftli-

---

[82] Als Talcott Parsons die Protestantismusschrift Max Webers ins Englische übersetzte, begann die Rezeption Webers in den USA. In der Rezeption - v.a. der Modernisierungstheorie der 50er Jahre - wurde gar keine Notiz davon genommen, daß Weber über die europäische Sonderentwicklung zum okzidentalen Rationalismus nicht immer unbesorgt war. siehe dazu:
Peukert, Detlev J. K., Max Webers Diagnose der Moderne, Göttingen 1989, S. 5 - 9;
Weber, Max, Parlament und Regierung im neugeordneten Deutschland, in: ders., Gesammelte politische Schriften, München, 1921, S. 151

[83]. Mansilla, a.a.O., S. 98;
Weber, Max, , Gesammelte Aufsätze zur Religionssoziologie, Bd. I, Stuttgart, 1920, S. 1-4

chen Erfahrungsbereiche dem Zugriff einer am Modell der Bürokratie des kapitalistischen Betriebes gewonnenen technischen Rationalität ausgeliefert werden [84].
Konstitutiv für den Weberschen Begriff der Rationalität ist - nach Marcuse - seine Fähigkeit zur universellen Quantifizierung, d. h. die Übernahme einer fortschreitenden Formalisierung und Mathematisierung der Erkenntnis aus dem Bereich der - erfolgreichen - Natur-und Erfahrungswissenschaften. Damit geht die Notwendigkeit einer, die Elemente des rationalen Experiments und der rationalen Beweise auf die Organisation von Wissenschaft, Wirtschaft und Staat auszudehnen sowie auf den gesamten Bereich der "Lebensführung". Die bedeutendste praktische Ausprägung dieses Rationalitätsbegriffs stellt die Entstehung und Verfestigung einer universellen, fachmännisch geschulten Beamtenorganisation dar, der Bürokra-tie [85].

Der Webersche Begriff formeller Rationalität gehört zwar in den Zusammenhang von Kapitalismus, Herrschaft und Vernunft, kann jedoch ebenso zur Explikation von Modernisierungsprozessen außerhalb dieses Zusammenhanges herangezogen werden, erstens weil viele Länder, die der Dependenzsphäre des heutigen Kapitalismus zuzuordnen sind, den gleichen Prozeß nachzuholen versuchen, und zweitens weil die meisten Versuche zur Aufbrechung jener Dependenzsphäre und zur Errichtung einer sozialistischen Gesellschaftsordnung (inclusive der VR China) sich bis heute im wesentlichen damit begnügt haben, derselben formell-instrumentellen Vernunft zum Sieg zu verhelfen. Samuel P. Huntington z. B. interpretiert die Leninsche Parteikonzeption als organisatorischen Beitrag zur Theorie der Modernisierung [86].
Dubiel faßt wie folgt Marcuse's Standpunkt zu diesem Sachverhalt zusammen:
"War der traditionelle Marxismus noch davon ausgegangen, daß der technische Stand der Produktivkräfte eine unabhängige Variable ist, an dem der Grad der ausgeübten politischen Klassenherrschaft kritisch gemessen werden kann, so besteht für Marcuse die Besonderheit des spätkapitalistischen Herrschaftstypus gerade darin, daß er als die institutionelle Verkörperung technischer Vernunft selber auftritt und sich damit tendenziell unangreifbar macht gegenüber politischer Kritik.

---

84. Siehe dazu:
    Marcuse, Herbert, Der eindimensionale Mensch, Studien zur Ideologie der fortgeschrittenen Industriegesellschaft, Berlin, 1969, S. 159 - 183;
    Krusekamp, Harald, Archäologen der Moderne, Zum Verhältnis von Mythos und Rationalität in der Kritischen Theorie, Opladen, 1992, S. 21 - 47

85. Mansilla, a.a.O., S. 99;
    Vgl: Marcuse, Herbert, a.a.O., S. 21 - 38

86. Mansilla, a.a.O., S. 99;
    Vgl.: Samuel P. Huntington, Political Order in Changing Societies, New Haven/ London, 1968, S. 334-343

Wenn technische Rationalität zur einzigen und umfassenden Legitimationsgrundlage wird, verschwindet - so Marcuse - der Unterschied zwischen (technischen) Produktivkräften und (politischen) Produktionsverhältnissen. Die gegebenen Produktions-und Herrschaftsverhältnisse erscheinen dann als die einzig mögliche Form einer >rationalen< Gesellschaft. Marcuse meint aber, daß politische Herrschaft durch diesen Prozeß ihrer Versachlichung nicht aufgehoben wird, sondern lediglich aus dem Bewußtsein der Unterworfenen getilgt wird. Technik und Wissenschaft sind der Motor des spätkapitalistischen Systems und zugleich die ideologische Stellwand, hinter der die ausgeübte politische Herrschaft verborgen wird." [87]

In der "Dialektik der Aufklärung" untersuchen Horkheimer und Adorno auch nicht mehr die Gesellschaftsformationen, speziell die kapitalistische, die auf der theoretischen Tradition des historischen Materialismus basieren. Sie analysieren den als Gesamtheit genommen Prozeß der Auseinandersetzung der Menschengattung mit der Natur.

"Die Natur erscheint in dieser Perspektive nicht als eine der Menschengattung gegenüberstehende, zur restlosen Verfügung gestellte Dingwelt, sondern selbst als eine Art >alter ego< des Menschen, von dem sich diese durch ihre hemmungslose technische Ausbeutung immer weiter entfremdet. Horkheimer und Adorno entwikkeln in zahllosen subtilen Variationen die These, daß der durch die geschichtliche Ausbreitung von Wissenschaft und Technik vorangetriebene Prozeß der > Aufklärung< nicht die Schiene eines der Menschheit garantierten Fortschritts markiert, sondern die verwehte Spur eines die Menschheitsgeschichte von Anbeginn an kennzeichnenden Verfalls. Dieser Verfall, diese >Regression<, reicht zurück bis zu den frühgeschichtlichen Anfängen der abendländischen Zivilisation, ihre Leitschiene, tritt im 18. Jahrhundert, im Zeitalter der sogenannten Aufklärung, ins Stadium der Selbstreflexion, um dann schließlich im 20. in barbarischen Aktionen der industriellen Vernichtung von Menschen zu münden." [88]

Beck, nach dessen Meinung ebenfalls die Hauptbedrohung der Menschengattung aus der Technik kommt, stellt die Frage, was auf das erreichte westeuropäisch-nordamerikanische Stadium folgen könnte. Er analysiert den Industrialismus der klassischen Moderne viel konkreter als Adorno und Horkheimer, v. a. unter dem Aspekt der Bedrohung der Zukunft. Der Industrialisierungsprozeß kann von Land zu Land schwerpunktmäßig bzw. ideologisch variieren (westlicher oder östlicher Weg), aber die Bedrohung der Zukunft und ihre kritische Beurteilung ist für alle Typen von Industrialisierung gültig. Und sie gilt nicht nur für die Industriegesellschaften, sondern

---

87. Dubiel, Helmut, Kritische Theorie der Gesellschaft, München, 1992, S. 95-96

88. Dubiel, Helmut, ebenda, S. 88

für alle Regionen und Länder, die sich auf dem Weg in die Moderne befinden. Da bildet auch die VR China keine Ausnahme.

2.2. Einfache Modernisierung und reflexive Modernisierung

2.2.1. Einfache Modernisierung und ihre Beschränktheit im Zusammenhang mit der Umweltschutzproblematik

Modernisierung wurde bisher immer in Abgrenzung zur Tradition, d. h. zur Welt der Überlieferungen und Religionen definiert. Modernisierung wurde gleichgesetzt mit der Befreiung aus den Zwängen der Natur durch die Kontrolle der Natur. Das Gesetz der Moderne und seine Durchsetzung hat sich nach Becks Meinung jedoch verändert. Dieses veränderte Gesetz der Moderne besteht darin, daß die Durchsetzung des Kontrollanspruchs, im Sinne der Zweckrationalität von Max Weber, eine Reihe von Folgen verursacht, die unkontrollierbar sind. Die Gefahr, die von den Kernkraftwerken ausgeht, ist ein gutes Indiz dafür. (s. Tschernobyl) Diese Bedrohung betrifft mehrere Generationen und alle Nationen. Der Unfallbegriff aus der einfachen Modernisierung, der die Grundlage der Kalkulation und Kompensation von industriellen Folgen und Zerstörungen bildete, läßt sich auf diese Art von Bedrohung nicht mehr anwenden. Becks Unterscheidung zwischen Risiko (kontrollierbar) und Gefahren (unkontrollierbar) scheint daher durchaus sinnvoll.

"Die Maßstäbe 'rationaler' Folgenkontrolle verhalten sich nämlich zu den in Gang gesetzten Folgen wie eine Fahrradbremse zum Interkontinentalflugzeug: Alle Grundbegriffe des Risikomanagements in Wissenschaft, Recht und Politik - das sind Unfall, Versicherungsschutz, Verursacherprinzip, Haftung usw. - versagen im Chemie- und Atomzeitalter angesichts von Folgen und Zerstörungen, die sich gerade nicht mehr wie frühindustrielle Betriebs- und Arbeitsplatz-Unfälle räumlich, zeitlich und sozial eingrenzen und entsprechend berechnen und kompensieren lassen. Technisch gesprochen: Die Eintrittswahrscheinlichkeit mag durch entsprechende Arrangements minimiert werden. Das, was droht, übergreift Generationen und Nationen. Wir wissen: Die Verletzten von Tschernobyl sind noch gar nicht alle geboren! Vor solchen Dimensionen scheitern die Anwendungsbedingungen des Unfallbegriffs, die Grundlagen der Kalkulation und Kompensation von industriellen Folgen und Zerstörungen." [89].

---

89. Beck, Ulrich, Politik in der Risikogesellschaft, Frankfurt/Main, 1991, S. 188

Abbildung 1:
Risiken und Gefahren

	vorindustrielle Hochkulturen	klassische Industriegesellschaften	industrielle Risikogesellschaft
Art und Beispiel	Gefahren, Naturkatastrophen, Pest	Risiken, Unfälle (Beruf, Verkehr)	Selbstgefährdungen, künstliche Katastrophen
entscheidungs abhängig entstanden	nein: externalisierbar (Götter, Dämonen)	ja: industrielle Entwicklung (Ökonomie, Technik, Organisation)	ja: atomare, chemische, genetische Industrien und politische Sicherheitsgarantien
Freiwilligkeit (individuell vermeidbar ?)	nein: zugewiesen, vorgegeben	ja: (z.B. Rauchen, Auto, Skifahren, Beruf)	nein: Kollektiventscheidung individuell nicht vermeidbare Gefahren
	externes Schicksal	regelgeleitete Zurechenbarkeit	ja und nein ("organisierte Un-verantwortlichkeit")
Reichweite, Betroffenheit	Länder, Völker, Kulturen	örtlich, zeitlich, sozial begrenzte Ereignisse und Zerstörungen	unabschließbare "Unfälle"
Kalkulierbarkeit, Ursache - Wirkung, Risiko-Versicherung)	offene Unsicherheit; politisch neutral, da Schicksal	kalkulierbare Unsicherheit (Wahrscheinlichkeit, Entschädigung)	politisch hochbrisante Gefahren, die die Grundlagen der Kalkulation und Vorsorge in Frage stellen

Quelle: U. Beck: Gegengifte. Die organisierte Unverantwortlichkeit, Frankfurt am Main, 1988, S. 121

Die Verweigerung des privatwirtschaftlichen Versicherungsschutzes gegenüber den gesamten Szenario der modernen Großtechnologie ist für Beck ein operationales Kriterium für die Unterscheidung von Risiken und Gefahren. Die Gefährdungen, die er "Risiken" nannte, wachsen durch die mangelnde Voraussehbarkeit der nicht intendierten Folgen politischen Handelns.

"Was Max Weber noch gar nicht sehen konnte, was aber uns beschäftigen muß, ist das im Zuge seiner Durchsetzung veränderte Gesetz der Moderne, nach dem mit dem Kontrollanspruch der Zweckrationalität die Unkontrollierbarkeit der Folgen wächst. Die ökologische Frage ist ein Spezialfall, bei dem Kontrolle, Nichtkontrolle,

Inexistenz von Gefahren und deshalb ihre Vermehrung und Potenzierung zusammenwirken: Erforderlich ist die Umgestaltung der zweckrationalen in eine potemkinsche Bürokratietheorie. Wenn Unkontrollierbarkeiten verwaltet werden, dann muß das zu skurrilen Formen bürokratischer Realsatire führen. Ein wunderschönes Sammlerexemplar ist etwa die Idylle des Katastrophenschutzes im Atomzeitalter: ausländische Reaktorunfälle finden aus verwaltungstechnischen Gründen nicht statt, inländische Katastrophen sind so liebenswürdig, sich auf eine Gefährdung von neunundzwanzig Kilometer im Umkreis eines Kernkraftwerkes zu beschränken. In diesem Sinne wäre zu unterscheiden zwischen der Verwaltung des Nonsens und der Verwaltung des Nonsens mit Nonsensmitteln" [90]

Als ein Indiz für einfache Modernisierung und ihre Beschränktheit kritisiert Ulrich Beck die Grenzwerte, die auch in der VR China als Umweltschutzmaßnahme angewendet werden. Bei der Aufstellung von Grenzwerten werden nur wenige bekannte Schadstoffe berücksichtigt, während die vielen unbekannten Schadstoffe ignoriert werden. Darin zeigt sich die verengte Sichtweise bei der Definition der Probleme des Umweltschutzes in der Modernisierung als Rationalisierung der Tradition [91].

"Grenzwerte verbieten und erlauben. Erlaubt wird auch, was nicht erfaßt wird. Was erlaubt wird, ist ungiftig, auch wenn die Vergiftung auf diese Weise auf Dauer gestellt wird. Grenzwerte erzwingen also eine Unterscheidung zwischen dem Erlaubten, das amtlich, aber auch nur amtlich entgiftet wird, und den giftigen Folgen, die sich in Meeren und Mägen sammeln. Es läßt sich daraus ein Gesetz formulieren, das Gesetz der gesellschaftlichen Produktion physischer Gefahren und Zerstörung: Je geringer der Bereich des Verbotenen, desto größer ist der Bereich der nicht giftigen Vergiftung, die unsichtbar, unkontrollierbar gemachte Gefährdungen auf Dauer stellt. Der entscheidende Punkt liegt darin: Der amtliche Giftfreispruch negiert die Giftigkeit des Giftes und wird so zum Freifahrtschein der Vergiftung." [92].

Wie sehen die Lösungsansätze bei Beck aus? Er ist wenig interessiert an der Verbesserung der parlamentarischen Kontrolle und dem Ausbau von zentraler politischer Steuerung im Sinne der politischen Modernität wie bei Almond und Colemann. Diese Modernität setzt bekanntlich eine politische Kommunikation voraus, die durch autonome und spezialisierte Organe getätigt wird. Die Organe neigen ih-

---

90. Beck, Ulrich, a.a.O., S. 188

91. Vgl.: Timm, J., Mathematische Grundlagen, Modelle und Grenzen der Risikoabschätzung, in: Kommission Reinhaltung der Luft im VDI und DIN (Hrsg.), Krebserzeugende Stoffe in der Umwelt - Herkunft, Messung, Risiko, Minimierung - Mannheim, 1991, S.. 35 - 48

92. Beck, Ulrich, a.a.O., S. 190

rerseits dazu, alle anderen Subsysteme zu durchdringen und einen ständigen Informationsfluß hervorzubringen. Beck sieht in dieser Voraussetzung eine entscheidende Unzulänglichkeit. Er attestiert den Medien, auf die sich die Angst der Menschen konzentriert, eine Blitzableiterfunktion. Die punktuelle Lenkung der Aufmerksamkeit auf Einzelprobleme ist typisch für Medien, die die Allgegenwart der Gefahren durch ständigen Themenwechsel verdrängt [93]. Beck, nach dessen Meinung keine anderen wirksamen Institution zur Wahrnehmung von Gefahren existieren, erkennt darin die Gefahr einer fortschreitenden Entmündigung der Bürger. Während die Aufhebung der privaten Verfügung über die Produktionsmittel ein Jahrhundert lang erbittert umkämpft war, wurde die private Verfügung über die Mittel zur Wahrnehmung von Gefahren nicht angefochten.

Seiner Meinung nach löst Modernisierung heute die Konturen der Industriegesellschaft auf und in der Kontinuität der Moderne entsteht eine andere gesellschaftliche Gestalt. Diese Unterscheidung zwischen Modernisierung der Tradition und Modernisierung der Industriegesellschaft entspricht dem Unterschied zwischen einfacher und reflexiver Modernisierung.

---

93. Beyme, Klaus von, Theorie der Politik im 20. Jahrhundert, von der Moderne zur Postmoderne, Frankfurt/ Main, 1991, S. 321

2.2.2. Reflexive Modernisierung als notwendige Antwort auf die ökologische Krise

Die Notwendigkeit der reflexiven Modernisierung besteht nicht in der Kritik der Vergangenheit, sondern in der der Zukunft. Damit ist sie nicht nur für die Industriegesellschaft gültig, sondern für alle Regionen und Länder, die sich auf dem Weg in die Moderne befinden. Beck propagiert keinen konkreten Inhalt der reflexiven Modernisierung, aber er nennt die wesentlichen Bestandteile: "Verantwortliche Modernisierung" und "ökologische Modernisierung"

Verantwortlichkeit soll vom "Steinzeitindustrialismus" der Vergangenheit in einen aufgeklärten Postindustrialismus auf der Grundlage einer mittleren Technologie (siehe dazu Kapitel 3.2.) führen. Die Grundfragen des Fortschritts sollen aus der Anonymität der organisierten Unverantwortlichkeit herausgelöst und neue Institutionen der Verantwortung und Mitbestimmung geschaffen werden [94].

Ökologische Demokratie bedeutet Widerstandsfähigkeit der Bürger im Sinne von aktiver Mit- und Gegenwirkung und steht im Widerspruch zur politischen Zentralisation. Beck stellt fest, daß in den Demokratiemodellen sowohl westlicher als auch östlicher Prägung die politische Selbstbegrenzung, die historisch vollzogen wurde, weiter nachvollzogen wird. Staatliche Politik ist seiner Meinung nach nicht länger der einzige oder auch nur der zentrale Ort, an dem über die Gestaltung der gesellschaftlichen Zukunft entschieden werden sollte [95].

"Das Politische, soweit es sich friedlich verhält, friedlich gehalten werden kann, vollzieht sich im nationalstaatlichen Demokratieverständnis der einfachen Moderne ausschließlich als ein regelgeleiteter Ringkampf der Parteien um die Futtertröge und Steuerungshebel der Macht. Die Ziele sind: Wirtschaftswachstum, Vollbeschäftigung und soziale Sicherheit und Regierungswechsel im Sinne von Personalwechsel, Parteienwechsel. Das ist, so vollzieht, so verwirklicht sich Demokratie. Politik im Sinne von Umbau des Regierungssystems, Regierungstransformation, Selbstauflösung der Regierung nach unten und nach oben, indem z.B. Entscheidungskompetenzen einerseits an die Verbände, andererseits an globale Akteure delegiert werden - niemals! Anders gesagt: Politik im nationalstaatlichen Gefüge und Regelsystem ist kein Aufbruch in ein neues Land des Politischen, des Weltpolitischen, der Weltrisi-

---

94. Vgl.: Beck, Ulrich, Gegengifte. Die organisierte Unverantwortlichkeit, Frankfurt/Main, 1988, S. 131

95. Vgl.: Beck, Ulrich, Risikogesellschaft - Auf dem Weg in eine andere Moderne, Frankfurt/Main, 1986, S. 371

kogesellschaft. Man streitet sich um die Einlösung und Sicherung der demokratischen und wirtschaftlichen Spielregeln der Nationalstaaten. Dieses Modell der Politik ist aus vielen Gründen fragwürdig; nicht zuletzt durch eine doppelte Inflationierung der Ansprüche: Staatliche Politik soll für alles zuständig sein, und alle sollen und wollen an ihr teilhaben." [96]

Beck unterscheidet zwischen regelgeleiteter (einfacher) und regelverändernder (reflexiver) Politik. Regelgeleitete Politik bewegt sich innerhalb des Systems der Spielregeln der nationalstaatlichen Industriegesellschaft oder anders gesagt: in der einfachen Moderne. Dagegen zielt die regelverändernde Politik ab auf eine "Politik der Politik" im Sinne einer Veränderung der Spielregeln selbst [97].

Die Notwendigkeit regelverändernder Politik liegt vor allem darin, daß der einfachen (regelabgeleiteten) Politik im Rahmen eines marktwirtschaftlichen System bei der Erfassung und Lösung von Umweltproblemen und der Bewältigung ökologischer Krisen Grenzen gesetzt sind. Dies läßt sich an einem Beispiel verdeutlichen.

Ein Landwirt (mit einigen tausend Rindern oder Schweinen) berücksichtigt nach den marktwirtschaftlichen Regeln bei seiner Preiskalkulation nur die Produktionsfaktoren Kapital und Arbeit. Die Gülle-Abwasser, die er auf Äckern, Wiesen oder Brachland abläßt, läßt er außer Acht, da sie ihm keine unmittelbaren Kosten verursachen. Obwohl diese Abwässer nicht nur die Böden des Landwirts, sondern auch das Grundwasser vergiften, braucht sich der Landwirt an den durch ihn verursachten Umweltschäden und deren Kosten nicht finanziell zu beteiligen. Die Aufgabe der Umweltsanierung übernimmt der Staat und die Kosten trägt die Allgemeinheit. Sie werden entweder aus dem Steuereinkommen beglichen oder durch höhere Preise für das aufbereitete Trinkwasser an die Bürger weiter gegeben (oder beides). Dabei steigert die Verschmutzung von Böden und Grundwasser ironischerweise das wirtschaftliche Wachstum und das Bruttosozialprodukt, wenn die Wasserwerke mit Millionenaufwand aus verschmutztem Grundwasser wieder Trinkwasser herstellen. Ein erheblicher Teil des Wirtschaftswachstums in der einfachen Moderne beruht in der Regel auf umweltschädigenden Produktionen und den Kosten, mit denen die beschädigte Umwelt wieder repariert wird. Diese und tausend andere Beispielen zeigen:
In Betrieben gibt es interne Kosten, die der Unternehmer berücksichtigen muß, und externe Kosten, die zwar durch die Produktion entstehen, ihn aber nicht belasten und daher auch nicht interessieren. Das Verhalten der Unternehmer ist von seinem Standpunkt aus rational und entspricht den Regeln der Marktwirtschaft: Sie produ-

---

96. Beck, Ulrich, Die Erfindung des Politischen, Frankfurt/Main, 1993, S. 208

97. Vgl.: Beck, Ulrich, ebenda, S. 204 - 207

zieren in dem Rahmen, der ihnen vorgegeben ist. Das gilt auch für den Landwirt. Solange die Nutzung der Umwelt - Böden, Wasser und Luft - kostenlos für die Produktion zur Verfügung steht, fallen nicht nur die externen Kosten für die "Reparatur" der Umwelt aus der betrieblichen Kalkulation heraus, sondern die Umwelt wird auch verschwenderisch genutzt [98].

In den Wirtschaftswissenschaften wird dieser Sachverhalt mit der Theorie der "öffentlichen Güter" erklärt. Als öffentliche werden soche Güter bezeichnet, bei deren Verwendung die einzelnen wirtschaftlich tätige Personen entweder nicht die Gesamtkosten tragen müssen oder nicht den Gesamtnutzen ziehen können, weil Kosten bzw. Nutzen ganz oder teilweise bei Dritten anfallen: externe Effekte [99].
Das Gegenstück zu öffentlichen sind private Güter, deren Kosten- und Nutzen- Wirkungen bei den jeweiligen wirtschaftlich tätige Personen auftreten, die sie verwenden: interne Effekte.

Öffentliche Güter sind Umweltgüter im weitesten Sinne wie Wasser, Boden und Luft, Pflanzen und Tiere, idyllische Landschaften, Ruhe im Gegensatz zu Lärm etc.. Wenn es keine rechtliche Regelung gibt, können sie von Produzenten und Konsumenten benutzt, verbraucht, verunreinigt oder auf andere Art "beschädigt" werden, ohne daß diese direkt die Kosten für die Beseitigung dieser Umweltschäden tragen müssen. Konsum und Produktion sind billiger und ertragreicher, wenn die Umweltgüter zunächst einmal kostenlos genutzt und die entstehenden Umweltschäden zu Lasten der Allgemeinheit beseitigt werden, wenn überhaupt. Auf der anderen Seite haben die wirtschaftlich tätige Personen, die Maßnahmen zur Erhaltung der Umwelt, d.h. zur Vermeidung und Beseitigung von Umweltschäden, ergreifen, nicht den alleinigen Nutzen davon. Von diesen Maßnahmen profitieren auch Dritte und letztlich wieder die Allgemeinheit. Zwar werden die Kosten der Allgemeinheit auf einzelne "umgelegt", im allgemeinen besteht jedoch eine erhebliche Diskrepanz zwischen den Anteil eines einzelnen an den Kosten und seinem Anteil an den Umweltschäden, entweder zu seinem Nachteil oder zu seinem Vorteil. Die negativen Auswirkungen dieses Systems bestehen aber nicht nur in der ungerechten Verteilung der Kosten. Solange der Wirtschaftsprozeß noch funktioniert und das physische Existenzminimum noch nicht erreicht ist, haben die wirtschaftlich tätige Personen in einem reinen Marktsystem kein Interesse daran, sich um eine schonende Behand-

---

98 Wilhelm, Sighard, Ökosteuer - Marktwirtschaft und Umweltschutz, München, 1990, S. 24-26 und 48 - 53;
Weizsäcker, Ernst U. von / Mauch, Samuel P. / Jesinghaus, Jochen / Iten, Rolf , Ökologische Steuerreform, Zürich, 1992, S. 30 - 34

99 Vgl.: Heller, Peter W., Das Problem der Umweltbelastung in der ökonomischen Theorie, Frankfurt/Main, 1989, S. 120 - 131

lung der Umweltgüter und eine rechtzeitige Vermeidung von Umweltschäden zu bemühen, deren Kosten sie selber tragen bzw. in ihre Preisgestaltung einbeziehen müßten. Dies ist aber notwendig, da die Beseitigung der Umweltschäden nicht nur eine Kostenfrage ist; eine vollständige Beseitigung der Schäden ist gar nicht möglich. Die fortschreitende Umweltzerstörung und der Raubbau an den natürlichen Ressourcen wird langfristig auch zur Zerstörung des Marktsystems führen. Denn wenn die Umweltgüter zerstört oder irreversibel geschädigt sind und die verschlechterten Lebensbedingungen zu sozialen Unruhen führen, wird das Wirtschaftssystem empfindlich gestört und letztendlich zusammen brechen. Eine "Umwandlung" des Charakters der Umweltgülter als "Öffentliche Güter" in "Private Güter" kann aber nicht die Lösung sein. Denn aufgrund ihrer naturwissenschaftlich-technischen Eigenschaften ist es nicht möglich, Umweltgüter in einzelne physische Einheiten so aufzuteilen und einzelnen Privateigentümern zu überlassen, daß Nutzen und Kosten nur bei ihnen auftreten. Die Wechselbeziehungen (Stoffkreisläufe, Nahrungsketten etc.) zwischen einzelnen Bestandteilen der Umwelt verhindern, daß der jeweilige Eigentümer Dritte von der Nutzung völlig ausschließen kann oder allein die Kosten für seine Nutzungsvorteile trägt. Die Umweltschäden bei Luft, Wasser, Wälder etc. halten sich nun mal nicht an Eigentumsgrenzen und können - wenn überhaupt - nur mit unverhältnismäßig hohem Kostenaufwand in ihren Auswirkungen räumlich beschränkt werden [100].
Es ist zwar notwendig, eine umweltbelastende Produktion für den teurer zu machen, der sie betreibt; die dazu notwendige quantitative Kalkulation der Umweltgefährdung und des Umweltschutzes stößt aber an die Grenzen des marktwirtschaftlichen Systems. Im Sinne einer reflexiven Politik bedarf es daher eines wirtschaftlichen und politischen Instrumentariums, mit dem nicht nur erreicht werden soll, die externen Kosten dem aufzuladen, der sie verursacht, sondern auch umweltfreundliches und vorausschauendes Handeln zu fördern.

---

100. Naujoks, Friedhelm, Ökologische Erneuerung der ehemaligen DDR. Begrenzungsfaktor oder Impulsgeber für eine gesamtdeutsche Entwicklung? Bonn, 1991, S. 14 - 17; Heller, Peter W., a.a.O., S. 117 - 119

3. Energie- und umweltpolitische Lösungsansätze im Kontext der reflexiven Modernisierungstheorie

3.1. Die ökologische Steuerreform als Vorsorgeprinzip zur Förderung der erneuerbaren Energien

Welche der dem Staat zur Verfügung stehenden Abgabeformen ist nun geeignet, die oben genannten Anforderungen zu erfüllen? "Abgaben" sind in der Terminologie des deutschen Verfassungs- und Steuerrechts ein Oberbegriff, der sich aufteilt in Steuern, Gebühren, Beiträge und Sonderabgaben. Für jede dieser vier Abgaben gibt es eigene Vorschriften über ihre Zulässigkeit, ihren Umfang, darüber, wer sie erheben darf, usw. Für die Verteilung der Umweltkosten auf die Verursacher ist die Steuer (Ökosteuer) die geeignetste. Andere Abgaben wie Sonderabgaben sind zweckgebunden. D. h. sie dürfen nur zur Bezahlung besonderer, genau festgelegter Aufgaben von ganz bestimmten Institutionen in bestimmten Umfang erlassen werden. Eine Abgabe auf Müll darf z.B. vom Zweck und Umfang her nur erhoben werden, um Geld für ein Altlastensanierungsprogrammm zu erhalten. Für ein darüber hinausgehendes Umweltschutzprogramm dürfen von dieser Abgabe keine Mittel zu Verfügung gestellt werden. Dagegen sind Steuern z.B. in der BRD folgendermaßen charakterisiert [101]:

- es handelt sich um Geldleistungen der Bürger oder Unternehmer, für die der Staat keine konkrete Gegenleistung erbringt. Der Hauptzweck von Steuergesetzen ist es, Wirtschaftslenkung, Wirtschaftsförderung, Verkehrs- und Gesundheitspolitik, soziale Anliegen etc. zu regulieren.
- durch die Verteuerung z.B. von Rohstoffen oder die Internalisierung externer Kosten gehen über den Preis (starke) Signale an Produzenten und Verbraucher, naturbelastendes Verhalten durch naturschonendes zu ersetzen.
- insbesondere für Steuersätze werden keine wissenschaftlichen Wahrheiten verlangt, sondern nur ein halbwegs plausibler Grund und parlamentarische Mehrheiten.

Auch wirtschaftspolitisch sind Sonderabgaben eher ungünstig, da jede Sonderabgabe eine zusätzliche Belastung für die Wirtschaft bedeutet. Steuern dagegen sind nicht ressortgebunden, das aus Umweltsteuern erzielte Staatseinkommen fließt nicht dem Umweltminister, sondern dem Finanzminister zu. Ihre Erhebung kann durch

---

[101]. Vgl.: Wilhelm, Sighard, a.a.O., S. 48-54

Verringerung anderer Steuern ausgeglichen werden, so daß die durchschnittliche Gesamtbelastung der Wirtschaft nicht zunimmt. Bei der Ökosteuer geht es also nicht um höhere Abgaben und eine zusätzliche Belastung, sondern um eine Steuerreform. Der Zweck dieser ökologischen Steuerreform ist es nicht in erster Linie, die Staatseinnahmen zu vermehren, sondern, die Wirtschaft in eine umweltfreundliche Richtung zu führen [102].

Nach Ernst U. von Weizsäcker betragen die externen Umweltkosten 5 bis 10 % des Bruttosozialprodukts. Um die gewünschte Wirkung zu erzielen, sollten die Steuern so umgeschichtet werden, daß die Höhe der Umweltsteuern diesem Betrag entspricht. Mit der Einführung der Ökosteuer müssen auch Richtung und Ziele der E. u. U. - Politik festgelegt werden. Als zentrale Ziele sind zu nennen: die Erhöhung der Energieproduktivität und die Erhöhung des Anteils erneuerbarer Energien.

Klaus Meyer-Abich hat den Begriff "Energieeinsparung als Energiequelle" in Deutschland eingeführt; in England gibt es dafür den Begriff "The Fifth Fuel" [103]. Der Versuch, das Wirtschaftswachstum vom Energieverbrauch abzukoppeln, wurde in den Industrieländern nach dem Ölschock von 1973 unternommen und weiter entwickelt. Inzwischen hat Ernst U. von Weizsäcker vorgeschlagen, das konventionelle Wort "Einsparen" zu vermeiden und an seine Stelle den semantisch weiteren Begriff der "Energieproduktivität" zu setzen:

"Damit ist die Menge Wohlstand gemeint, die aus einer Energieeinheit, z.B. einem Gigajoule, erzeugt wird. Im einfachen Fall schlichter Einsparung von 50 % der Energie bei gleichsetzender Dienstleistung (z.B. Lichtausbeute, nutzbare Kraft, Raumwärme) steigt die Energieproduktivität um einen Faktor 2. Wirklich interessant sind aber die nicht-einfachen Fälle, etwa bei Ernährung, Ferienvergnügen oder der ganzen Volkswirtschaft: Wieviel Wohlstand läßt sich aus einem Gigajoule oder einer Kilowattstunde herauszaubern?" [104].

---

102. William Baumol und Wallace E. Oates, die sich in den USA mit Umweltsteuer beschäftigen, haben argumentiert, daß die Besteuerung menschlicher Arbeit schädlich ist und daß die Schäden womöglich höher als das betreffende Steueraufkommen sind. Ihrer Ansicht nach sollen Umweltsteuern die Mehrwertsteuer und Lohn- und Einkommenssteuer teilweise ersetzen.
Vgl.: Baumol, William / Oates, Wallace E., The Theory of Environmental Policy, 2. Aufl. Cambridge University Press, 1988

103. Weizsäcker, Ernst Ulrich von, Erdpolitik, ökologische Realpolitik an der Schwelle zum Jahrhundert der Umwelt, Darmstadt 1992, S. 69

104. Weizsäcker, Ernst Ulrich von, a.a.O., S. 73
"Es ist nützlich, zu fragen, wieviel Wohlstand wir aus einer Arbeitsstunde herausholen, um den Sinn der Energieproduktivität zu erfassen. Das ist heute sicher z. B. in Deutschland rund 20mal mehr als in der ersten Hälfte des 19. Jahrhunderts. Diese Verzwanzigfachung der Ar-

Eine Erhöhung des Anteils erneuerbarer Energiequellen macht eigentlich nur Sinn im Kontext sehr guter Energienutzung, also hoher Energieproduktivität. Wenn der Gesamtenergieverbrauch halbiert oder gedrittelt wird, dann wird der durch Wasserkraft, Windkraft, Biomasse, Sonnenenergie etc. geleistete Beitrag zur Energieversorgung deutlich höher als unter den Bedingungen der heutigen Energieverschwendung.

Wie kann eine Erhöhung der Energieproduktivität erreicht werden?

In der Marktwirtschaft ist der Preis das wichtigste Instrumentarium, um beide Ziele zu erreichen. Die Erhöhung der Energieproduktivität und des Anteils der erneuerbaren Energiequellen wird sich auf dem Markt dann durchsetzen, wenn es sich wirtschaftlich lohnt: Darauf kann und muß der Staat Einfluß nehmen. Bisher konzentrierten sich die staatlichen Regulierungsmaßnahmen auf klassische ordnungsrechtliche Instrumente wie die Wärmeschutzverordnung, Effizienzvorschriften für Motoren und genehmigungsrechtliche Auflagen für Kraftwerke und andere Anlagen. Die Möglichkeiten einer künstlichen Preisbeeinflussung spielten in der Vergangenheit fast keine Rolle. Erst in jüngster Zeit wurde mit diesem Tabu gebrochen. Insbesondere hat die EG-Kommission als Antwort auf den Treibhauseffekt die schrittweise Einführung einer kombinierten Energie-/CO_2-Steuer vorgeschlagen. In acht Schritten soll die Steuer bis zum Jahr 2000 den Endwert von 10 Dollar pro Faß Öl erreichen. Andere Steuern sollen auf nationaler Ebene um vergleichbare Gesamtbeträge gesenkt werden. Die ungefähre Entwicklung des Energieverbrauchs und des Anteils erneuerbarer Energiequellen unter der Voraussetzung einer über z.B. gut 40 Jahre laufenden und vorhersehbaren Preissteigerung (etwa 5% jährlich real) zeigt die folgende Abbildung. Wenn nach 42 Jahren eine ungefähre Verachtfachung der Preise für fossile und Kernenergie erreicht würde, wären die letzteren bereits fast völlig vom Markt verdrängt. Das Ziel einer drastischen Senkung der Treibhausgas-Emissionen ohne einen nennenswerten Ausbau der Kernenergie wäre erreicht [105].

---

beitsproduktivität lag nicht darin, daß die Arbeitseffizienz verzwanzigfacht wurde, z. B. durch zwanzigmal so schnelles Zuschneiden und Klopfen des Schuhmachers bei der Herstellung von Schuhen. Auf die Energieproduktivität angewandt heißt das, daß der technische Fortschritt nicht hauptsächlich in der Effizienzerhöhung von Einzelprozessen besteht, sondern in der Ersetzung von energieaufwendigen Verfahren, Materialien und Verhaltensweisen durch solche mit deutlich geringerem Energieverbrauch. "
Weizsäcker, Ernst Ulrich von, a.a.O., S. 73

105. Weisäcker, Ernst Ulrich von, a.a.O., S. 73 - 75;
Görres, Anselm / Ehringhaus, Henner / Weisäcker, Ernst Ulrich von, Der Weg zur ökologischen Steuerreform - Weniger Umweltbelastung und mehr Beschäftigung, München, 1994, S. 29 - 37;
Kurz, Rudi, Marktwirtschaft und Umwelt, Bonn, 1994, S. 6 - 18

Abbildung 2:

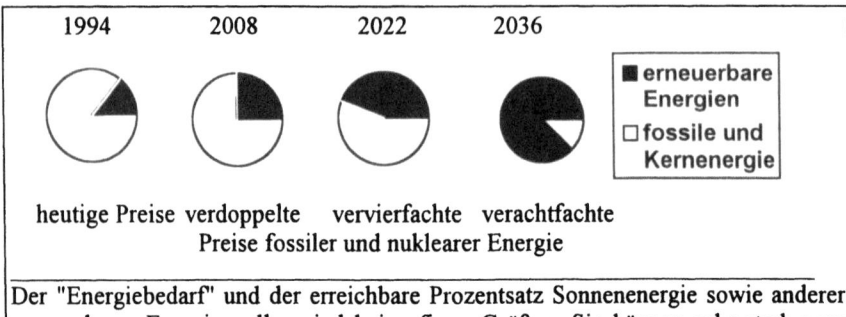

Der "Energiebedarf" und der erreichbare Prozentsatz Sonnenenergie sowie anderer erneuerbarer Energiequellen sind keine fixen Größen. Sie hängen sehr stark vom Preis der fossilen und der Kernenergie ab. Die Graphik zeigt eine *Grobschätzung* dessen, was mit dem Energiebedarf (Kreisgröße) und mit dem Anteil erneuerbarer Energien (grau) im Laufe von gut 40 Jahren passiert, wenn Fossil- und Kernenergie um jährlich 5% (real) verteuert werden.

Quelle: Ernst Ulrich von Weizsäcker, Erdpolitik, ökologische Realpolitik an der Schwelle zum Jahrhundert der Umwelt, Darmstadt 1992, S. 76

Wie bereits angesprochen ist die genaue Erfassung der externen Umweltkosten wegen der Komplexität der Natur nicht realisierbar. Die ökologische Steuerreform findet deshalb nicht statt auf der Grundlage von quantifizierbarer wissenschaftlicher Wahrheit, sondern durch Einsicht in die Zukunft und Verantwortung. Genau deshalb ist sie als Beitrag zur reflexiven Modernisierung zu verstehen. Die ökologische Steuerreform und eine Reform der Energiepreise sind auch in der VR China Bestandteil der Disskussion um die Reformpolitik. Mehr dazu in Kapitel 7.2.

3.2. Erneuerbare Energien im Bereich der Energiewirtschaft

Im Sinne der von Beck propagierten reflexiven Politik soll die E. u. U. -Politik regelverändernd sein:
- sie soll nicht auf der nationalstaatlichen Ebene bleiben, sondern dezentralisiert werden.
- sie soll nicht von einfacher Expertenrationalität und technokratischem, bürokratischen Handeln determiniert werden. Stattdessen ist eine Rationalitätsreform und eine ökologische Demokratie im Sinne von aktiver Mit- und Gegenwirkung erforderlich
- sie soll zurechenbar, verantwortlich und mitbestimmbar sein.

In mehrfacher Hinsicht erfüllt die Erzeugung und Anwendung erneuerbarer Energien diese Anforderungen.

3.2.1. Die Technologie der erneuerbaren Energien

Das breite Spektrum technologischer Möglichkeiten kann in folgende drei Gruppen eingeteilt werden:

Traditionelle Technologien
Darunter versteht man die seit Generationen überlieferten primitiven und einfachen Hilfsmittel von Handwerkern und Bauern. Sie sind äußerst arbeitsintensiv [106] und der Kostenaufwand für Herstellung und Betrieb ist gering. Sie sind charakteristisch für kleine Familienbetriebe.

Moderne Technologien
Darunter werden jene technischen, kaufmännischen u. organisatorischen Hilfsmittel und Verfahren verstanden, die in den hochentwickelten westlichen Industrienationen zur Lösung von Produktions- u. Verwaltungsproblemen in der Großindustrie eingesetzt werden [107].

---

106. Eine Technologie, die eine niedrige Realkapitalausstattung pro Beschäftigten hat und bei der viele Arbeitskräfte eingesetzt werden können, bezeichnet man als "arbeitsintensiv".
Vgl.: Leisinger, Klaus M., Arbeitslosigkeit, Direktinvestitionen und angepaßte Technologie, Bern, 1985, S. 105

107. Vgl.: Leisinger, Klaus M., ebenda, S. 105

Mittlere Technologien
Darunter versteht man diejenigen technischen, kaufmännischen u. organisatorischen Hilfsmittel, die in ihrer Komplexität den sozioökonomischen Bedingungen unterentwickelter Länder angepaßt sind. Technologien, die zur Energieerzeugung mit erneuerbaren Energieträgern [108] eingesetzt werden, gehören in diese Kategorie.

Es gibt im Prinzip drei verschiedene Möglichkeiten, mittlere Technologien zu entwickeln.

- Höherentwicklung traditioneller Technologien.
  Zum Beispiel Wind-Energieanlagen zur Erzeugung von Elektrizität: Ausgangsbasis für das Windrad ist die traditionelle Windmühle, deren Wirkungsgrad hat sich jedoch durch Ausnutzung neuerer wissenschaftlicher Erkenntnisse enorm erhöht. [109]

- Rückwärtsentwicklung moderner Technologien
  Zum Beispiel Klein- und Kleinstwasserkraftwerke zur dörflichen Elektrifizierung oder um Arbeitsmaschinen mechanisch anzutreiben. Ausgangspunkt sind die modernen Großwasserkraftwerke der Industrieländer. Durch die systematische Ausnutzung des gesamten Wissens über die bisherige Entwicklung der Produktionstechnologie ergeben sich viele Hinweise auf Vereinfachungs- und Verkleinerungsmöglichkeiten. [110]

- Neuentwicklung angepaßter Technologien
  Zum Beispiel photovoltaische Kleinsysteme zur dezentralen dörflichen Energieversorgung oder solarthermische Energieanlagen wie Solarkocher. Sie wurden unabhängig von den traditionellen und den modernen Technologien entwickelt. Solarkocher, die den Brennstoffbedarf von Haushalten für Koch- und Badezwecke reduzieren, wurden schon vor etwa 30 Jahren entwickelt und in Entwicklungsländern wie z.B. in Indien und China angewendet. In jüngster Zeit wurden in diesem Bereich technische Fortschritte gemacht. Vorrangig sind jetzt ihre Verbreitung und Kommerzialisierung. [111]

---

108. Primärenergieträger bedeutet die von der Natur in ihrer ursprünglichen Form dargebotenen Energieträger. Beim Vorgang der "Energieerzeugung" wird die Energie eines Primärenergieträgers in einen anderen, nutzbringenden Zustand überführt. "Energieum-wandlung" bezieht sich auf diesen Prozeß.

109. Vgl.: Pertz, Klaus, Nutzung erneuerbarer Energiequellen in Entwicklungsländern, Köln 1988, S. 65-68

110. Pertz, Klaus, ebenda, S. 65-68

111. Leisinger, Klaus M., a.a.O., S. 108 - 109

3.2.2. Erneuerbare Energien unter dem Aspekt der Wirtschaftlichkeit

Techniken zur Nutzung erneuerbarer Energiequellen sind in Deutschland noch zu teuer. Dies liegt im wesentlichen an dem noch zu geringen Marktvolumen. Am Beispiel der photovoltaischen Anlagen zur Energieversorgung kann man diesen Sachverhalt gut erkennen. Die wesentlichen Komponenten der Anlage - Modul und Wechselrichter - stammen aus Produktionseinrichtungen, die von industrieller Massenfertigung noch weit entfernt sind. Die Module werden in lohnintensiver Handarbeit in z. T. nicht ausgelasteten Pilotproduktionseinrichtungen hergestellt. Wenn man von einer reinen Kostenbetrachtungen zu Wirtschaftlichkeitsüberlegungen übergeht, dann müssen heute industrieübliche Produktionsstandards und -mengen zugrunde gelegt werden. Industrielle Massenproduktion setzt eine erheblich ausgeweitete Produktionsmenge voraus. Die damit erreichte Kostenreduktion und die entsprechende Preisentwicklung sollte zur erhöhten Nachfrage und zur Expansion des Marktes führen. Erst wenn die gesamte Produktionsmenge auch abgesetzt werden kann, ist dieser Markt selbsttragend. Um eine solche Entwicklung zu ermöglichen, ist die stufenweise Preiserhöhung aller nicht-regenerativen Energieträger durch die Ökosteuer notwendig, damit die erneuerbare Energien vom Preis her konkurrenzfähig werden.[112]

Um Impulse zu geben in Richtung Serienfertigung und Stückkostensenkung mit dem Ziel, solchen Technologien die Chance zur Etablierung eines selbsttragenden Marktes zu eröffnen, hat Wolfgang Maier im Auftrag des Bundesministeriums für Wirtschaft untersucht, wie die Anwendung aussichtsreicher Technologien zur Nutzung erneuerbarer Energiequellen auf eine breitere Basis gestellt werden kann. Aussichtsreich ist die Technologie, für die ein Markt mit ausreichenden Stückzahlen entwickelt werden kann und bei denen die technische Entwicklung zur Marktreife gediehen ist. Dies gilt für Windkraftanlagen, die Errichtung, Erweiterung und Reaktivierung von kleinen Laufwasser- und Speicherkraftwerken, für Solarkollektoranlagen zur Brauchwassererwärmung und Heizung, für Anlagen zur Verfeuerung von Holz (auch schnell wachsenden Hölzern zur Energiegewinnung) und Holzabfällen, für Anlagen zur Erzeugung von Biogas und für Wärmepumpenanlagen und Photovoltaikanlagen. Das Ergebnis der Untersuchung ist, daß die Förderung durch einen Investitionskostenzuschuß das günstigste Verhältnis von Aufwand zu Nutzen erwarten läßt. Insbesondere in den neuen Bundesländern sind wegen der dortigen Kapitalknappheit Zuschüsse die beste Möglichkeit, Investoren einen unmittelbare Anreiz zu

---

112. Vgl.: Lübbert, E, Betriebserfahrungen mit Solar- und Windkraftanlagen in Deutschland und deren Wirtschaftlichkeit, in: VDI-Gesellschaft Energietechnik (Hrsg.), Regenerative Energien, Betriebserfahrungen und Wirtschaftlichkeitsanalysen der Anlagen in Europa, Düsseldorf, 1993, S. 153 - 155

geben und die Produktion auf eine wirtschaftliche Grundlage zu stellen. Die Höhe des Fördersatzes müßte bei etwa 30% liegen. [113]

Wesentlich besser sind die Aussichten für diese Technologie in Entwicklungsländern wie z.B. in der VR China. Auch wenn Langzeituntersuchungen darüber fehlen, kann man davon ausgehen, daß es für einige dieser Technologien eine realistische Verbreitungschance gibt, und zwar ohne Zuschuß. Dies gilt z.b. für Windpumpen u. photovoltaische Kleinsysteme. In der Trinkwasserversorgung und der Wasserversorgung der Tiere sowie bei der Bewässerung ist nachgewiesen, daß kleine Einfachwindpumpen mit niedrigen Investitionskosten gegenüber dieselbetriebenen Pumpen durchaus eine Chance haben. Photovoltaische Kleinsysteme bieten in abgelegenen Regionen mit verstreuter Siedlungsstruktur häufig die einzige Möglichkeit einer minimalen Stromversorgung für die dort lebende Bevölkerung. Allerdings ist die Einzelstromversorgung durch Photovoltaik einem Dieselgenerator im allgemeinen nur bis zu einem täglichen Energiebedarf von ca. 1 kWh überlegen. Diese Profitabilitätsmarge kann sich jedoch je nach Standortbedingungen auf 4-5 kWh erhöhen. [114]

Abgesehen davon, ob ein regeneratives Energiesystem an sich gut oder schlecht ist - erst im Vergleich mit der zu ersetzenden konventionellen Alternative kann man entscheiden, wie positiv eine Förderung dieses Systems in Entwicklungsländern zu bewerten ist. Die Bewertung der Profitabilität berücksichtigt aber noch nicht den unschätzbaren Vorteil des Systems für die Umwelt, nämlich den Wegfall der Schadstoffemissionen, die bei den mit fossiler Energie betriebenen Anlagen zwangsläufig auftreten. [115]

---

113. Maier, W., Wirtschaftliche Auswirkungen von Förderungsmaßnahmen für regene-rative Energien in: Energiewirtschaftliche Tagesfragen, 44. Jg. (1994), Heft 1/2, S. 42

114. Pertz, Klaus, a.a.O., S. 34-36 u. 58 - 60

115. Siehe dazu:
Pertz, Klaus, a.a.O., S. 21 - 22;
Lübbert, E, Betriebserfahrungen mit Solar- und Windkraftanlagen in Deutschland und deren Wirtschaftlichkeit, in: VDI-Gesellschaft Energietechnik (Hrsg.), 1993, S.147

3.2.3. Erneuerbare Energien unter sozioökonomischem Aspekt

Bei den modernen Technologien wird der Produktionsfaktor "Arbeit", insbesondere "ungelernte Arbeit" weitgehend durch "Kapital" substituiert. Bei großen Kraftwerken und Atomkraftwerken ist dies ganz offensichtlich. Trotz der gigantischen Investitionen in ihren Bau gibt es nur noch wenige Arbeitsplätze, wenn sie in Betrieb sind. Einige hochspezialisierte Arbeitskräfte überwachen die Produktion, andere stehen für Wartungs- und Reparaturarbeiten bereit. Stattdessen sind der Bedarf an Energie und die Anforderungen an die innerbetriebliche Infrastruktur sehr hoch. Anlagen der mittleren Technologien dagegen lassen sich technisch, kaufmännisch und organisatorisch so gestalten, daß sie den sozioökomischen Bedingungen unterentwickelter Länder angepaßt sind. Dazu schreibt Klaus M. Leisinger: [116]

"Mittlere, arbeitsintensive Technologien sind veränderbar und anpassungsfähig, so daß sie auf die spezifischen Bedürfnisse der wirtschaftlichen, sozialen und kulturellen Umwelt der jeweiligen Länder bzw. Regionen eingestellt werden können. Wegen der Einfachheit der Technologien müssen die Arbeitskräfte nicht speziell ausgebildet werden. Da sie einfach zu bedienen ist, wird ein dezentraler Standort in den ländlichen Gebieten möglich. In diesem Sinne gehören die regenerativen Energiequellen-Systeme zu den mittleren Technologien. Die Systeme sind in der Regel haltbarer, leichter zu warten und zu reparieren als konventionelle Anlagen und daher besonders für entlegenere Standorte geeignet. Bei vielen Systemen - im Gegensatz zur modernen Technologie - besteht Aussicht auf eine nennenswerte lokale Teilfertigung in Entwicklungsländern mit entsprechenden Möglichkeiten zur Verbesserung der Beschäftigungslage." [117]

Die Vorteile der unmittelbaren geographischen Nähe, die alternative E. u. U. (Erneuerbare Energien) mit sich bringt, sind wie folgt: [118]

- eine optimale Abschöpfung der örtlichen regenerativen Energiepotentiale wie z.B. die Sonnenenergie
- deren Synchronisierung mit der Bau-, Flächennutzungs- und Infrastrukturplanung
- eine größere Planungstransparenz

---

116. Vgl.: Leisinger, Klaus M., a.a.O., S. 107 - 108

117. Pertz, Klaus, a.a.O., S. 22

118. Scheer, Hermann, Sonnenstrategie, Politik ohne Alternative, München, 1993, S. 222

- bessere Möglichkeiten zur demokratischen Beteiligung und der Einbringung neuer, kreativer Ideen, was gerade bei der Entwicklung und Nutzung regenerativer Energien relevant ist
- eine effektive kundennahe Energieberatung.

Zweiter Teil:
Energieversorgung und Umweltgefährdung in der VR China

4. Die ökologische Situation in der VR China unter dem Aspekt der Energieversorgung.

Die Auseinandersetzung der Menschen mit der Natur ist ein Prozeß, der die chinesische Geschichte wesentlich mitbestimmt hat. So haben z.B. die Menschen am Huang-He stets unter möglichen Überschwemmungskatastrophen gelitten. Die legendäre Geschichte von Yu, der den Huang-He unter Kontrolle gebracht habe, geht zurück auf Ereignisse und Tatsachen, die ca. 4000 Jahre zurückliegen [119]. Auch heute noch birgt das Flußbett des Huang-He die Gefahr einer Naturkatastrophe in sich. Die Auseinandersetzung mit der Natur, die eine mehrtausendjährige Kontinuität aufweist, hat jedoch in den letzten Jahrzehnten eine neue Qualität angenommen, wobei Ursache und Ausmaß der Katastrophe sich gewandelt haben. Die Eingriffe des Menschen in die Natur spielten früher keine entscheidende Rolle für die Naturkatastrophen in China - im Gegensatz zu heute. Ein prägnantes Beispiel für eine von Menschen gemachte Katastrophe ist die Überschwemmung des Huang-He im Jahr 1939, bei der 800.000 Menschen ums Leben kamen. Der Damm, in dieser Gegend einer der ersten modernen Eingriffe in die Natur, wurde von Menschen aus strategischen Gründen im Krieg gegen Japan zerstört. Dabei ist es besonders erschreckend zu sehen, in welch kurzer Zeit die Menschen es geschafft haben, eine Katastrophe von solchem Ausmaß anzurichten [120].

Etwa seit dem Ende des 18. Jahrhunderts besteht ein enger Zusammenhang zwischen dem Bevölkerungswachstum in China und der Umweltproblematik, denn in dieser Zeit begann unter dem ständigen Druck der wachsenden Bevölkerung der Extensivanbau in der Landwirtschaft. So trug z.B. auch die Bevölkerungsverlagerung in die Weideländer dazu bei, das ökologische Gleichgewicht dieser Länder zu stö-

---

[119]. Vgl.: Yuan Qinglin, "Zhongguo huanjing baohu shihua" (Geschichte des Umweltschutzes in China), Beijing, 1989, S. 207 - 208

[120]. Die chinesische Guomindang-Regierung hat damals den Damm zerstört, um die japanische Invasion zu erschweren.
Siehe dazu:
Der Gelbe Fluß, Dokumentation, NHK, Tokyo, 1988;
Hsü, Immanuel C. Y., The Rise of Modern China, New York, 1970, S. 682 - 687

ren. Durch das langjährige Abholzen im Einzugsgebiet oberhalb des Gelben Flusses ergaben sich folgenschwere Erosionen. Dies verursachte Überschwemmungen, und am Ende stand die Verödung ganzer Landstriche am Unterlauf des Gelben Flusses, ein Prozeß, der bis heute andauert. Als Ergebnis ging mehr Ackerfläche verloren als gewonnen wurde [121].

Die Bevölkerungszahl hat vor allem seit der Gründung der VR China im Jahre 1949 rapide zugenommen, woraus sich eine Reihe wirtschaftlicher und ökologischer Folgen ergeben hat.

Mit der Gründung der VR China kam aber auch die Industrialiserung. Die besorgniserregenden Umweltprobleme in der VR China sind nicht zuletzt auf die im Jahre 1953 in Gang gesetzte Industrialisierung zurückzuführen [122], d. h. die Industrialisierung spielt eine ebenso große Rolle in der derzeitigen Umweltproblematik wie das Bevölkerungswachstum. So stehen die drei Faktoren - Bevölkerungswachstum, Industrialisierung und Umweltproblematik - seit 1953 in einem engen wechselseitigen Verhältnis zueinander [123].

Industrielle wie landwirtschaftliche Modernisierung, denen seit 1979 von der Regierung oberste Priorität eingeräumt wurden, sind ohne Steigerung der Energieerzeugung nicht durchführbar. Die entscheidende Frage ist, ob die Deckung des in den letzten Jahren enorm gestiegenen Energiebedarfs auf umweltfeindliche oder umweltfreundliche Weise erreicht wird.

Die Analyse der ökologischen Krise Chinas wird in diesem Kapitel zwar in die üblichen Bereiche - Luft, Boden und Wasser - unterteilt, diese Aufteilung entspricht aber nicht der ökologischen Wirklichkeit. Die Ökologie existiert in untrennbaren organisch wechselseitigen komplexen Beziehungen, es ist daher notwendig, daß dies bei der analytischen Betrachtung der ökologischen Situation mitberücksichtigt wird. Man kann sich bei der Beschreibung der Situation nicht darauf beschränken, zu untersuchen, ob die amtlich gesetzten Grenzwerte eingehalten wurden oder nicht. Es

---

121. Vgl.: Yu, Cheung-Lieh, Industrielle Umweltverschmutzung und ihre Bekämpfung, in: Glaeser, Bernhard (Hrsg.), Umweltpolitik in China, Modernisierung und Umwelt in Industrie, Landwirtschaft und Energieversorgung, Bochum 1983, S. 50

122. Die chinesische industrielle Entwicklung hatte bereits gegen Ende des 19. Jahrhunderts in den durch Europa und Japan kolonialisierten Gebietsteilen des Landes begonnen. Seit der Gründung der VR China haben wir es jedoch mit einer landesweiten Industrialisierung zu tun. Sie hat ihre Ursache nicht zuletzt in einem heftigen Nachholbedarf an westlichem "Fortschritt".

123. Vgl.: Glaeser, Bernhard (Hrsg.), a.a.O., S. 4

geht vielmehr darum, ob und wie das ökologische Gleichgewicht in der VR China langfristig erhalten wird.

In der vorliegenden Arbeit wird die Unterscheidung zwischen Energiewirtschaft und Energieaktivitäten vorgenommen. Es ist ein allgemeines Phänomen, daß in vielen Ländern der Dritten Welt die offizielle kommerzielle Energiewirtschaft nicht alle Energieaktivitäten des Landes abdeckt. Feuerholzsammlungen in umliegenden Wäldern, Stroh als Feuermittel usw. bilden einen unübersehbaren Teil der Energieversorgung in den Entwicklungsländern. Diese Energieaktivitäten sind nicht kommerziell und finden somit außerhalb der statistisch erfaßbaren Energiewirtschaft statt. Wegen ihres beachtlichen Umfangs dürfen aber ihre negativen Auswirkungen auf das ökologische Gleichgewicht nicht ignoriert werden. Angesichts des drastischen Verschwindens der Waldbestände bringen z.B. Feuerholzsammlungen einzelner im Jungholzgebiet - was in vielen Regionen zum Alltag gehört - eine Reihe weitreichender umweltschädlicher Folgen mit sich. Aber dies zu kontrollieren ist viel aufwendiger und komplizierter als die Steuerung der offiziellen Energiewirtschaft (wie z.B. die Kontrolle der Grenzwerte in den großen Kraftwerken), weil sich diese Aktivitäten meistens der Aufsicht der Umweltschutzinstanzen entziehen. Trotzdem dürfen sie als eine Ursache der ökologischen Krise nicht außer Acht gelassen oder unterschätzt werden.

4.1. Umweltproblem Luft

4.1.1. CO_2- Emissionen / Treibhauseffekt

Beschreibung der Situation

Wie die meisten Umweltprobleme ist die Emission von CO_2 und der damit zusammenhängende Treibhauseffekt kein spezifisch chinesisches Problem. Der Treibhauseffekt ist nicht nur regional, sondern besitzt auch eine globale Dimension [124].

Der natürliche Treibhauseffekt wird erzeugt von den Gasen Wasserstoff (H_2O), Kohlendioxid (CO_2), Ozon (O_3), Stickstoffoxid (NO_2) und Methan (CH_4), in der Reihenfolge ihrer Bedeutung. Er führt dazu, daß die heutige Durchschnittstemperatur auf der Erde in Bodennähe rund 15 °C beträgt. Wenn dieser natürliche Treibhauseffekt nicht vorhanden wäre, läge die globale Durchschnittstemperatur bei etwa - 18 °C [125]. Im Lauf der Industrialisierung hat die Konzentration dieser Treibhausgase in der Atmosphäre durch menschlichen Einfluß zugenommen. Nicht zuletzt sind zusätzliche Treibhausgase, u. a. FCKW, hinzugekommen. Dies bewirkt eine Verstärkung des natürlichen Treibhauseffekts [126]. Der Anstieg der globalen Durchschnittstemperatur um 0,5 °C in den vergangenen 100 Jahren sowie der Anstieg des Meeresspiegels um 10 bis 20 cm im selben Zeitraum sind nach wissenschaftlichen

---

124. Die atmosphärischen Luftzirkulationen bilden die zentralen Triebkräfte der weltweiten Zirkulation der Atmosphäre und der Ozeane. Damit beschränkt sich der Treibhauseffekt nicht auf eine bestimmte Region.

125. In der Atmosphäre absorbieren die Spurengase (vor allem Kohlendioxyd, Methan, Fluorchlorkohlenwasserstoffe und Lachgas) die Wärmestrahlung, die von der Erdoberfläche abgestrahlt wird, und emittieren sie nach oben (z. T. auch nach unten), wo sehr viel kältere atmosphärische Temperaturen herrschen. Nach dem Planck'schen Gesetz ist die Energie, die im Bereich der Infrarotwellenlängen ausgestrahlt wird, eine exponentiell ansteigende Funktion der Temperatur. Diese Temperaturabhängigkeit hat zur Folge, daß die Gase mehr Infrarotenergie von der Erdoberfläche auffangen, als sie nach oben in den Raum abgeben. Dieses "Einfangen" von Infrarotenergie wird als Treibhauseffekt bezeichnet. Dabei wird der "natürliche Treibhauseffekt" häufig von dem "zusätzlichen Treibhauseffekt" unterschieden.
Siehe dazu:
Crutzen, Paul J. / Müller, Michael (Hrsg.), Das Ende des blauen Planeten? Die Zerstörung der Erdatmosphäre, Gefahren und Auswege, München 1989, S. 65 - 68;
Schönwiese, Christian-Dietrich, Klima im Wandel, Tatsachen, Irrtümer, Risiken, Mit einer aktuellen Dokumentation, Stuttgart, 1992, S. 133 - 146

126. Vgl.: Deutscher Bundestag, Referat Öffentlichkeitsarbeit (Hrsg.), Schutz der Erde, Eine Bestandsaufnahme mit Vorschlägen zu einer neuen Energiepolitik, Bonn 1990, Bd.1, S. 38-39

Analysen bereits auf diese von den Menschen verursachte Steigerung des Treibhauseffekts zurückzuführen [127]. Die meisten Klimamodelle gehen davon aus, daß bei ungebremster Entwicklung der Spurengas- Emissionen im Verlauf des nächsten Jahrhunderts (bis 2050) ein Temperaturanstieg um 1,5 bis 4,5 ° C allein durch CO^2 zu erwarten ist. Durch die übrigen Spurengase wird die Temperatur nochmal um 1,5 bis 4,5 °C ansteigen. Insgesamt wird also ein Temperaturanstieg von 3 bis 9 °C erwartet [128]. Die Folgen dieses globalen Temperaturanstiegs von drei bis neun Grad Celsius bis zum Jahr 2050 werden von den meisten Wissenschaftlern und Fachleuten als Katastrophe für die gesamte Erde bewertet.

Unter anderem sind die beiden folgenden Primäreffekte auf das Klima zu erwarten:
- Der Meeresspiegel wird wahrscheinlich um bis zu 1,5 Meter ansteigen. Falls es zu der möglichen Abschmelzung des westantarktischen Schleifeises kommt, ist mit einem Anstieg bis zu fünf Metern zu rechnen.

- Die Niederschlagsmengen könnten zwar im globalen Mittel zunehmen, werden aber regional sehr stark variieren; in vielen Gegenden wird es trockener werden. Es ist mit einer Erweiterung der heutigen Trocken- und Wüstenzonen im nördlichen Afrika nach Norden und ihrem Übergreifen auf die südeuropäischen Mittelmeerländer zu rechnen. Kornkammern wie der amerikanische Mittelwesten könnten zu Trockenzonen werden, extreme Dürren und Überschwemmungskatastrophen in vielen Gebieten, auch in China, werden zunehmen [129].

Diese Primäreffekte würden gleich eine ganze Kette von katastrophalen Auswirkungen nach sich ziehen; drei davon wurden vom Report des Öko-Instituts herausgegriffen:

"- *Alle Küstengebiete bis fünf Meter über dem Meeresspiegel (dort lebt etwa die Hälfte der Erdbevölkerung) werden von Sturmfluten und Salzwassereindringungen bedroht. In Bangladesh und den Niederlanden liegen 80% aller ökonomischen Vermögenswerte unter der Fünf-Meter-Grenze.*

- *Die Klimazonen der Erde werden sich verändern - mit verheerenden Folgen für die Waldbestände, die Landwirtschaft und damit für die Ernährungssituation der Menschheit. So würde zum Beispiel eine viel zu rasche Verschiebung*

---

127. Vgl.: ebenda, S. 39

128. Vgl.: Grießhammer, Rainer / Hey, Christian / Hennicke, Peter / Kalberlah, Fritz , Ozonloch und Treibhauseffekt, Ein Report des Öko-Instituts, Hamburg, 1990, S. 68 - 73

129. Vgl.: ebenda, S. 75

der Waldzonen stattfinden. Fast alle Wälder in gemäßigten Zonen könnten vernichtet, die Taiga in Mischwald, die Tundra in eine Taiga (bei insgesamt schrumpfenden Waldbeständen) umgewandelt werden.

- *Die Erhöhung des Meeresspiegels wird unzählige Menschen zu Umweltflüchtlingen machen. Schon bei einem Anstieg von 80 cm werden wahrscheinlich 50 Millionen Menschen vor dem Wasser fliehen müssen. Die Verschiebung der Klima- und Anbauzonen würde zu Arbeitskräftewanderung, Bodenspekulation, Massenbankrotten in der Landwirtschaft und im Tourismus führen. Diffuse soziale Unruhen und polizeistaatliche Unterdrückung könnten zunehmen.* " [130]

Tabelle 1:
Prozentualer Anteil der Treibhausgase weltweit am zusätzlichen Treibhauseffekt bezogen auf ihre Konzentration

	1. kumuliert für die Treibhausgase Zeitperiode 1860 bis 1980	2. aktuelle Werte der achtziger Jahre Zeitperiode 1980 bis 1990
Kohlendioxid (CO_2)	60 %	50 %
Fluorchlorkohlenwasserstoffe (FCKW)	9 %	22 %
Ozon (O_3) (Ozon wird aufgrund der Emission von Stickoxiden (NO_x) NMVOC, Kohlenmonoxid (CO) etc. gebildet)	10 %	7 %
Methan (CH_4)	14 %	13 %
Distickstoffoxid (N_2O)	3 %	5 %
stratosphärischer Wasserdampf (H_2O)	4 %	3 %

Quelle: Dt. Bundestag, Referat Öffentlichkeitsarbeit (Hrsg.), Schutz der Erde, Eine Bestandsaufnahme mit Vorschlägen zu einer neuen Energiepolitik, Bonn 1990, Bd. 1, S. 44

---

130. Ebenda, S. 75 - 76

Tabelle 2:
Derzeitige Anteile der verschiedenen Verursacherbereiche welt-weit am zusätzlichen, anthropogen bedingten Treibhauseffekt

Verursachergruppen	Anteile (grob gerundet)	Aufteilung auf die Spurengase (grob gerundet)	Ursachen	
Energie einschließlich Verkehr	50 %	40 % 10 %	CO_2 CH_4 und O_4	Emissionen der Spurengase aufgrund der Nutzung der fossilen Energieträger Kohle, Erdöl und Erdgas sowohl im Umwandlungsbereich, insbes. der Strom- u. Fernwärmeerzeugung sowie Raffinerien, als auch in den der Endenergiesektoren Haus-halte, Kleinverbrauch (Hand-werk, Dienstleistungen, öffentliche Einrichtungen etc.), Industrie und Verkehr
Chemische Produkte (FCKW, Halone u. a.)	20 %	20 %	FCKW, Halone etc.	Emissionen der FCKW, Halone etc.
Vernichtung der Tropenwälder	15 %	10 % 5 %	CO_2 weitere Spurengase, insb. N_2O CH_4 und CO_2	Emission durch die Verbrennung und Verrottung tropischer Wälder einschließlich verstärkter Emissionen aus dem Boden
Landwirtschaft und andere Bereiche (Mülldeponien etc)	15 %	15 %	in erster Linie CH_4, N_2O und CO_2	Emissionen aufgrund von - anaeroben Umset- zungsprozessen (CH_4 durch Rinderhaltung, Reisfelder etc.) - Düngung (N_2O) - Mülldeponien (CH_4) - Zementherstellung (CO_2) - etc.

Quelle: Dt. Bundestag, Referat Öffentlichkeitsarbeit (Hrsg.) ebenda, S. 45

Ursachen des Treibhauseffekts

Aus den Tabellen 1 und 2 geht hervor, welchen Bereichen und mit welchen Anteilen - nach dem derzeitigen Kenntnisstand der Wissenschaft - die Entstehung der direkten Treibhausgase Kohlendioxid (CO_2), Fluorchlorkohlenwasserstoffe (FCKW), Methan (CH_4) und Distickstoffoxid (N_2O) sowie weiterer klimarelevanter Spurengase gegenwärtig weltweit zuzuordnen sind.

Der Energiebereich - die Gewinnung von Kohle, Erdöl und Erdgas, der Transport und die Verteilung von Erdgas, die Energieumwandlung in Kraftwerken und Raffinerien und bei sonstigen Umwandlungsprozessen sowie die Nutzung der fossilen Energieträger Kohle, Erdöl und Erdgas in den Endenergiesektoren Haushalte, Kleinverbrauch (Handwerk, Dienstleistungsbereich, öffentliche Einrichtungen etc.), Industrie und Verkehr - trägt weltweit mit insgesamt rund 50% zum zusätzlichen Treibhauseffekt bei. Konkret beträgt der Anteil bei der Emission von Kohlendioxid rund 40% und bei den Emissionen von Methan, Stickoxiden, Kohlenmonoxid und flüchtigen organischen Verbindungen ohne Methan ca. 10%.

Anteil der VR China an der Verursachung des weltweiten Treibhauseffekts

Die VR China steht mit einem Energieverbrauch von 920 Millionen t Steinkohleeinheiten (SKE) [131] an dritter Stelle in der Welt. Hinzu kommen 200 Millionen Tonnen SKE durch die Verfeuerung von Holz. Aufgrund eines geschätzten Wirtschaftswachstum von 6 bis 7% pro Jahr bis zum Jahr 2000 wird der Primärenergieverbrauch auch in Zukunft um jährlich etwa 4% weiter steigen [132]. Die CO_2- Emissionen der VR China beliefen sich im Jahr 1986 auf 1,9 Milliarden Tonnen, das sind 13% der gesamten weltweiten Emissionen. Auch wenn die CO_2- Emissionen aus dem Energiebereich, umgerechnet auf pro Kopf der Bevölkerung, relativ niedrig sind, liegt Chinas prozentualer Anteil an den weltweiten energiebedingten CO_2-

---

131. Die international gültige Einheit der Energie (Arbeit) ist Joule [J]. Die Vielfältigkeit der Energieformen läßt sich schon an den Umformungsmöglichkeiten ihrer Einheiten erkennen.
Energieeinheiten:
Kilogramm Steinkohleeinheit (kg SKE):   1 kg SKE = 29,3 10^3 J
Kilowattstunde (kWh):   1 kWh = 3,6 10^3 J
Kilokalorie (kcal):   1 kcal = 4186,8 J
siehe dazu:
Lukner, Christian / Benkert, Hans-Joachim, Energietechnologien und ihre Umweltauswirkungen. Stand - Entwicklung - Perspektiven, Köln, 1989, S.3

132. Vgl.: Dt. Bundestag, Referat Öffentlichkeitsarbeit (Hrsg.), a.a.O., Bd. 2, S. 828

Emissionen wegen der hohen Bevölkerungszahl an 2. Stelle. Wenn der Primärenergieverbrauch bis zur Jahrtausendwende im prognostizierten Ausmaß ansteigt, werden sich die CO_2- Emissionen in der VR China auf etwa 3,5 Milliarden Tonnen erhöhen [133].

Die Klimaveränderungen in China sind bereits nachweisbar. Im Norden war es im Winter 1990 durchschnittlich um 0,3 - 1,0 °C wärmer als vor 30 Jahren. Im Nordosten, in der Inneren Mongorei und im Norden von Xinjiang (1990) betrug die Differenz sogar 1,0 - 2,5 °C [134].

Gegenmaßnahmen

Trotz des bedrohlichen Ausmaßes, das die umweltgefährdenden Folgen des Treibhauseffekts annehmen können, findet dieses Problem in der Umweltpolitik der VR China kaum Beachtung. Nur selten wird es im Zusammenhang mit der Energiepolitik überhaupt angesprochen. Stattdessen steht im Zentrum der chinesischen Energiepolitik das jährliche Wachstum der Kohleförderung, um die durch die Industrialisierung des Landes zunehmende Nachfrage nach Kohle zu decken.

4.1.2. Luftbelastung

Die Luftqualität

Die Qualität der Luft in China ist im Norden schlechter als im Süden, in den Kohlerevieren schlechter als in den Regionen, in denen keine Kohle produziert wird, im Winter schlechter als im Sommer. Sie ist insbesondere in den Großstädten und Industriezentren schlecht [135].

---

133. Vgl.: ebenda, S. 828

134. Siehe dazu:
    Zhongguo huanjing nianjian (Jahrbuch für Umwelt in China), 1991, S. 98;
    Liu, Ruimei, Wenshi xiaoying yu renkou cengzhang, nengyuanxiaohaojian xianghu guanxide tantou (Untersuchung über die Beziehungen zwischen Treibhauseffekt, Bevölkerungswachstum und Energieverbrauch), in: Zhongguo renkou, ziyuan yu huanjing (Bevölkerung, Ressourcen und Umwelt in China), Jinan, 1994, August, S. 5-9

135. Vgl.: Zhongguo huanjing bao (Zeitung für die Umwelt Chinas) (fortan: ZGHJB), 12. 11. 1985

Unter den Schadstoffen steht der Staub an erster Stelle. Der Staubfall pro Jahr beträgt in China ca. 24 Mio. t. (1993). Davon entstehen 78% allein durch die Kohleverbrennung [136].

Abbildung 3:

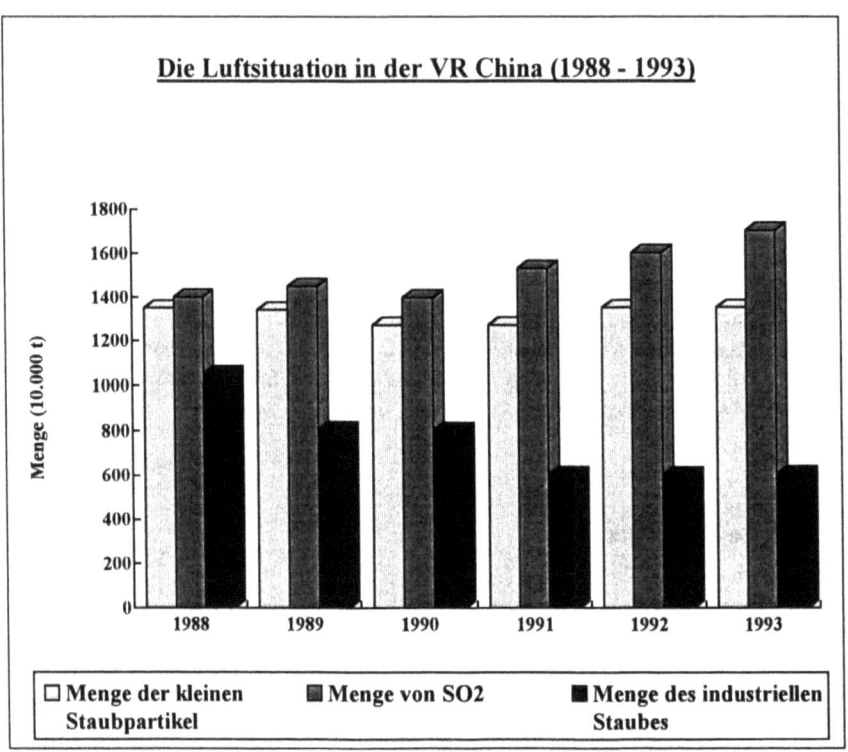

Quelle: Guojia huanjing baohuju: 1993 niande zhongguo huanjing zhuangkuang gongbao (Amtlicher Bericht über die Umweltsituation in China im Jahr 1993), ebenda, S. 1

---

136. Siehe dazu:
Guojia Huanjing baohuju, 1993 niande zhongguo huanjing zhuangkuang gongbao (Amtlicher Bericht über die Umweltsituation in China im Jahr 1993), Beijing, 1994, S. 1; Huanjing baohu (Umweltschutz) (fortan: HJBH), Nr. 5, 1987, S. 3-6

Es gibt kaum eine Stadt, in der der Staubfall und die Staubkonzentration der Luft die Standards nicht überschreiten. Vor allem ist der Anteil der kleinen Staubpartikel, die kleiner als 0,2 µm und damit lungengängig sind, außerordentlich hoch, z.b. in Beijing mit etwa 50% der übrigen Schadstoffbelastungen. Selbstverständlich ist ein Teil der Staubbelastung auch auf natürlichen Staubfall zurückzuführen, vor allem in Nordchina. In Beijing z.b. beträgt dieser Anteil etwas weniger als ein Drittel des gesamten Staubfalls. Aber auch dieser "natürliche Staub" hat an der Oberfläche stark krebserregende Stoffe absorbiert, wie z.B. polyzyklische Kohlenwasserstoffe, insbesondere Benzopyren, die zur Erhöhung der Lungenkrebsmortalität in China beigetragen haben [137].

Tabelle 3:
Menge des Staubs und SO$_2$ aus Kohleverbrennung in China im Jahr 1989 (Mill. t)

Verschmutzungsquelle	Verbrauchsmenge der Kohle	Staubmenge	SO$_2$-Menge
Kraftwerk	220	5,1	4,5
Eisen- und Stahlerzeugung	400	6,2	7,7
Haushalt (Kochen)	200	2,0	2,4
Sonstige	180	0,5	0,2
Summe	1000	13,6	14,8

Quelle: Li, Juocheng: Zhongguo jieneng jishugaizao ji zhengce (Chinesische Energieeinsparungstechnologie und -politik) in: Jiu, Daxung (Hrsg.), Shichang jingji yu zhongguo nengyuan fazhan zhanlue (Die Marktwirtschaft und die Entwicklungsstrategie der chin. Energiewirtschaft), Beijing, 1992, S. 150

Aus einer Reihe vereinzelter Berichte läßt sich entnehmen, daß auch die Luftqualität in den übrigen chinesischen Industriestädten, in Kreisen und Gemeinden mit erhöhtem Industrievorkommen, als sehr schlecht zu bewerten ist [138].

---

137. Vgl.: HJBH, ebenda

138. In Kleinstädten der Industrieprovinz Liaoning überschritten die Konzentrationen bei Feinstaub (nach chinesischer Definition bis 10 µm) ausnahmslos das höchste zulässige Tagesmittel (für Industriegebiete, d. h. Stufe III , 0. 25 mg/m3) um mindestens 100%, in zwei Siedlungen wurden mit einem Mittelwert von 1, 68 und 1, 95 mg/m3 sogar der höchstzulässige Kurzzeitwert (0, 7 mg/m3) überschritten.
Vgl.: Yuan, Zhuren, "Xiao chengzhen huanjing zhiliang de fenxi" (Zur Analyse der Umweltqualität von Kleinstädten), in: Chengshi guihua, Nr. 2 (1987), S. 56 - 59

Als zweitwichtigster Schadstoff nach dem Staub ist das Schwefeldioxid zu nennen. Anfang der 80er Jahre wurden in China jährlich ca. 18 Mio. Tonnen Schwefeldioxid freigesetzt. Damit steht China an 3. Stelle in der Welt. 89% der SO_2- Emission stammen aus kohlebeheizten Feuerungsanlagen. Die Industrie ist damit der Hauptverursacher [139]. Überdies wurden 6 Mio. Tonnen Stickoxyde und andere Schwebstoffe freigesetzt [140].

In den Heizungsperioden erreicht die SO_2- Konzentration in den Industriestädten im Norden Chinas täglich 0,2 mg/cbm Luft. In der Stadt Taiyuan (Provinz Shanxi) stieg die Menge an krebserregenden Schadstoffen zwischen 1975 und 1978 von 0,046 mg/cbm Luft auf 0,234 mg/cbm [141]. Anfang der 80er Jahre betrug die SO_2- Konzentration in Chongqing (Provinz Sichuan) bis zu 0,8 mg/cbm. Seither sind diese Werte mehr oder weniger konstant geblieben [142].

Die Qualität der Luft in den Wohnungen der Städte ist auch von innen her immer mehr gefährdet. Die Entwicklung der Kohlegasindustrie führt dazu, daß immer mehr Haushaltsgeräte, die mit Kohlegas betrieben werden, in den Wohnungen Verwendung finden, wie z.B. Gaskocher und Gasöfen. Ohne ausreichende Belüftung ist der Betrieb dieser Geräte auf jeden Fall gesundheitsschädlich. Aber vor allem in den kalten Gebieten im Norden ist es im Winter üblich, daß die Fenster geschlossen bleiben, um die knappe Wärmeenergie in den Wohnungen zu halten. Die damit ver-

---

139. Siehe dazu:
ZGHJB, 20. 8. 1987;
HJBH, Nr. 6, 1987, S. 8 - 11

140. Siehe dazu:
Nengyuan (Energie), Nr. 1 1985, S. 14;
Guojia, Huanjing baohuju, 1993 niande zhongguo huanjing zhuangkuang gongbao (Amtlicher Bericht über die Umweltsituation in China im Jahr 1993), in: Huanjing baohu, Nr. 4, 1994, S. 1

141. Vgl.: o. V., "Shanxi meitan nengyuan jianshe xueshu taulunhui jiyao" (Zusammenfassung der Diskussionsveranstaltung über den Aufbau einer Kohleenergiebasis in der Provinz Shanxi), in: Jingji Wenti (Wirtschaftsfragen) Nr. 5, 1981, S. 3

142. Sie war damit um ein Mehrfaches höher als beispielsweise im Ruhrgebiet Anfang der 80er Jahre.
Siehe dazu:
Kinzelbach, Wolfgang, Energie und Umwelt in China, in: Glaeser, Bernhard (Hrsg.), Umweltpolitik in China, Bochum 1983, S. 314. ;
Fricke, Wolfgang, Umfang und Entwicklung von Emissionen und Immissionen in der Bundesrepublik Deutschland, in: Glückauf, 120. Jg., 1984, Nr. 15, S. 988;
Guojia huanjing baohuju, a.a.O, S. 1

bundene Zunahme der Kohlenmonoxidvergiftung und der Sterblichkeitsquote durch Lungenkrebs ist erwiesen [143].

Tabelle 4:
Abgasmenge und Abgasbehandlung in China (1980-1991)

	1980	1985	1986	1987	1988	1989	1990	1991
Erfaßte Gesamtabgasmenge (Mrd. m^3)	7397,2	6967,9	7727,0	8238,2	8306,2	8538,0	10141,5	
davon Anteil an Abgasen aus Brennstoffverbrennung (Mrd. m^3)	4537,5	4646,7	5262,2	5641,7	5761,2	5947,8	5364,9	
davon bereinigte Abgase (Mrd. m^3)	2473,8	2870,3	3238,7	3688,1	4037,7	4390,2	4570,8	
Anteil an Staubniederschlag (Mio. t)	14,85	12,95	13,84	14,45	14,36	13,98	13,24	13,14
Anteil an Schwefeldioxid (Mio. t)	16,0	13,24	12,5	14,12	15,23	15,64	14,94	16,22

Quellen: Zhongguo huanjing nianjian 1990, 1991,1992, eigene Berechung

Schwefeldioxid und Stickoxide sind die Hauptverursacher des sauren Regens, der die Ökosysteme gefährlich bedroht. In 45 von 54 untersuchten Städten wurde saurer Regen nachgewiesen. Z.B. in Chongqing, Guiyang und Nanchang, wo hoch schwefelhaltige Kohle verwendet wird, erwiesen sich 80% der gesamten Niederschläge als saurer Regen. Der chinesische offizielle Bericht über die ökologische Situation in China hat im Jahr 1990 gemeldet, daß die Häufigkeit des sauren Regens in diesen Regionen noch angestiegen ist [144].

---

143. Vgl.: ZGHJB, 12. 11. 1985

144. Vgl.: Guojia Huanjing baohuju, 1993 niande zhongguo huanjing zhuangkuang gongbao (Amtliche Bekanntmachung über Umweltsituation in China), in: Huanjing baohu, Nr. 4, 1994, S. 2-5

Schäden und Kosten der Luftbelastung

Unter den durch Luftverschmutzung verursachten Schäden sind hier insbesondere zwei zu nennen: die Beeinträchtigung der Gesundheit und das Sinken der Erträge einzelner Wirtschaftszweige.

Bei den wirtschaftlichen Kosten der Umweltverschmutzung nehmen die Gesundheitsschäden den ersten Rang ein. Es gibt eine ganze Reihe von gesundheitlichen Schädigungen, die erwiesenermaßen ihre wesentliche Ursache in der Luftverschmutzung haben:
- Die Geburtenrate der Behinderten (Genveränderung) hat rasant zugenommen.
- In 35 Jahren ist die Krebsmortalität auf das 31,5 fache angestiegen
- Auch der Smog, der in einigen Großstädten Chinas zu bestimmten Zeiten auftritt, ist erwiesenermaßen eine direkte Ursache für den Anstieg der Mortalität in den entsprechenden Perioden.
- Chronische Bronchitis und Nasen- und Halsentzündungen, die in Großstädten und Industriezentren im Vergleich zum Umland deutlich erhöht sind.
- Auch von etlichen anderen Krankheiten, die auf Luftverschmutzung zurückzuführen sind, wird immer wieder berichtet [145].

Außerdem beträgt der von der Luftverschmutzung verursachte wirtschaftliche Verlust nach Berechnung chinesicher Experten ca. 10 Mrd. Yuan pro Jahr. Die Reduzierung der Getreideernte durch den SO_2 verursachenden sauren Regen beträgt z.B. mindestens 300.000 t pro Jahr [146].

---

145. Insbesondere in den Großstädten Nordchinas ist der Lungenkrebs die häufigste Krebsart. In den 70er Jahren war die Lungenkrebsmortalität in den Städten mit 17 bis 31 Fällen pro 100.000 Einwohner und Jahr um ein Vielfaches höher als der Landesdurchschnitt mit 4 bis 5 Fällen. Für 1984 wurden im Landesdurchschnitt jährlich sogar 32 Todesfälle pro 100.000 Einwohner angegeben. Ferner ist in den letzten Jahren unter den Krankheiten, die zum Tode geführt haben, die Krebsmortalität von der 9. auf die 2. Position geklettert.
Siehe dazu:
Wang, Wanmu, Huanjing wuran zaicheng jingji sunshi de zhansuan fangfa (Berechnungsmethode der von der Umweltverschmutzung verursachten wirtschaftlichen Verluste), in: Huanjing wuran yu fangzhi (Umweltverschmutzung und Kontrolle), Qingdao, 1993, Dezember, S. 14 - 16;
ZGHJB, 11. 12. 1985;
Wang, Qingyi, Zhongguo nengyuan (Energiewirtschaft in China), Beijing, 1988, S. 371-372

146. Siehe dazu:
ZGHJB, 25.8.1987;
Wang, Qingyi, ebenda, S. 373

Ursachen der Luftverunreinigung

Die Ursachen der Luftverschmutzung sind unumstritten. Als Hauptgrund für die hohe spezifische Emission ist die umweltschädliche Kohle zu nennen, Chinas Hauptenergiequelle. Mehr als 80% der Luftverschmutzung sind auf Emissionen durch direkte Verbrennung der Kohle zurückzuführen [147].

Auch die mangelnde Aufbereitung der Kohle spielt eine große Rolle. Obwohl die Qualität der chinesischen Rohkohle relativ gut ist [148], ist die Qualität der Kohle, die beim Endverbraucher ankommt, durch den hohen Anteil an Ballaststoffen ziemlich niedrig, da die Kohle zum überwiegenden Teil nicht aufbereitet wird. Abgesehen von der in Kokereien und Gaswerken eingesetzten Kohle, wird weniger als 10% der chinesischen Kohle gewaschen. Die Privathaushalte verwenden ferner die stark pyritischen Abfälle aus den Kohlewaschanlagen zum Teil als Billigstbrennstoff. Dadurch wird der schwefelmindernde Effekt des Waschens wieder abgeschwächt [149]. Zur Vergrößerung der von der Kohle verursachten Luftverunreinigung trägt noch der geringe Wirkungsgrad der Energieumwandlung bei, eine Folge der rückständigen Technologie [150]. Außerdem gibt es nur wenige Vorrichtungen zur Schadstoff-

---

147. Liu, Jiren, Hangzhoushi shuanyu xianzhuang, tedian ji kongzhi duice (Saurer Regen, Merkmale und Gegenmaßnahmen in Hangzhou), Huanjing wuran yu fangzhi (Umweltverschmutzung und Kontrolle), Qingdao, 1993, August, S. 37

148. Der Schwefelgehalt der chinesischen Kohle macht im Mittel rund 2 % aus, bei der Rohkohle aus den Provinzen Nordostchinas beträgt er etwa 1 %, was sehr günstig ist. Dagegen beträgt der Schwefelgehalt in Südchina bis zu 10 %. Pro Tonne verbrauchter Kohle werden durchschnittlich 30 - 40 kg Schwefeldioxyd (SO2) und ca. 50 kg Staub freigesetzt. Siehe dazu:
Gong, Xiangying, Nengyuan yu Huanjing baohu (Energie und Umweltschutz), Beijing, 1991, S. 10 - 11;
Gongye Jingji, Nr. 11, 1982, S. 60

149. Vgl.: Kinzelbach, W., a.a.O., S. 305

150. Während in den Industrieländern der Gesamtnutzungsgrad der Energie mehr als 40 % (Japan 57 %, USA 51 %, England 40 %) erreicht, liegt er in China nur bei 27 - 30 %. Der Vergleich sieht ähnlich aus, wenn man die eingesetzte Energiemenge pro 1 Mio. US-Dollar Produktionswert betrachtet. Die VR China verbraucht mit 2.000 t SKE viel mehr als Frankreich, die BRD und Japan, die Werte zwischen 620 und 820 t SKE aufweisen. Diese schlechten Wirkungsgrade sind auf eine veraltete Technologie und schlechte Rohstoffe zurückzuführen. Z. B. liegt der Wirkungsgrad der Industriekessel (große Einheiten) in Peking im Mittel bei weniger als 50 % (gegenüber 80 % in den Industriestaaten). Bei kleinen (handbefeuerten) Kesseln, der Masse der chinesischen Feuerungsanlagen, liegt er bei 20 - 30 % (gegenüber 50 - 60 % in den Industriestaaten).
Vgl.: HJBH, Nr. 6, 1987, S. 8 - 11

rückhaltung. In der Industrie, dem Hauptverursacher der Umweltverschmutzung, werden Filteranlagen zur Schadstoffrückhaltung bisher kaum verwendet [151].

Die Energieindustrie produziert bei der Kohleverbrennung jährlich ca. 17 - 20 Millionen Tonnen Flugasche. Nur 10% davon werden weiterverwertet, die restlichen 90% vorläufig deponiert. Sie tragen ebenfalls zur Staubbelastung der Luft bei [152].

All diese technologischen Defizite haben wirtschaftspolitische Ursachen, zu deren Beseitigung in den 80er Jahren Untersuchungen vorgenommen wurden. Folgende Faktoren wurden in den 80er Jahren von den chinesischen Experten als nachteilig betrachtet für die Entwicklung von energie- und rohstoffsparenden Innovationen:
- ein unflexibles zentrales Energiezuteilungssystem
- niedrige Energie- und vor allem Kohlepreise
- das Fehlen einer echten Gewinn- und Verlustrechnung in den staatlichen Industriebetrieben
- die Orientierung der Planerfüllung an Bruttokennziffern. Die daraus resultierende Energieverschwendung fördert letzlich auch die Umweltverschmutzung [153].

Gegenmaßnahmen

Die Gegenmaßnahmen der Regierung seit der Reformpolitik sind in zwei Bereiche einzuteilen:
1.) die Verstärkung der Umweltverwaltung (environmental management, Huanjing guanli)

---

151. Obwohl im Vergleich zur Bundesrepublik Deutschland in China nur etwa doppelt so viel Energie (rd. 860 Mio. t SKE im Jahr 1979) verbraucht wird, sind die Emissionen von SO_2 etwa sechsmal und die Staubemissionen fast 30 mal höher.
    Siehe dazu:
    Kinzelbach, W., a.a.O., S. 320;
    Fricke, W., a.a.O., S. 988

152. Vgl.: Kinzelbach, W., a.a.O., S. 320

153. Vgl.: Feng, Weimin, Möglichkeiten der Übertragbarkeit von Erfahrungen des deutschen Steinkohlebergbaus bei der Mechanisierung im Strebbetrieb und im Streckenvortrieb auf den Kohlebergbau der VR China (Diss.), Berlin 1985, S. 24 - 43

2) technische Verbesserungen: Erhöhung der Vergasungsrate, Erweiterung der Zentralheizungsysteme und Erhöhung des Anteils von Formkohle (Xingmei) [154].

Die Vergasungsrate ist z.B. zwischen 1980 und 1987 von 15,2% auf 22% gestiegen. Im selben Zeitraum hat die durch Zentralheizung beheizte Fläche von 18 Mio. m² auf 55 Mio m² zugenommen. Als konkrete Maßnahmen sind die Schließung oder Verlegung der umweltverseuchenden Industrie in den Städten und technische Verbesserungen zu nennen. Von Bedeutung ist auch die Einführung eines Systems von Verantwortlichkeiten im wirtschaftlichen Bereich. Der Erfolg dieser Maßnahmen war, daß trotz des wirtschaftlichen und industriellen Wachstums seit der Reformpolitik 1978 die Staubmenge konstant geblieben ist. Gelöst ist das Problem damit aber nicht. Aus Abbildung 3 geht hervor, daß die Schwefeldioxyd-immissionen seit 1988 tendenziell wieder steigen [155]. Außerdem waren diese Maßnahmen und die darauf beruhenden Projekte hauptsächlich auf die großen Städte konzentriert. Der Kleinindustrie auf dem Lande, die durch den Industrialisierungsboom ganz besonders mit den praktischen Problemen des Umweltschutzes konfrontiert ist, wurde keine große Aufmerksamkeit geschenkt. Verwaltungsdefizite auf Kreisebene und wirtschaftliches Gewinninterresse erschweren nicht zuletzt die Umsetzung von Umweltschutzmaßnahmen. Selbst von der staatlichen chinesischen Behörde, die für den Umweltschutz zuständig ist, wird eingeräumt, daß aufgrund der beschränkten wirtschaftlichen Kapazität das Ziel der Luftverbesserung hinter den wirtschaftlichen Interessen zurückzustehen hat [156].

---

154. Dafür wurde ein Gesetz vom Umweltkomitee im Staatsrat bei der zehnten Tagung verabschiedet, "Guanyu fazhan minyong xingmei de zanxing banfa" (Über die vorläufige Maßnahmen zur Entfaltung der Anwendung von Formkohle bei der Bevölkerung), ZGHJB, 20. 8. 1987; · Wang, Qingyi, a.a.O., S. 376 - 383

155. Der Gesamtwert der Industrieproduktion im Jahr 1985 hat im Vergleich zum Jahr 1980 um 65 % zugenommen. Im selben Zeitraum hat sich die Verbrauchsmenge der Kohle um 34 % erhöht.
Siehe dazu:
ZGHJB, a.a.O.;
Guojia Huanjing baohuju, 1993 niande zhongguo huanjing zhuangkuang gongbao (Amtlicher Bericht über die Umweltsituation in China im Jahr 1993), a.a.O., S. 2 - 5

156. Siehe dazu:
Ebenda;
ZGHJB, 25. 8. 1987;
ZGHJB, 3. 11. 1987;

4.2. Umweltproblem Boden

4.2.1. Entwaldung und Bodenerosion

Entwaldungssituation

Im Verhältnis zur Bevölkerungszahl besitzt China einen äußerst knappen Vorrat an natürlichen Ressourcen. Die Ackerfläche pro Kopf beträgt in China 0,09 ha, im Weltdurchschnitt 0,28 ha. China ist mit etwa 12 % bewaldeter Fläche (1985) auch ein waldarmes Land.

Tabelle 5:
Chinas Ausstattung mit ausgewählten natürlichen Ressourcen pro Kopf der Bevölkerung im Vergleich (1985)

Ressource/Kopf	Welt	UdSSR	USA	Brasilien	China	Indien
Ackerfläche (ha)	0,28	0,82	0,78	0,47	0,09	0,22
Graslandfläche (ha)	0,65	1,34	1,01	1,22	0,23	0,02
Waldfläche (ha)	0,85	3,36	1,11	4,17	0,11	0,09
Holzvorrat (m³)	64,09	274,53	84,30	431,17	9,87	3,82

Quelle: Zhongguo Tongji Nianjian (Statistisches Jahrbuch der VR China) 1987, S. 858, eigene Auswahl

So wie in den Städten die Luftverschmutzung das Umweltproblem Nr. 1 ist, ist es auf dem Lande die Bodenerosion. Beide Probleme sind unmittelbare Folgen der energiewirtschaftlichen Situation. Während die Energieversorgung in den Städten, insbesondere die Verwendung von Kohle, Hauptverursacher der Luftverschmutzung ist, ist die Bodenerosion auf dem Lande zurückzuführen auf die Entwaldung als Folge des Energiebedarfs der Dörfer [157].

Nur etwa ein Viertel der 290 Mio. m³ Wald, die jährlich abgeschlagen werden, wurde planmäßig abgeschlagen. Der Rest ist durch illegales Schlagen und durch

---

157. Vgl.: ZGHJB, 12. 11. 1985

Waldbrände verlorengegangen. Der jährliche Verlust an Waldfläche (2,5 Mio. ha) übersteigt derzeit die jährlich aufgeforstete Fläche (1 Mio. ha) um das Eineinhalbfache. Von den zwischen 1949 und 1980 offiziell gemeldeten 108 Mio. ha Ödlandaufforstung sind nur 36 Mio. ha als tatsächlich bewaldet zu bewerten, d. h. nur ca. ein Drittel der Pflanzungen hat überlebt [158].

Der größte Einzelposten bei der Abholzung ist der Brennstoffbedarf in den Dörfern, die in ihrer großen Mehrheit 3 bis 4 Monate pro Jahr unter akutem Brennstoffmangel leiden. Angesichts der Dringlichkeit dieses Problems wurde den Bauern von der Partei nach der Gründung der VR China zugesichert, daß ihnen ungeachtet ihrer Arbeitsfähigkeit Brennmaterial und Energie garantiert wird [159].

Unter diesen Umständen ist der hohe Verbrauch nicht kommerzieller Energieträger in den privaten Haushalten erklärlich. Schätzungsweise zwei Drittel der jährlich rd. 180 Mio. t Brennholz für die Bauernhaushalte, d. h. rd. 50% des gesamten jährlichen Holzverbrauchs in den Waldgebieten (rd. 150 - 170 Mio. m^3), stammt aus illegalen Schlagungen, aus Ödländereien, Windschutzgürteln oder Neuaufforstungen [160]. Aber selbst damit ist der Bedarf nicht gedeckt [161].

Die durch die Entwaldung entstandene Umweltbelastung hat bedrohliche Ausmaße angenommen. Beispielsweise wird vermutet, daß Klimaveränderungen in der Provinz Sichuan auf die starke Abholzung während der vergangenen 30 Jahre zurückzuführen sind. [162] In einigen Regionen hat sie bereits zu wirtschaftlichen Einbußen

---

158. Vgl.: Zhu, Shiren / Xu, Jingfeng, "Wo guo huanjing wenti mei you quan minzu juexing jiang nanyi jiejue" (Ohne ein Erwachen des ganzen Volkes lassen sich Chinas Umweltprobleme kaum lösen), in: Shijie jingji dao bao, 302 (18. 8. 1986), S. 6

159. Als Zusicherung der Partei gegenüber den Bauern bestanden fünf Garantien, 1. Ernährung, 2. Wohnung und Kleidung, 3. Brennmaterial und Energie, 4. medizinische Betreuung (in einer anderer Version, Recht auf die Ausbildung der Kinder), 5. Sorge für die ordnungsgemäße Bestattung
    Vgl.: Kuntze, Peter, Der Osten ist rot, München, 1970, S. 101

160. Siehe dazu:
    Betke, Dirk, Die Umweltfrage, in: Louven, Erhard (Hrsg.), Chinas Wirtschaft zu Beginn der 90er Jahre. Strukturen und Reformen, Hamburg 1989, S. 55 - 56;
    Wang, Qingyi, a.a.O., S. 375

161. Siehe dazu:
    ZGJJNJ, 1986, Teil VI, S. 66;
    Ebenda, 1987, Teil VI, S. 8

162. Vgl.: Kinzelbach, W., a.a.O., S. 317.

geführt; z.B. sind die durch Abholzung hervorgerufenen Erosionsprobleme bereits so ernsthaft, daß die landwirtschaftliche Produktion erheblich beeinträchtigt wird.

Bodenerosion

Die verstärkte Bodenerosion ist eine Folge der Abholzung in den Berggebieten. In der Provinz Heilongjiang wurden im Zeitraum 1973 - 1976 67.000 ha Wald gerodet. Pro Hektar und Jahr sind seither von den Berghängen etwa 100 t fruchtbaren Bodens durch Erosion abgetragen worden. Die auf diese Weise verursachten Ernteeinbußen werden auf eine halbe Tonne pro Hektar geschätzt [163]. Trotz massiver Gegenmaßnahmen gegen die Bodenerosion seit der Gründung der Volksrepublik geht immer mehr Fläche verloren (ca. 50 Mrd. t Boden jährlich). In der Provinz Jiangxi betrug die durch Bodenerosion verschwundene Fläche in den 50er Jahren 5% der gesamten Fläche, in den 60er Jahren 12% und in den 80er Jahren 23%. 1990 hat die chinesische Regierung bekanntgegeben, daß 15,6 % der gesamten Fläche des Landes verloren gegangen und ein Drittel der gesamten Anbaufläche von der Bodenerosion betroffen ist. In Fujian gab es früher nur 22 Kreise, in denen Bodenerosion beobachtet wurde. Zur Zeit läßt sich sie sich in 35 Kreisen finden. Insgesamt hat sich der Verlust durch Bodenerosion verdoppelt [164].

Trotz mehrerer großer Anti-Bodenerosions-Aktionen hat sich das Problem am Huanghe nicht wesentlich verändert. Der Aufbau einer Energieindustrie- und Chemieindustriebasis am Obermittellauf des Huanghe, den die Regierung plant, ist als potentielle Katastrophe zu betrachten, falls die Projekte keine effektive Maßnahmen gegen die Bodenerosion beinhalten. 72% der Fläche am Mittellauf des Huanghe ist schon vor 1990 durch Bodenerosion verloren gegangen [165].

Der Yangzi droht ein zweiter 'Gelber Fluß' zu werden. Die durch Bodenerosion verlorene Fläche am Fluß Yangzi machte in den 50er Jahren 360.000 km² aus, d. h. ca. 20% der gesamten Fläche am Fluß. Nach einer neuen Untersuchung sind jetzt

---

163. Vgl.: ebenda, S. 317 - 318.

164. Vgl.: Yang, Taiyun / Liu, Xinmin / Zhang, Weimin, Zhongguo shamohua huanjing zhuangkuang yu fangzhi duice (Verwüstungssituation und Gegenmaßnahmen in China), in: Zhongguo renkou, ziyuan yu hunajing (Bevölkerung, Ressourcen und Umwelt in China), Jinan, 1994, August, S. 32

165. Siehe dazu:
    Zhongguo huanjing nianjian, a.a.O.;
    ZGHJB, a.a.O.

schon ca. 40% der gesamten Fläche betroffen. Wie die Löß-Hochebene besteht der Oberlauf des Flusses aus steilen Berghängen. Die geringe Dicke der Erdschicht, die nicht mehr durch Bäume festgehalten wird, und die große Menge an Niederschlägen in dieser Region führt leicht zur Abwaschung dieser dünnen Erdschicht und zur Freilegung des Felsuntergrundes. Damit ist auch die Sedimentation am Mittelunterlauf des Flußes ein großes Problem. Z.B. im See Tongting werden jährlich 150 Mio. t Schlamm und Sand abgelagert. Die Fläche des Sees ist von früher 6.000 km² auf 2.700 km² geschrumpft [166].

Chinesische Experten prognostizieren eine Reihe von ökologischen Zerstörungen durch das Drei-Schluchten-Damm-Projekt. Dabei wird neben anderen Auswirkungen die Bodenerosion als das größte Problem angesehen. [167]

Innerhalb von 30 Jahren ist in der Provinz Shandong schon eine Erdschicht von 10 - 15 cm verlorengegangen. Um 2,42 Mio. Mu [168] pro Jahr nimmt die Fläche der freigelegten Gesteinsschicht zu. Sogar in der Region am Heilongjiang, die als 'tausend Meilen weit fruchtbares Land' allgemein bekannt ist, kam aufgrund der Verdünnung der Erdschicht der Apell auf: "Rettet unseren schwarzen Boden" [169].

Die Bodenerosion führt auch zu einer ernstlichen Beeinträchigung der Kapazität der Wasserkraftwerke. Durch die Sedimentierung der Staubecken gehen jährlich bis zu 15% der Speicherkapazitäten verloren, wodurch sowohl die jährliche Stromerzeugungskapazität der Kraftwerke als auch die Nutzungsdauer der Becken reduziert wird [170]. Außerdem wird im Norden und Nordwesten des Landes eine Verwüstung von 10 Mio. Mu und eine Versalzung von ca 500 Mio. Mu pro Jahr registriert [171].

---

166. Vgl.: ebenda

167. Vgl.: Tang, Yongluan / Cao, Junjian, Huanjing jianshe yu huanjing tuozi (Umweltaufbau und Umweltinvestition), in: Huanjing wuran yu fangzhi (Umweltverschmutzung und Kontrolle), Qingdao, Oktober 1993, S. 30

168. Mu ist eine chinesische Flächeneinheit. Ein Mu entspricht 1/15 Hektar.

169. Vgl.: ZGHJB, a.a.O.

170. Vgl.: Chen, Yongzhong / Jing, Ke, "Woguo shuitu liushi de xianzhuang he ji xu yuanjiu de wenti" (Bodenerosion in China - Zustandsbeschreibung und drängende Forschungsprobleme), in: Shuitu baochi tongbao, Nr. 4, 1983, S. 1 - 6

171. Siehe dazu:
ZGHJB, 12. 11. 1985;
Yang, Taiyun / Liu, Xinmin / Zhang, Weimin, Zhongguo shamohua huanjing zhuangkuang yu fangzhi duice (Verwüstungssituation und Gegenmaßnahmen in China), in: Zhongguo renkou,

Es wird geschätzt, daß der gesamte Holzvorrat, der für Nutzholzproduktion geeignet und mit heutigen technischen Mitteln erschließbar ist, Anfang der achtziger Jahre ca 3,5 Mrd. m^3 betrug. Ca. 9 % davon (0. 308 Mrd. m^3) wurde bis zum Jahr 1989 vernichtet [172]. Im Lauf der Industrialisierung steigt jedoch Chinas Holzbedarf jährlich zwischen 5 - 10%. Bei gleichbleibend steigenden Abschlagungsraten und weiterhin mangelhafter Wiederaufforstung dürfte es nur wenige Jahrzehnte dauern, bis der Altholzbestand verschwunden ist [173].

Die Zunahme der Kohleförderung in den ländlichen Zechen (von 42 Mio. t 1980 auf 298 Mio. t 1986) trug wenig zur Lösung des Brennstoffmangels der Haushalte in den abgelegenen Berggebieten bei, sie linderte eher die Energieprobleme der ländlichen Kleinbetriebe, in denen aufgrund ihres raschen Wachstums im Zuge des Industrialisierungsbooms auch der Energiebedarf stieg und somit ebenfalls ein Notstand in der Energieversorgung auftrat [174].
Somit hat die Diagnose von Wolfgang Kinzelbach im Jahre 1983 auch heute noch nicht an Bedeutung verloren:
"Die Aussichten für eine Lösung des ländlichen Energieproblems - und damit die Hoffnung für den Wald - sind gering. Die Versorgung der Kommunen mit Kohle ist schwerlich möglich. Die erforderlichen Mengen sind beim derzeitigen Energiemangel der Industrie nicht vorhanden. Aber auch wenn es sie gäbe, könnten die Kommunebauern die Heizkosten von 40 bis 50 Yuan pro Familie und Jahr nicht aufbringen. Schließlich stünde auch die erforderliche Transportkapazität zur Zeit gar nicht zur Verfügung." [175].

---

    ziyuan yu huanjing (Bevölkerung, Ressourcen und Umwelt in China), Jinan, 1994, August, S. 31 - 33

172. Vgl.: Zhongguo huanjing nianjian (Umwelt-Jahrbuch Chinas) (fortan: ZGHJNJ) 1990, S. 427

173. Gerade in den ländlichen Gebieten, in denen jetzt schon Mangel besteht, steigt der Brennstoffbedarf bei dem jetzigen Bevölkerungswachstum weiter an.
Vgl.: Renmin ribao (Volkszeitung) (fortan: RMRB), 26. 1. 1988.

174 Siehe dazu:
Zhongguo jingji nianjian (Wirtschaftliches Jahrbuch Chinas)(fortan ZGJJNJ), 1986, Teil VI, S. 66;
Ebenda, 1987, Teil VI, S. 38

175. Kinzelbach, W., a.a.O., S. 318

Gegenmaßnahmen

Wie eine chinesische Umweltschutzbehörde es ausdrückt, stellen die Entwaldung und die Bodenerosion für die chinesische Nation langfristig ein Problem auf Leben und Tod dar. Doch obwohl das Ausmaß des Problems so groß ist und die Hauptursachen in der Energieversorgung liegen, wird dieser Sachverhalt bei der Energiepolitik kaum berücksichtigt. Nur bei dem Bemühen, die Energieprobleme auf dem Lande zu lösen, wird Hoffnung auf die alternative Energie gesetzt wie z.B. die Biogaserzeugung und Sonnenenergie. (dazu mehr an anderer Stelle)

4.2.2. Bodenbelastung

Bodenbelastungssituation

Die Ausdehnung der Siedlungs-, Industrie- und Verkehrsflächen hat zwischen 1957 und 1980 33 Mio. ha Ackerland beansprucht. Seither liegen die jährlichen Verluste bei rund 757. 000 ha. Da der Flächenertrag bei Getreide auf Neuland nur etwa 1/4 bis 1/5 desjenigen auf alten siedlungsnahen Ackerböden erreicht, sind Neulandflächen kein vollwertiger Ersatz. Liaoning hatte Verluste von rd. 29.000 ha/Jahr, Henan Verluste von 46.000 ha/Jahr (jeweils bis 1980). Sichuan registrierte 1984 und 1985 je einen Rückgang von 33.000 ha, Heilongjiang verlor 1986 netto sogar fast 74.000 ha Ackerland mit einem Rückgang des Getreideertrags um 1,8 Mio. t [176].

Ende der siebziger Jahre wurden Organisation und Technik der Hausmüllentsorgung in China als vorbildhaft in der internationalen Presse gepriesen. Da die Siedlungsabfälle bis zu 100% wieder in den Wirtschaftskreislauf zurückgeführt werden konnten, waren in Großstädten wie Beijing und Shanghai weder Deponien noch Verbrennungsanlagen für die Hausmüllentsorgung vorhanden [177]. Besondere Entsorgungsprobleme bereiteten das industrielle Abfallaufkommen und der Sondermüll wie z.B. Giftmüll. Die Folgen ihrer Lagerung sind Ackerlandverluste und Bodenverschmutzung. In der Industrie werden nur 20% der jährlich anfallenden 20 Mio. t gefährlicher Abfälle getrennt deponiert oder speziell behandelt [178]. Außerdem führte das explosionsartige Wachstum des Hausmüllaufkommens in den letzten Jahren dazu, daß auch der Hausmüll nicht mehr auf die oben genannte Weise beseitigt werden konnte.

---

176. Siehe dazu:
    Guangming Ribao (fortan: GMRB), 19. 3. 87;
    Gongyuan 2000 nian de Zhongguo (China im Jahr 2000), Beijing 1984, S. 53;
    RMRB, 29. 1. 1988

177. Vgl.: Schenkel, W., "Abfallwirtschaft", in: Glaeser, Bernhard (Hrsg.), Ökologie und Umweltschutz in der VR China, Bochum 1982, S. 237 - 301

178. Vgl.: Qu, Geping, "Zhongguo huanjing baohu zhanlüe wenti" (Strategische Fragen des Umweltschutzes in China), in: Zhongguo huanjing kexue (Umwelt-Wissenschaft Chinas) (Fortan ZGHJKX), 1984, NR. 3, S. 1 - 6, Nr. 4, S. 1 - 7

Abbildung 4:

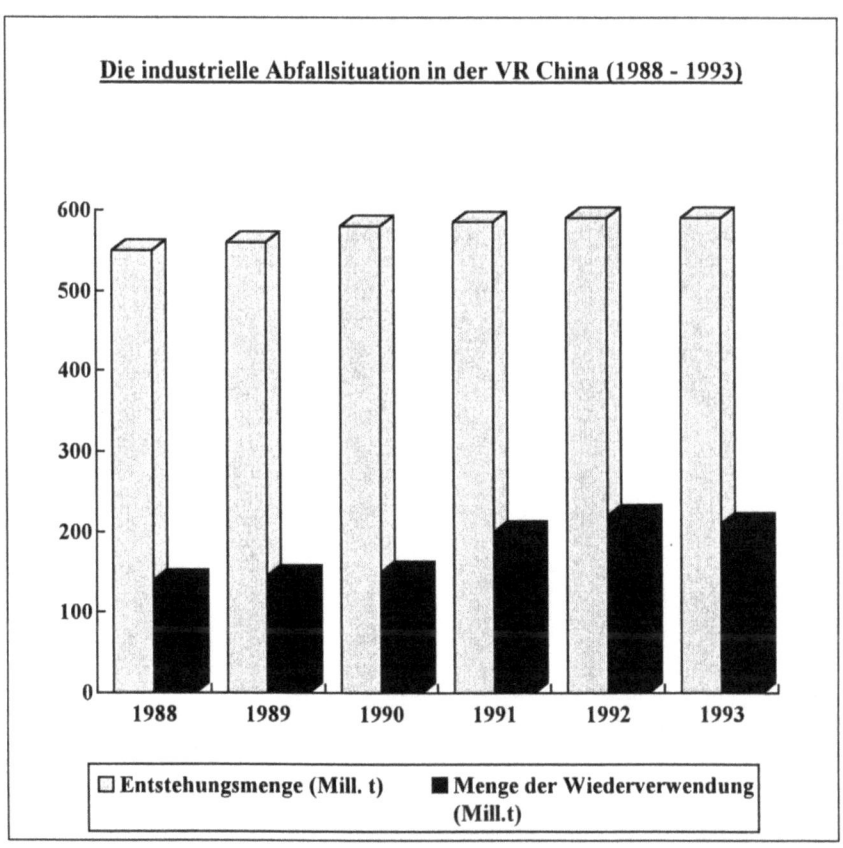

Quelle: Guojia huanjing baohuju: 1993 niande zhongguo huanjing zhuangkuang gongbao (Amtlicher Bericht über die Umweltsituation in China im Jahr 1993), a.a.O., S. 4

Schon 1980 wurden 60,59 Mio. Mu Ackerfläche durch 3 Fei [179] aus den Städten und Industriezentren und zusätzlich 26,97 Mio. Mu durch die Kleinindustrie auf dem Lande belastet. Die von Pestiziden belastete Fläche beträgt insgesamt 300 Mu, d. h. ca. 15% der gesamten Ackerfläche des Landes. Davon müssen mehr als 200

---

179. 3 Fei besteht aus Feiqi (Abgas), Feishui (Abwasser) und Feizha (Abfall)

Mio. Mu als schwer verseucht gelten. [180] 1980 wurden 400 Mio. t industrielle Abfälle registriert und die bis dahin angehäufte Menge der Abfälle (5,3 Mrd. t) beanspruchte eine Fläche von 590. 000 Mu [181].

Bodenbelastung und Energiewirtschaft

Zu den Abfallproblemen aus der Energiewirtschaft gehören auch die festen Abfälle aus der Kohleförderung und Kohleverbrennung. Mindestens 70 Mio. t Ganggestein fallen jährlich an. 1985 entfielen allein 50% der industriellen Gesamtabfallmenge von 526 Mio. t auf Berge und Ganggestein aus der Kohle- und Erzaufbereitung, rd. 39% auf metallurgische Schlacken sowie Asche und Schlacken aus der Verbrennung. Insgesamt werden etwa 1 Mrd. t Gestein pro Jahr aufgehaldet. Durch die Abraumhalden geht landwirtschaftliche Nutzfläche in beträchtlichem Umfang zurück (insgesamt ca. 7. 000 ha Land). Nicht zuletzt verursachen sie auch Luftverschmutzung und Wasserverunreinigung durch die Abgabe von Stauben und anderen Schadstoffen [182].

---

180. Siehe dazu:
    Qu, Geping, a.a.O.;
    ZGHJB, 12. 11. 1985;

181. Vgl.: ebenda

182. Siehe dazu:
    Gong, Xiangying, Nengyuan yu Huanjing baohu (Energie und Umweltschutz), Beijing, 1991, S. 16;
    Zhongguo tongji nianjian (Statistisches Jahrbuch Chinas) (fortan: ZGTJNJ), 1986, S. 715;
    ZGTJNJ 1986, S. 715;
    Kinzelbach, W., a.a.O., S. 319;
    Wang, Qingyi, a.a.O., S. 374

4.3. Umweltproblem Wasser

Situation bei der Gewässerbelastung

Die Süßwasserressourcen sind in China relativ knapp. Die Pro Kopf Vorräte betragen ein Viertel des Weltdurchschnitts an Oberflächenwasser. Das Wasservorkommen ist zeitlich und räumlich gesehen auch extrem unausgeglichen. Es gibt ein Nord- Süd- Gefälle - die Situation ist im Süden des Landes besser - und das Land leidet häufig sowohl unter Überschwemmungen als auch unter Dürre [183]. Seit der Gründung der VR China wurden zahlreiche Maßnahmen zur Wasserregulierung in Angriff genommen und auch beachtliche Erfolge erzielt. Aufgrund der wirtschaftlichen Entwicklung, durch die Zunahme der Bevölkerung und die Erhöhung des Lebensstandards, besteht das Wasserproblem jedoch weiterhin: Es besteht weiterhin eine beträchtliche Diskrepanz zwischen Wasserangebot und Nachfrage [184].

Abbildung 5:

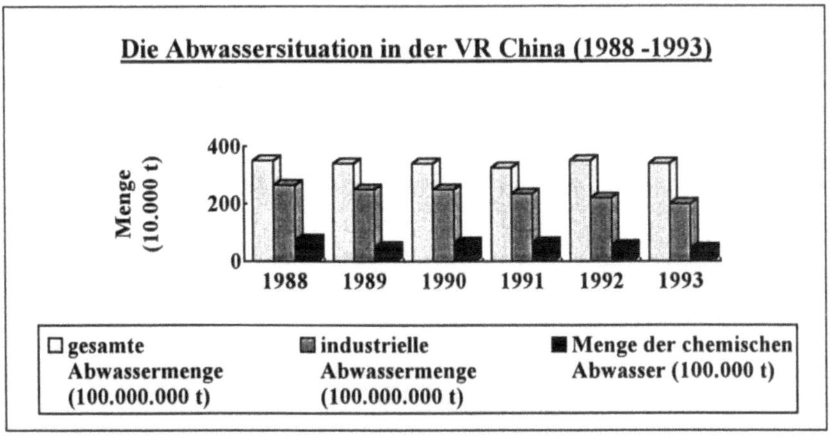

Die Abwassersituation in der VR China (1988 -1993)

Menge (10.000 t)

| | 1988 | 1989 | 1990 | 1991 | 1992 | 1993 |

☐ gesamte Abwassermenge (100.000.000 t)   ▨ industrielle Abwassermenge (100.000.000 t)   ■ Menge der chemischen Abwasser (100.000 t)

Quelle: Guojia huanjing baohuju: 1993 niande zhongguo huanjing zhuangkuang gongbao (Amtlicher Bericht über die Umweltsituation in China im Jahr 1993), a.a.O., S. 2

---

183. Vgl.: Guojia Huanjing baohuju, a.a.O., Nr. 4, 1994, S. 2-5

184. Vgl.: RMRB, 23. 1. 1988

In 183 Städten herrscht Wasserknappheit - es fehlen täglich 12,4 Mio. m^3 Wasser. Mehr als die Hälfte der Bevölkerung auf dem Lande bekommt kein hygienisch einwandfreies Trinkwasser. Im ganzen Land leiden ca. 50 Mio. Personen und 30 Mio. Stück Vieh an Trinkwassermangel [185]. Diese Situation wird durch die Gewässerverschmutzung noch zusätzlich verschlechtert. Aus Tabelle 6 geht hervor, daß jährlich ca. 34 Mrd. t Abwässer erzeugt werden; ca. 25 Mrd. t davon (über 70 % der gesamten Abwässer) sind industrielle Abwässer. Die meisten Abwässer werden ohne Reinigung direkt in die Gewässer eingeleitet. Gemäß einer Untersuchung sind alle großen Flüsse Chinas (Yangzi, Huanghe, Huihe, Songhua, Zhujiang), v. a. die städtischen Flußabschnitte, stark belastet.

Es ist sehr schwierig, einen noch nicht belasteten Fluß nördlich des Flusses Yangzi zu finden [186].

Tabelle 6:
Abwassermenge und Abwasserbehandlung in China (1980-1990)

	1980	1985	1986	1987	1988	1989	1990
Erfaßte Gesamtabwassermenge (Mrd. t)	31,53	34,15	33,87	34,86	36,72	35,34	35,37
Anteil am industriellen Abwasser (Mrd. t)	23,35	25,74	26,02	26,37	26,83	25,20	24,86
davon: behandelte Abwässer (Mrd. t)	3,06	5,68	6,32	6,78	7,23	7,53	8,02
davon: nach Behandlung erfüllen Standard (Mrd. t)	3,19	3,47	4,04	4,15	4,34	4,63	4,23

Quellen: Berechnet nach Angaben in Zhongguo huanjing nianjian 1990, 1991,1992

Besonders kritisch ist die Situation in den rasch wachsenden Industriezentren Nordchinas, die ihren Wasserbedarf hauptsächlich aus dem Grundwasser decken, wie Beijing, Tianjin, Qingdao, Jinan, und Taiyuan. Die Übernutzung des Grundwassers führte in mehreren Städte bereits zur Bodenabsenkung - in Shanghai z.B. um 2,65 m

---

185. Vgl.: HJBH, a.a.O.

186. Siehe dazu:
ZGHJNJ, 1990, S. 426;
HJBH, a.a.O.

seit 1965 [187]. In der traditionellen Kohleregion Shanxi ist durch den Kohlebergbau der Grundwasserspiegel bereits übermäßig gesunken, so daß die Wasserversorgung in dieser Provinz als sehr kritisch gilt [188]. Nach einer allerdings unvollständigen Statistik ergibt sich ein wirtschaftlicher Verlust in Höhe von ca. 30 Mrd. Yuan, die jährlich nur durch die Abwässer verursacht werden. Es treten auch immer mehr mit der Gewässerverschmutzung zusammenhängende Umweltkrankheiten auf [189].

Ursachen der Gewässerbelastung

Zu den Hauptverursachern der Gewässerbelastung zählt die Energie- und Rohstoffwirtschaft: durch die sauren Grubenabwässer der Bergwerke, Kohlewaschen, Kraftwerke, Abwässer aus den Ölfördergebieten und Raffinerien sowie durch feste Verbrennungsrückstände. 116 Mill. t Rohkohle werden jährlich in China gewaschen, dabei entstehen ca. 100 Mill. t Abwasser, d. h. 1 t gewaschene Rohkohle verursacht ca. 1 t Wasserverschmutzung. Eine Raffinerie mit einer Kapazität von 5 Mill. t pro Jahr leitet zwischen 10. 000 und 50. 000 t Öl pro Jahr in die Abwässer. Die Ölverschmutzung der Meere ist das größte Umweltproblem der Ölindustrie. Außerdem leiten Kraftwerke und Industriebetriebe jährlich ca. 15 Mill. t Asche direkt in die Flüsse [190]. Die wirtschaftlichen Verluste durch die Wasserverschmutzung betragen jährlich mindestens ca. 30 Mrd. Yuan [191]

Bei der Gewässerbelastung spielt die Kleinindustrie auf dem Lande eine besondere Rolle. Das Wachstum in diesem Bereich zieht eine rapide Zunahme des Verbrauchswassers und seiner Verschmutzung nach sich.

---

187. Siehe dazu:
RMRB, 18. 1. 1988;
Bao, Shixing / Shi, Dehong, Ziyuanxing gongkuang chengzhen yu shuihuanjing (Bergbauregion und Wasserqualität), in: Zhongguo renkou, ziyuan yu huanjing (Bevölkerung, Ressourcen und Umwelt in China), Jinan, 1994, Juni, S. 64 - 65

188. Vgl.: Chu, Qiang, Woguo kuangchan ziyuan liyong de huanjing wenti ji duice (Umweltprobleme der Bodenschätzebenutzung unseres Landes und Gegenmaßnahme), in: Zhongguo renkou, ziyuan yu huanjing (Bevölkerung, Ressourcen und Umwelt in China), Jinan 1995, März, S. 33-36

189. Vgl.: HJBH, a.a.O.

190. Siehe dazu:
Kinzelbach, W., a.a.O., S. 320;
Wang, Qingyi, a.a.O., 373 - 374

191. Vgl.: ebenda

Hier 2 Beispiele:
- In einer bestimmten Region der Provinz Liaoning sind zwischen 1978 und 1981 die Quecksilberwerte im Flußwasser vom 35fachen des Grenzwertes auf das 70fache und die Phenolkonzentrationen vom 970fachen auf das 1.800fache des Grenzwertes gestiegen.
- Nach einer Panne in einer Düngemittelfabrik sind im Januar 1987 in Shanxi 14. 000 Menschen z. T. schwer erkrankt.

Trotz dieser Dimension ist es nicht selten, daß die Verschmutzung auf dem Lande gar nicht registriert wird. Daher konzentrieren sich die Maßnahmen zum Gewässerschutz auf sogenannte "Umweltschutz- Schwerpunktstädte", während auf dem Land überwiegend weder eine geregelte Wasserversorgung noch eine Abwasserentsorgung gegeben ist. [192]

---

192. In Tianjin wurde vor wenigen Jahren Chinas größtes Klärwerk (Jahreskapazität 95 Mio. t Abwässer) mit biologischer Reinigungsstufe fertiggestellt. Ein umfangreiches Abwasserbehandlungsprojekt mit internationaler Unterstützung ist in Shanghai im Gange.
Siehe dazu:
HJBH, a.a.O.;
Betke, Dirk, a.a.O., S. 61 - 64;
ZGHJB, 19. 3. 1987;
Sternfeld, E., Geschichten vom giftigen Wasser, in: Das neue China, 3, 1988, S. 25-26;
Zhang, Hongming, Zai shehuizhuyi shichang jingji tizhixia jiaqiang zhengfu huanjing baohu zhinengde sikao (Gedanken über die Verstärkung der Rolle der Regierung beim Umweltschutz im sozialistischen Marktwirtschaftssystem), in: Huanjing wuran yu fangzhi (Umweltverschmutzung und Kontrolle), Qingdao, 1995, April, S. 1 - 3

4.4. Zusammenfassende Beurteilung der Umweltgefährdung durch die auf fossilen Energieträgern basierende Energiewirtschaft

Jede wirtschaftliche Nutzung von Energie bringt einen Eingriff in das ökologische System mit sich. Das Ausmaß der Störung des ökologischen Gleichgewichts hängt jedoch von der Art des Energieträgers ab. Die Nutzung der fossilen Energieträger ist dabei im Hinblick auf den Treibhauseffekt, die Luftverschmutzung, die Gewässerbelastung und die Bodenbelastung besonders problematisch. Diese Probleme entstehen bei jeder Phase der Energieversorgung, die sich auf fossile Energieträger stützt. Zur Benutzung von Kohle gehören z.B. mindestens sieben Phasen, in der verschiedene Umweltverschmutzungen auftreten: Abbau, Waschen, Transport, Verbrauch, Lagerung, Verarbeitung und Entsorgung. Gerade in China, wo die Energieversorgung überwiegend auf der Nutzung von Kohle basiert, läßt sich diese Problematik besonders gut aufzeigen. Andererseits ist Energieversorgung unverzichtbar. Wenn man berücksichtigt, daß der erhebliche Mangel in der Energieversorgung auf dem Lande - genauer gesagt: der Mangel an anderen Energiequellen - die Ursache von Entwaldung und Bodenerosion ist, wird klar, wie notwendig die Entwicklung von alternativen Energien in China ist.

Auffallend ist es, daß China nur über einen äußerst knappen Vorrat an natürlichen Ressourcen verfügt. Trotz dieser ungünstigen Voraussetzung betreibt die VR China weiter die Vollindustrialisierung des Landes. Als Ziel der Modernisierung und Industrialisierung des Landes wird offiziell die Erhöhung des Lebensstandards der Bevölkerung propagiert. Gleichzeitig wird dieses Ziel in Frage gestellt. Denn die durch die Industrialisierung verursachte Umweltbelastung führt nicht nur zu einer Beeinträchtigung der Gesundheit der Bevölkerung, sondern in einigen Wirtschaftszweigen zu einem Rückgang der Erträge. Die chinesische Strategie des Umweltschutzes - Kontrolle der Emission, Verbesserung der Qualität der Umwelt und der Abwasserreinigung - legt den Schwerpunkt auf Maßnahmen in den Großstädten, wie z.B. Tianjin und Shanghai, wo man mit internationaler Unterstützung große Kläranlagen gebaut hat, wohingegen Umweltschutzmaßnahmen auf dem Lande, auch in der dortigen Kleinindustrie, weiterhin vernachlässigt werden.

Dritter Teil:
Chinesische Energie und Umweltpolitik - Tauglichkeit des reflexiven Modernisierungsansatzes in der VR China

5. Einflußfaktoren der Energie- und Umweltpolitik der VR China

5.1. Die Arbeitswerttheorie als ideologischer Faktor der chinesischen Energiepolitik im Zusammenhang mit der Umweltzerstörung

Angesichts der durch die Industrialisierung verursachten ökologischen Krise ist festzustellen: Die industriellen Systeme sowohl kapitalistischer als auch realsozialistischer Prägung haben erstmals in der Geschichte die praktische Möglichkeit geschaffen, daß die Menschen durch die Resultate ihrer Arbeit die Natur in einen Zustand bringen könnten, der menschliches Leben unmöglich macht. Um diese Krise zu überwinden, ist es notwendig, die theoretische Grundlage beider Systeme aus ökologischer Perspektive zu analysieren. [193] Daß einem Wirtschafts- und Gesellschaftssystem, dessen Grundlage das Privateigentum und die Marktwirtschaft sind, Grenzen bei der Lösung der ökologischen Probleme gesetzt sind, wurde bereits im Zusammenhang mit dem Begriff der öffentlichen Güter dargestellt. Die marxistische Ideologie - der Marxismus-Leninismus und die Mao-Zedong-Ideen - sind immer noch die offizielle theoretische Grundlage der KPCh und ihrer Theorie und Praxis. Damit dienen sie auch immer noch der Rechtfertigung und der theoretischen und politischen Untermauerung der chinesischen Strategie der Industrialisierung und der Entwicklung der Produktivkräfte. Daher stellt sich zwangsläufig die Frage nach dem marxistischen Naturverständnis und der Rolle der Natur in der marxistischen Politischen Ökonomie und der ihr zugrundeliegenden Werttheorie. Dabei ist festzuhalten, daß weder Lenin noch Mao ein eigenes Naturverständnis im Zusammenhang mit der politischen Ökonomie entwickelt, sondern in diesem Punkt die Theorien von Marx völlig übernommen haben. [194] Die Frage nach der Bedeutung der Natur in der Lehre

---

[193] Da hier es in Bezug auf die Energiepolitik in erster Linie um wirtschaftswissenschaftliche Grundlagen der chinesischen Entwicklungspolitik geht, wird die Untersuchung des Naturverständnisses der KPCh auf diesem Bereich beschränkt. Deshalb wird auf die Untersuchung der traditionellen Haltung gegenüber der Natur in China, obwohl sie für die Entwicklung im Sinne der reflexiven Modernisierung durchaus interessant wäre, verzichtet..

[194] Vgl.: Köhler, Johann, Strittige Probleme der marxistisch-leninistischen Werttheorie, Leipzig, 1977, S. 12 - 38

von Karl Marx ist sehr schwierig zu beantworten, da es von ihm dazu keine separate systematische Darstellung gibt. Die wenigen Einzelbeiträge, die zu diesem Problem vorliegen, sind nicht nur unterschiedlich in ihrer Interpretation, sondern erscheinen fast kontrovers. Insbesondere gibt es Widersprüche zwischen seinem Frühwerk und seinem Spätwerk. Im Frühwerk, v.a. in den "ökonomisch-philosophischen Manuskripten" hat er den Zusammenhang von Mensch und Natur stark hervorgehoben [195].

Aber in den Spätwerken wie "Kritik der politischen Ökonomie" und "Kapital" besitzt die Natur nur einen untergeordneten Stellenwert. Die Lösung dieses scheinbaren Widerspruchs liegt darin, diese Frage aus der Einheit des Marxschen Systems heraus beantworten zu wollen und nicht entweder aus der Perspektive seines Frühwerks oder seines Spätwerks. Die Einheit des Marxschen Systems ist zu verstehen aus der Perspektive einer revolutionären Veränderung der gesellschaftlichen Praxis. Das Ziel seiner wissenschaftlichen Arbeit war es, die Gesetzmäßigkeiten der sich vollziehenden industriellen Entwicklung herauszuarbeiten und die wissenschaftliche Grundlage zu legen für eine zukünftige Entwicklung, die schließlich zur Negation der bürgerlichen Gesellschaft, zur Aufhebung der entfremdeten Arbeit und zur revolutionären Gründung einer sozialistischen Gesellschaft führen sollte.
"Die geschichtliche Bewegung der Gesellschaft beruht aber wesentlich auf ihren ökonomischen Grundlagen. Diese gilt es daher vom Marxschen Anliegen einer Kritik der politischen Ökonomie her zu entschlüsseln." [196]

Der Charakter der Industriegesellschaft ist mehr als alle vorhergehenden Gesellschaften durch den Warentausch geprägt. Austausch von Waren ist aber nicht möglich, ohne ihren Wert zu festzulegen, und damit ist die Frage, was denn eigentlich den Wert einer Ware bestimmt, zu einem wesentlichen Bestandteil jeder ökonomischen Theorie geworden. Jede Ware wie Kohle, Öl, Uran usw. besitzt eine bestimmte Nützlichkeit. Ohne diese Nützlichkeit würde die Ware nicht gekauft bzw. getauscht werden. Die Nützlichkeit einer Ware nennt man ihren Gebrauchswert. Der Gebrauchswert manifestiert sich in der Konsumtion der Ware, der Tauschwert im Preis. Zu dem Verhältnis zwischen dem Gebrauchswert und dem Tauschwert einer Ware gibt es grundsätzlich zwei konträre Positionen:
Für die Befürworter der auf dem Privateigentum beruhenden Marktwirtschaft ist das Vorhandensein eines subjektiven Bedürfnisses entscheidend. Die subjektive Nachfrage nach dem Gebrauchswert - z.B. der Kohle - bestimmt (zusammen mit dem

---

195. Vgl: Marx, Karl, Ökonomisch-philosophische Manuskripte, MEW, Ergänzungs-band 1, S. 516-517

196. Immler, Hans, Natur in der ökonomischen Theorie, Opladen 1985, S. 240

vorhandenen Angebot) ihren Tauschwert (Preis). Diese Theorie über die Preisbildung aus Angebot und Nachfrage ist fundamental für die Marktwirtschaft.

Einer der ersten, der eine grundsätzlich andere Theorie vertreten hat, war Ricardo. Er stellte die These auf, daß im Tauschwert der Waren etwas Gemeinsames enthalten sein müsse, das von den Mitgliedern der Gesellschaft als Basis der Bewertung anerkannt werde und gerade nicht in der individuellen qualitativen Nützlichkeit begründet sei [197]. Um etwas Gemeinsames im Tauschwert zu abstrahieren, hat er die verschiedenen Arbeiten beim Produktionsprozeß der Ware auf eine Durchschnittsarbeit reduziert. Diesen schon bei Ricardo angelegten Begriff der abstrakten Arbeit entwickelte Marx weiter zum Begriff der gesellschaftlich notwendigen Arbeitszeit. Gesellschaftlich notwendige Arbeitszeit ist die Arbeitszeit, die notwendig ist, um irgendeinen Gebrauchswert unter den vorhandenen vorherrschenden gesellschaftlichen Produktionsbedingungen und dem gesellschaftlichen Durchschnittsgrad von Geschick und Intensität der Arbeit herzustellen [198].

Geschichtlich gesehen war die Theorie über die abstrakte Arbeit als Quelle des Warenwerts entstanden aus der Kritik an den Physiokraten, die ausschließlich den Boden als Quelle von Werten ansahen und damit die Interessen der Grundbesitzerklasse vertraten. Marx dagegen arbeitete heraus, daß allein die menschliche Arbeitskraft imstande ist, neue Werte zu schaffen, wodurch er nicht zuletzt auch die Bedeutung der Arbeiterklasse herausstellte. Sie ist es, die durch den Verkauf ihrer Arbeitskraft den gesellschaftlichen Reichtum produziert.

"Es ist also nur das Quantum gesellschaftlich notwendiger Arbeit oder die zur Herstellung eines Gebrauchswerts gesellschaftlich notwendige Arbeitszeit, welche seine Wertgröße bestimmt. Die einzelne Ware gilt hier überhaupt als Durchschnittsexemplar ihrer Art. Waren, worin gleich große Arbeitsquanta enthalten sind oder die in derselben Arbeitszeit hergestellt werden können, haben daher dieselbe Wertgröße. Der Wert einer Ware verhält sich zum Wert jeder andren Ware wie die zur Produktion der einen notwendigen Arbeitszeit zu der für die Produktion der andren notwendigen Arbeitszeit" [199]

Der Gebrauchswert eines Produkts ist also nur Existenzbedingung für den Tauschwert, für die Höhe des Tauschwertes ist er ohne Bedeutung. Auch die Natur geht

---

197. Vgl.: Rubin, Isaak Iljitsch, Studien zur Marxschen Werttheorie, Frankfurt/Main, 1973, S. 185 - 194

198 Vgl.: ebenda, S. 138

199. Marx, Karl, Das Kapital Bd. I, MEW Bd. 23, S. 54

lediglich in Form von Rohstoffen über die zu ihrer Bereitstellung notwendige Arbeitszeit in den Tauschwert einer Ware ein. Die Natur an sich wird dem Produktionsprozeß kostenlos einverleibt. Es gilt also festzuhalten: Wenn der Wert einer Ware einzig und allein auf die darin enthaltene abstrakte Arbeit reduziert werden kann, dann folgt zwingend, daß die physischen Bestandteile und Existenzbedingungen der Ware, soweit in diesen nicht wiederum Arbeit enthalten ist, zwar als nützlich, aber doch als gesellschaftlich-objektiv wertlos betrachtet werden müssen. Marx zeigt nicht, daß im Begriff der abstrakten Arbeit implizit die wertmäßige Existenzlosigkeit der physischen Natur vorausgesetzt ist [200].

"Die Erde auf der einen Seite, die Arbeit auf der andern, zwei Elemente des realen Arbeitsprozesses, die in dieser stofflichen Form allen Produktionsweisen gemeinsam, die die stofflichen Elemente jedes Produktionsprozesses sind und mit der gesellschaftlichen Form desselben nichts zu schaffen haben.... Die Erde ist z.B. als Produktionsagent bei der Herstellung eines Gebrauchswerts, eines materiellen Produkts, des Weizens, tätig. Aber sie hat nichts zu tun mit der Produktion des Weizenwerts. Soweit sich Wert im Weizen darstellt, wird der Weizen nur als ein bestimmtes Quantum vergegenständlichter gesellschaftlicher Arbeit betrachtet, ganz gleichgültig gegen den besonderen Stoff, worin sich diese Arbeit darstellt, oder den besonderen Gebrauchswert dieses Stoffs" [201]

Wenn Marx davon gesprochen hat, daß Naturstoffe kostenlos dem Produktionsprozeß einverleibt werden können, dann hat er an die ursprüngliche Natur gedacht, wie sie den Menschen ohne ihr Zutun etwa durch den Evolutionsprozeß der Erde zur Verfügung gestellt wird: als Rohstofflager, als gegebene Bodenfruchtbarkeit etc.. Die Natur wird auf einen detaillierten Aspekt einer konkreten Nützlichkeit reduziert. Es wird nur der unmittelbare Gebrauch einer Natureigenschaft gesehen und nicht die physische Bedingtheit, die diesen Gebrauchswert in einen Naturzusammenhang stellt. Der Weizen ist nicht nur Nahrungsmittel für den Menschen, er ist auch Teil eines produktiven natürlichen Lebens- u. Wachstumszusammenhangs und als Weizenfeld zugleich Landschaft. Ein Fluß dient nicht nur als Verkehrmittel, er ist auch Lebensbereich für viele Tiere und Pflanzen oder ein Erholungsbereich für die Menschen [202]. Wenn man die Nützlichkeit eines Dings - den Gebrauchswert der Natur - aus einem naturalen Gesamtzusammenhang sieht, und die Summe der Gebrauchswerte aller Waren als die Gesamtheit der äußeren Natur betrachtet und den Gebrauchswert sich im Tauschwert (Preis) widerspiegeln ließe, müßten die Preise der

---

[200]. Vgl.: Immler, Hans, a.a.O., S. 245 -250

[201]. Marx, Karl, Das Kapital Bd. III, MEW Bd. 25, S. 824/825

[202]. Vgl.: Immler, Hans, a.a.O., S. 245 - 250

naturalen Ware - z.B. Kohle - viel höher sein als der gegenwärtige. Die Beeinträchtigungen für die Gesellschaft, die durch die Konsumtion der Waren verursacht wird - z.b. Umweltverschmutzung durch Kohleverbrennung - sollte bei der Preisbildung berücksichtigt werden.

Aber Marx betrachtet den Gebrauchswert unabhängig sowohl von der übrigen Natur als auch von der Größe des Tauschwertes. Offensichtlich liegt hierin eine Schlüsselstelle der gesamten marxistisch-sozialistischen Ökonomie gegenüber der Natur. Gebrauchswert und Natur haben weder in der Kritik der politischen Ökonomie noch in der realen Ordnung der sozialistischen Länder - incl. der VR China - in dem Sinne eine Rolle gespielt, daß sie selbst als eine Kategorie der Waren- und Wertanalyse verstanden wurden. In den letzten Jahren haben einige chinesische Ökonomen wie Gu Xutang vorsichtig argumentiert, nicht nur die Arbeit, sondern auch Kapital und Boden seien wertproduzierend. Su Xing, Vizedirektor der zentralen KPCh-Schule hat diese Ansicht scharf kritisiert und als pluralistische Arbeitswerttheorie (Laodong jiazhilun duoyuanlun) bezeichnet im Gegensatz zur monistischen Arbeitswerttheorie (Laodong jiazhilun yiyuanlun) in der marxistischen politischen Ökonomie, in der allein die Arbeit Wert produziere. Die hohe Bedeutung der Natur als Existenzbedingung für die Gesellschaft und der große Einfluß, den der Zustand, in dem sie sich befindet, auf die Produktions- und Lebensverhältnisse der Gesellschaft hat, wird somit in der VR China offiziell nicht anerkannt [203].

Die marxistische Politische Ökonomie, wie sie in den realsozialistischen Ländern angewendet wurde und wird, ist in eine Sackgasse geraten. Sie steht der Vernichtung von Natur und Leben blind und handlungsunfähig gegenüber, weil sie die gesellschaftlichen Wertbildungsprozesse vom physisch-naturalen Geschehen getrennt und damit die Natur vergessen hat. Marx und praktisch alle sich auf ihn berufenden Ökonomen erkannten zwar die Formen der Ausbeutung der Arbeitskraft, unterschätzten aber kraß Ursache, Wirkung und Folgen der Ausbeutung der äußeren Natur. Von der ökonomischen Praxis her gesehen bestanden zu Lebzeiten von Marx kaum ökologische Konflikte in größeren Dimensionen. Im Gegenteil galt die Überwindung der Naturschranken durch die Entwicklung der Produktivkräfte als ein aufklärerisches gesellschaftliches Ziel. Aber eine ökologische Krise, also die existentielle Bedrohung von Leben und Produzenten wirft die Frage nach dem Wert der

---

203. siehe dazu:
Su, Xing, Laodong jiazhilun yiyuanlun (Monistische Arbeitswerttheorie), in: Zhongguo shehui kexue (Sozialwissenschaft in China), Beijing, 1992, Nr. 6, S. 3 - 16;
Gu, Xutang / Liu, Xin, Xin laodong jiazhilun yiyuanlun (Die monistische neue Arbeitswerttheorie), in: ebenda, 1993, Nr. 6, S. 83 - 94;
He, Liancheng / Yetan laodong jiazhilun yiyuanlun(Eine andere Diskussion über die monistische Arbeitswerttheorie), in: Zhongguo shehui kexue (Sozialwissenschaft in China), 1994, Nr. 4, S. 23 - 31

Natur völlig neu auf. Da ihr dieses Problembewußtsein fehlt, betreibt die Regierung in der VR China eine Modernisierung im Sinne der Entwicklung der Produktivkräfte. Im Hinblick auf die Umweltprobleme, die z.B. der Verbrauch der fossilen Energieträger mit sich bringt, ist die Ideologie der KPCh handlungsunfähig.

5.2. Die Beschäftigungsproblematik als sozioökonomischer Faktor

Die in Kapitel 1.3. geschilderte Ausrichtung der chinesischen Reformpolitik auf den Ausbau der Schwerindustrie ist auch unter dem Aspekt der Beschäftigungssituation in China kritisch zu beleuchten, auch wenn in den offiziellen Verlautbarungen gerade die Lösung der Beschäftigungsprobleme als Begründung für den massiven Ausbau der Industrie angegeben wird.

In nur 45 Jahren (1949-1994) ist die Bevölkerung in China um 660 Mio. Menschen gewachsen, und das Wachstum geht weiter. Dies stellt China vor gewaltige Probleme bei der Bereitstellung von Arbeitsplätzen. Ca. 1,2 Milliarden Chinesen leben heute in China. Daraus ergibt sich fast zwangsläufig, daß das Angebot an Arbeitskräften die Nachfrage bei weitem übersteigt und die wirtschaftliche Entwicklungsstrategie Chinas dieses tiefgreifende Beschäftigungsproblem in besonderer Weise berücksichtigen muß [204].

In der chinesischen Terminologie wird unterschieden zwischen "beschäftigt" (jiuye), "auf Anstellung wartend" (daiye) und "arbeitslos" (shiye). Als "beschäftigt" bezeichnet man arbeitsfähige Personen, die gegen Entgelt eine offizielle Tätigkeit in einem staatlichen bzw. kollektiven Unternehmen ausüben oder selbst ein angemeldetes Unternehmen betreiben. Als "auf Anstellung wartend" gelten arbeitsfähige Personen (männliche zwischen 16 und 50 Jahren, weibliche zwischen 16 und 45 Jahren), die eine Anstellung wünschen. Die Unterscheidung zwischen "auf Anstellung wartend" und "arbeitslos" war nicht unumstritten. Arbeitslosigkeit war für die chinesische Regierung ein Begriff, der zum Kapitalismus gehört. Mit der Einführung des neuen Begriffs "auf Anstellung wartend" wollte sie herausstellen, daß "Arbeitslosigkeit" im Sozialismus etwas anderes bedeutet als im Kapitalismus. Doch inzwischen hat sich auch in China die Auffassung durchgesetzt, daß Arbeitslosigkeit und "auf Arbeit wartend" weitgehend identisch sind [205].

Im Jahre 1990 waren offiziell 17 Mio. Personen arbeitslos gemeldet [206]. Wie in allen anderen Ländern ist allerdings auch in China die tatsächliche Arbeitslosigkeit sehr viel höher, da bestimmte Personenkreise aus der Statistik herausfallen. In China sind dies vor allem die Erwerbslosen mit ländlicher Wohnberechtigung (hukou), die nicht als Arbeitslose anerkannt und registriert werden. Dabei ist die tatsächliche Ar-

---

204. Vgl.: ZGTJNJ, 1985, S. 185; ZGTJNJ, 1995, S. 59

205. Vgl.: Renmin ribao, 29. 7. 1988

206. Vgl.: ZGTJNJ, 1995, S. 61

beitslosigkeit auf dem Lande viel höher als in den großen Städten. Experten schätzten, daß die Zahl der überschüssigen Arbeitskräfte auf dem Land 1990 bei mindestens 50% lag. Die geringe landwirtschaftliche Nutzfläche pro Kopf begrenzt den Einsatz von Arbeitskräften in der Landwirtschaft. Im Jahre 1985 bestellte 1 Arbeitskraft durchschnittlich 3,9 Mu (0,26 ha.), obwohl sie von ihrem Arbeitsvermögen her 8 - 10 Mu bestellen könnte. Die Regierung hat versucht, den Anstieg der Geburtenrate durch die Ein-Kind-Politik unter Kontrolle zu bringen. Aber vor allem auf dem Lande droht diese Politik zu scheitern. In den meisten Provinzen Nordwest- und Südwestchinas waren 1987 mehr als 20% der Geburten solche, die über das erste Kind hinausgingen: [207]

Xinjiang 45,2 %	Hainan 32 %	Guangxi 30,2 %
Guizhou 30,1 %	Guangdong 23,7 %	Jiangxi 23,5 %
Shaanxi 21,8 %		

Die Spitzenwerte traten überwiegend in den inländischen Gebieten auf, die im Vergleich zu den Küstengebieten keine nennenswerte Entwicklung der lolkalen Kleinindustrie erlebten. Da die Bevölkerung dort hauptsächlich von der Landwirtschaft lebt, wird die Pro-Kopf-Anbaufläche in diesen Gebieten daher weiter zurückgehen und die Arbeitslosigkeit ansteigen.

Vor der Reformpolitik von 1978 hat die Regierung den staatlichen Kollektiven sowie den Privatbetrieben strikte Entlassungsbeschränkungen auferlegt, um vor allem das Arbeitslosenproblem im Nichtagrarbereich in den Griff zu bekommen. Daraus ergibt sich eine (statistisch nicht erfaßte) personelle Überbesetzung von Arbeitsplätzen. Es wird vermutet, daß bis zu 30% der Beschäftigten überschüssige Arbeitskräfte sind. Das waren 1986 allein im Staatssektor 28 Mio. [208]. Im Rahmen der Beschäftigungsreform, die aus einer Freisetzung von Arbeitskräften in Staatsbetrieben besteht, wird die Zahl der Arbeitslosen im nichtagrarischen Staatssektor zunehmen. Das gilt besonders für den (ausschließlich staatlichen) Bereich Energiewirtschaft. Die Reform der Beschäftigungspolitik bietet mit der Möglichkeit von Zeitverträgen für Beschäftigte in Staatsunternehmen einen größeren Spielraum für die Betriebsleiter bei Einstellungen und Entlassungen usw.

---

207. Vgl.: Gu, Shengzu, Jiejue woguo nongcun shengyu laodongli wenti de silu yu duice (Gedanken zum Überschuß der Arbeitskräfte in den ländlichen Gebieten unseres Landes und Gegenmaßnahmen), in: Zhongguo shehui kexue (Sozialwissenschaft in China), Beijing, 1994, Nr. 5, S. 60 - 66;
Heberer, Thomas, Bevölkerung und Beschäftigung, in: Heberer, T. / Weigelin, Rüdiger (Hrsg.) Xiandaihua, Versuch einer Modernisierung, Entwicklungsprobleme der VR China, Unkel/Rhein;Bad Honnef, 1990, S. 150

208. Vgl.: Heberer, T. ebenda, S. 157

Die Befürworter dieser Reform halten eine "begrenzte" Arbeitslosigkeit für unumgänglich im Interesse effizienter Bewirtschaftung, technologischen Fortschritts, der Qualifizierung der Arbeitskräfte und der Erhöhung der Arbeitsproduktivität. [209] Wenn diese Entwicklungsstrategie jedoch keinen Ausweg zur Absorbierung dieser Arbeitslosen bietet, sind eine Zunahme der sozialen Spannungen und die negativen Auswirkungen auf die soziale Stabilität unvermeidbar.

In diesem Sinne ist die Überbetonung der Schwerindustrie und die sich daraus ergebenden Disproportionen in der Wirtschaftsstruktur problematisch, weil sie einen wesentlichen Grund für das Beschäftigungsproblem in der VR China darstellen:

- Im Vergleich zur Landwirtschaft und Leichtindustrie ist die Schwerindustrie, die in der Regel nicht auf traditioneller oder mittlerer, sondern auf moderner Technologie aufgebaut ist, kein arbeitsintensiver, sondern ein kapitalintensiver Sektor.

- Die Überbetonung der Schwerindustrie hat phasenweise die Vernachlässigung der Landwirtschaft und Leichtindustrie nach sich gezogen. Als die chinesische Entwicklungsstrategie begann, der Schwerindustrie Priorität einzuräumen - v. a. in der 1. Fünfjahres- Planperiode, in der Phase des Großen Sprungs nach vorn und in der Kulturrevolution ging der Anteil der Investitionen in die Landwirtschaft zurück, obwohl gerade hier nur geringe Investitionen notwendig wären, um viele auf mittlerer Technologie basierende Arbeitsplätze zu schaffen. [210]

Experten rechnen inzwischen mit einem Bevölkerungsanstieg in China auf zwei Milliarden Menschen bis zum Jahr 2030, das wären 500 Mio. mehr als von der chinesischen Führung geplant [211]. Eine steile Zunahme des Angebots an Arbeitskräften ist damit unvermeidbar. Andererseits betreibt die Regierung eine Modernisierung, die eine Erhöhung der Arbeitsproduktivität und damit den Abbau von Arbeitskräften

---

209. Gerade hier zeigt die Begründung der Befürworter der Reform Gemeinsamkeiten mit der Dualismus-Theorie (vgl. Abschnitt zu Dualismus in Kapitel 1.1), insoweit sie die Arbeitslosigkeit als ein Arbeitskraftsreservoir für die Industrialisierung und als eine vorübergehende Phase im Modernisierungsprozeß ansehen. Ähnlich wie die Dualismus-Theoretiker meinen sie, daß die soziale Spannung den Entwicklungsprozeß keineswegs stört oder verzögert. Dualismus kompensiere diese Nachteile dadurch, daß er es ermögliche, in der Übergangsphase die Ressourcen in bestmöglicher Form zu verwenden.

210. Vgl: Su, Ming, Woguo nongye fazhanzhong de zijin wenti (Die finanzielle Frage bei der landwirtschaftlichen Entwicklung unseres Landes), in: Zhongguo shehui kexue, 1991, Nr. 1, S. 33 - 36

211. Vgl.: Heberer, T., a.a.O. S. 148

in personell überfrachteten Betrieben verlangt. Eine rigide Beschäftigungspolitik, die die Mehrheit der Arbeitsuchenden nur in staatlichen Unternehmen unterbringt, ist langfristig gesehen keine Lösung des Problems, weil die Unternehmen aufgrund der ökonomischen Schwierigkeiten die personelle Überfrachtung nicht selbst tragen können. Stattdessen sollte man auch die E. u. U. unter beschäftigungspolitischem Aspekt betrachten. Die Einführung mittlerer Technologien im Energiebereich könnte v. a. ländliche Überschußarbeitskräfte absorbieren und ist aus diesem Grund notwendiger als der Einsatz moderne Technologien wie beim Drei-Schluchten-Damm-Projekt oder beim Bau und Betrieb von Atomkraftwerken. Eine Entwicklungsstrategie, die auf der Schwerindustrie basiert, kann die Beschäftigungssituation nicht wesentlich verbessern.

6. Inhalte und Auswirkungen der chinesischen Energie- und Umweltpolitik

6.1. Die Transformation des Wirtschaftssystems und die Energiepolitik der VR China seit 1978

Neue Entwicklungsstrategie und Energiepolitik

Seit Gründung der VR China wurde eine landesweite politische, wirtschaftliche und soziale Modernisierung in Gang gesetzt. Die Industrialisierung spielte dabei eine wichtige Rolle. Industrialisierung ohne Energieversorgung aber ist unvorstellbar. Der Mangel an Elektrizität, Erdöl und Kohle war die unmittelbare Ursache dafür, daß ein erheblicher Teil der vorhandenen Industrieanlagen nicht ausgelastet werden konnte. Daraus entstand im Jahre 1978 ein Verlust von nahezu 100 Mrd. Yuan bzw. etwa 22% des gesamten Bruttoproduktionswertes von Industrie und Landwirtschaft. Deshalb war es Ende der 70er Jahre notwendig, die Produktion in besonders energieintensiven Branchen wie der Eisen- und Stahlindustrie einzuschränken. Außerdem wurde versucht, die Unternehmen durch eine Gewinnbeteiligung dazu zu motivieren, nach Möglichkeiten zur Kostensenkung und zur Energieeinsparung zu suchen. Nicht zuletzt sollte der Energiebedarf durch Modernisierung vorhandener Betriebe gesenkt werden. [212] Die Notwendigkeit dieser Maßnahmen wird deutlich, wenn man die Ursachen des bestehenden Energiemangels untersucht:

1) Spätestens seit Ende der 70er Jahre reichten die Transportkapazitäten und Verbundsysteme nicht mehr aus, um regionale Bedarfsspitzen auszugleichen. Z.B. war die Eisenbahn Ende der 70er Jahre mit einem Anteil von ca. 50% am gesamten Gütertransportaufkommen der wichtigste Verkehrsträger für den überregionalen Güteraustausch, vor allem für den Gütertransfer in Nord-Süd-Richtung. Der Anteil der landwirtschaftlichen Erzeugnisse am gesamten Gütertransportaufkommen wurde auf weniger als 5% eingeschränkt. Obwohl 40% der gesamten Transportkapazitäten der Eisenbahn dem Kohletransport dienten, blieben Anfang der 80er Jahre jährlich 20 - 30 Mio. t Kohle auf Halde. D. h.: obwohl der hohe Anteil der Transporte von Energieträgern am gesamten Gütertransportvolumen zu Lasten der für andere Gütertransporte verfügbaren Kapazitäten geht, reicht dies nicht aus, um den zunehmenden Energiebedarf der

---

[212]. Vgl.: Klenner, W., a.a.O., S. 74 - 75

Industrie, vor allem in den Küstengebieten, zu decken und die Auslastung der Produktionskapazitäten dort zu ermöglichen [213].

2) Die einseitige Konzentration von Industrialisierungsvorhaben auf die jeweiligen Hauptprojekte hat zu einem wirtschaftlichen Ungleichgewicht geführt. D. h. : die energieintensiven Sektoren und Branchen, insbesondere der Eisen- und Stahlerzeugung wurden ohne Sicherung der Energie- und Rohstoffversorgung mit rapider Geschwindigkeit aufgebaut. Deshalb hatte die neue Entwicklungsstrategie vorgesehen, die Prioritäten in der Energiewirtschaft auf die Investitionspolitik zu legen. Aber die Planung wurde nicht konsequent durchgeführt. Die Investitionen, vor allem in der Kohleindustrie, erwiesen sich 1988 als so mangelhaft, daß eine Erneuerung der alten Betriebe unmöglich war. Während in den drei Jahren vor dem 7. Fünfjahresplan die Wachstumsrate der Industrie durchschnittlich bei 16,4% lag, erreichte die der Energieindustrie nur 3,5% [214].

3) Die enge Einbindung der Unternehmen in das staatliche Planungssystem und die ihnen vorgegebenen spezifischen Planungsziffern führten dazu, daß sie an Maßnahmen zur Energieeinsparung wenig interessiert waren. Während in China der Energienutzungsgrad bei 28% liegt, liegt er z.B. in Japan bei 50%. Die gesamte Energieindustrie - Kohle, Öl, Elektrizität - wird in China vom Staat verwaltet. Daher gibt es keine Konkurrenz zur staatlichen Energieproduktion. Die zentrale Verteilung der Energie durch den Staat verhindert eine am Bedarf orientierte effiziente Verwaltung des Energieangebots. Die staatliche Subvention aller staatlichen Betriebe betrug in den 80er Jahren durchschnittlich 22 Mrd. Yuan pro Jahr. Davon gingen 10 Mrd. Yuan an die Kohle- und die Ölindustrie. [215]

4) Der Energieverbrauch war und ist sehr hoch, weil mit veralteten Ausrüstungen und niedrigen Energiekoeffizienten produziert wird und die Notwendigkeit

---

213. Siehe dazu:
Yang, Jun, "Mei de zhuanhua he zonghe liyong de tantao" (Über die Umwandlung von Kohle und deren umfassende Nutzung), in: Hongqi, Nr. 11, 1983, S. 40;
Louven, Erhard, Die Energiesituation der VR China gegenwärtig und im Jahre 2000, in: China aktuell, August 1987, S. 651

214. Vgl.: Ding, Xiangyang, "Zhongguo nengyuan gongye gaikuang" (Überblick über die chinesische Energiewirtschaft), in: ZGJJNJ, 1989, Teil IV, S. 8 -10;
ZGJJNJ, 1989, Teil V, S. 18

215. Erst seit 1988 wird der Zuschuß in Form von Krediten ausgegeben.
Siehe dazu:
Huang, Yicheng, "Zhongguo nengyuan gongye xingshi shuping" (Über die Situation in der Energieindustrie in China), in: ZGJJNJ, 1992, S. 65;
Ding, Xiangyang, a.a.O., Teil IV, S. 9

von technischen Maßnahmen zur Energieeinsparung viel zu spät erkannt wurde. [216]

5) Die vierjahrzehntelange Industrialisierung in der VR China wurde auf der Grundlage eines breiten Spektrums unterschiedlicher Entwicklungsansätze betrieben. Bezüglich der Betriebsgröße war die chinesische entwicklungspolitische Geschichte geprägt durch ein Pendeln zwischen dem Aufbau moderner kapitalintensiver Großbetriebe und dem Aufbau einer regional breit gestreuten Kleinindustrie [217]. Zu beobachten war dies z.B. in der zweiten Hälfte der 70er Jahre. Nach der Beseitigung der "Viererbande" stellte man auch das Entwicklungskonzept während der Kulturrevolution in Frage und legte das Schwergewicht nicht mehr auf den Aufbau einer ländlichen Kleinindustrie, sondern auf die Errichtung moderner spezialisierter Großbetriebe. [218]

Änderungen in der Wirtschaftspolitik seit Ende der 70er Jahre kann man insbesondere auch an der Betriebsgröße festmachen. [219]
"Im Interesse der besseren Versorgung des flachen Landes hat man neben dem Aufbau moderner kapitalintensiver Unternehmen die Gründung traditioneller arbeitsintensiver Betriebe auf dem Lande durch Produktionsgenossenschaften gefördert. So wurden regional breit gestreut Kleinbetriebe in der Eisen- und Stahlindustrie, in der Maschinenbauindustrie, in der Kunstdüngerindustrie oder in der verarbeitenden Industrie erreicht." [220]

Diese neue offizielle Entwicklungsstrategie war prägend für die Entwicklung in den 80er Jahren [221].

---

216. Vgl.: Wiesegart, Kurt, Die Energiewirtschaft der Volksrepublik China - Die Entwicklung von Energieangebot und Energieverbrauch im Rahmen der sozialistischen Planwirtschaft seit 1949, Hamburg 1987, S. 235 -336

217. Vgl.: Klenner, W., a.a.O., S. 10- 17

218. Vgl.: Chen, Huanhuan, "An zhuanyehua xiezuo yuanze gaizu gongye" (Spezialisierung als Prinzip der industriellen Reform), in: ZGBKNJ, 1980, S. 313 - 314

219. Vgl.: Wei, Liqun, "Zhongguo guomin jingji de tiaozheng he fazhan" (Regulierung und Entwicklung der chinesischen Volkswirtschaft), in: ZGBKNJ, 1980, S. 290 - 291

220. Klenner, W., Der Wandel in der Entwicklungsstrategie der VR China, Hamburg 1981, S. 72 -73

221. Diese Grundlinie wurde 1979 veröffentlicht.
Siehe dazu:
Klenner, W., ebenda, S. 12;

Dualistische Wirtschaftsstruktur

Seit der Privatisierung entwickeln sich die lokalen Kleinbetriebe mit rapider Geschwindigkeit. Im Jahr 1991 betrug der Anteil der ländlichen Kleinindustrie 59,2% des gesamten Sozialprodukts auf dem Lande, 26,6% des Sozialprodukts in ganz China und 30,8% der gesamten industriellen Produktion des Landes. 1986 gab es 17. 44 Mio. ländliche Kleinbetriebe mit insgesamt 87. 76 Mio. Beschäftigten [222].

Trotz mehrerer Vorteile enthielt dieses Entwicklungskonzept auch unübersehbare Nachteile. Im Vergleich zu modernen Produktionsanlagen war unter anderem die Energienutzung in den traditionellen arbeitsintensiven Betrieben nicht effektiv. Z.B. verbrauchten die kleinen lokalen Anlagen der Eisenindustrie Mitte der 70er Jahre pro Tonne Roheisen 900 - 1000 kg Kohle, in modernen Anlagen wurden dagegen nur 650 kg pro Tonne Roheisen benötigt. Beim Elektrizitätsverbrauch waren die Unterschiede, z.b. zwischen den großen und den kleineren Kunstdüngerbetrieben, noch größer. [223] Während in modernen Unternehmen Modernisierungen mit verhältnismäßig geringen Mitteln erfolgreich realisiert werden können, sind im Vergleich dazu die Modernisierungskosten in vielen ländlichen Betrieben zu hoch. Insgesamt ist die volkswirtschaftliche Rentabilität in vielen Betrieben der lokalen Kleinindustrie wesentlich ungünstiger als in den modernen Großunternehmen. [224] Die Rolle der lokalen Kleinindustrie auf dem Lande ist auch unter anderen volkswirtschaftlichen Aspekten zu kritisieren:
- Der bestehende Mangel an Ackerland wird durch die lokale Kleinindustrie noch verschärft.

- In einigen Regionen führt die Abwanderung der landwirtschaftlichen Arbeitskräfte in die lokale Kleinindustrie zu einer Knappheit an Arbeitskräften in der Landwirtschaft.

Gui, Shiyong/Zhou, Shulian, "Lun jingji tiaozheng de mubiao jieduan he cuoshi" (Das Ziel, Stufe und Maßnahmen der Regulierung der Wirtschaft), in: Jingji Yanjiu, 1981, Nr.6, S. 9

222. Siehe dazu:
Hu, Yongjun, "Xiangzhen qiye" (Ländliche Kleinindustrie), in: ZGJJNJ, 1992, S. 122; Zhang, Yi / Liang, Shusheng, "Xiangzhen Qiye" (Ländliche Kleinindustrie), in: ZGJJNJ, 1988, Teil V, S. 14 - 15

223. Vgl.: Klenner, W., a.a.O., S. 73

224. Der Vorläufer der ländlichen Kleinindustrie war die Kleinindustrie der Kommunen und Produktionsbrigaden, die seit 1958 aufgebaut wurden.
Vgl.: Wu, Xiang, "Lun xiangzhen qiyede fazan" (Über die Entwicklung der ländlichen Kleinindustrie), in: ZGJJNJ, 1986, Teil II, S. 15.

- Während sich die Einsatzbereitschaft der Bauern in der Landwirtschaft verringert hat, hat sich das Einkommensgefälle unter den Bauern vergrößert. [225]

Die Probleme der lokalen Kleinindustrie liegen auch in ihrer Konzentration auf Küstengebiete. Während ihr Produktionswert in neun Küstenprovinzen 64% der gesamten Industrie ausmacht, beträgt er in neun Provinzen im Inland nur 4,8% [226]. Weitere Probleme sind mangelnde Investitionen, eine unzureichende Energieversorgung und nicht zuletzt - wie bereits beschrieben - die ökologische Zerstörung.

Angesichts der Beschäftigungsprobleme auf dem Lande und der nicht zu unterschätzenden Versorgungsrolle der lokalen Kleinbetriebe in den jeweiligen Regionen wäre die Schließung solcher Betriebe aber als problematisch einzuschätzen. Gerade hier sind ökologische Maßnahmen, die neue Beschäftigungsmöglichkeiten schaffen und nicht auf fossilen Energieträgern und der Schwerindustrie beruhen, sinnvoll und nötig. Trotz der negativen Folgen wurde die Entwicklung der lokalen Kleinindustrie 1985 offiziell als notwendiger Bestandteil der wirtschaftlichen Entwicklung auf dem Lande anerkannt. [227] Damit wurde das Entwicklungskonzept (Mitte 70er Jahre) bezüglich der Betriebsgröße modifiziert, ohne angemessene Gegenmaßnahmen gegen die negativen Folgen zu ergreifen.

---

225. Vgl.: Wu, Xiang, a.a.O.,Teil II, S. 16

226. Vgl.: Zhang, Yi / Liang, Shusheng, a.a.O., Teil V, S. 15

227. Vgl.: Wu, Xiang, a.a.O., Teil II, S. 15-16

6.2. Investitionspolitik in der Energiewirtschaft

Da Energieprojekte im allgemeinen zu ihrer Realisierung lange Zeiträume beanspruchen, bedarf es gerade in der Energiepolitik zur Sicherstellung der Energieversorgung einer langfristigen und voraus denkenden Planung, die widerum die Existenz geeigneter Institutionen erfordert. Im Grunde genommen bietet die sozialistische Planwirtschaft mit der Verstaatlichung aller wichtigen Industriebereiche ideale Voraussetzungen. Denn die Planung, Finanzierung und Durchführung der Investitionsprojekte liegt grundsätzlich bei den staatlichen Behörden und deren Ausführungsorganen. In diesem Zusammenhang stellt der chinesische Energiebereich keine Ausnahme dar. Trotzdem kann in China gerade bei der Energiepolitik von einer langfristigen Planung nicht die Rede sein. [228]

Im Wirtschaftssystem der VR China existieren vier Quellen, aus denen Investitionen finanziert werden können, die wichtigste davon ist der Staatshaushalt [229]. Von 1950 bis 1979 erreichte der Anteil der durch staatliche Dotationen finanzierten Investbauten 80 - 90% aller in diesem Zeitraum durchgeführten Investbauten. Höhe und Struktur der Investitionen sowie Umfang der Produktionskapazitäten und das technische Niveau der Anlagen wurden ausschließlich durch zentrale staatliche Instanzen bestimmt. Angesichts einer Konzeption, die beim Wirtschaftaufbau das Schwergewicht auf den Ausbau der Industrie, vor allem der Schwerindustrie, legt, ist es verständlich, daß ein wesentlicher Teil der Fondsmittel auch in die Energiewirtschaft gelenkt wurde, weil gerade die Schwerindustrie ein hohes Wachstum der Energieversorgung verlangt. Von 1976 bis 1982 wurden 33 - 39% aller industriellen Investitionen für die Energiewirtschaft (einschließlich Energieumwandlung und Energietransport) verwendet, sie steht damit an 2. Stelle [230].

---

228. Wiesegart, Kurt, a.a.O., S. 59 - 62

229. Die vier Finanzquellen für Investitionen sind der Staatshaushalt (caizheng bokuan), betriebliche Reinvestitionsfonds (qiye baoliu zijin), Bankkredite (yinhang xindai) und Genossenschaftsfonds (shehui jijin).
Vgl.: Li, Yining, "Shehuizhuyi youxiao touzi yu heli touzi" (Effiziente und angemessene Investitionen im Sozialismus), in: Caizheng Jingji, Nr. 1, 1982, S. 28

230. Vgl.: ZGTJNJ 1983, S. 326

Abbildung 6:

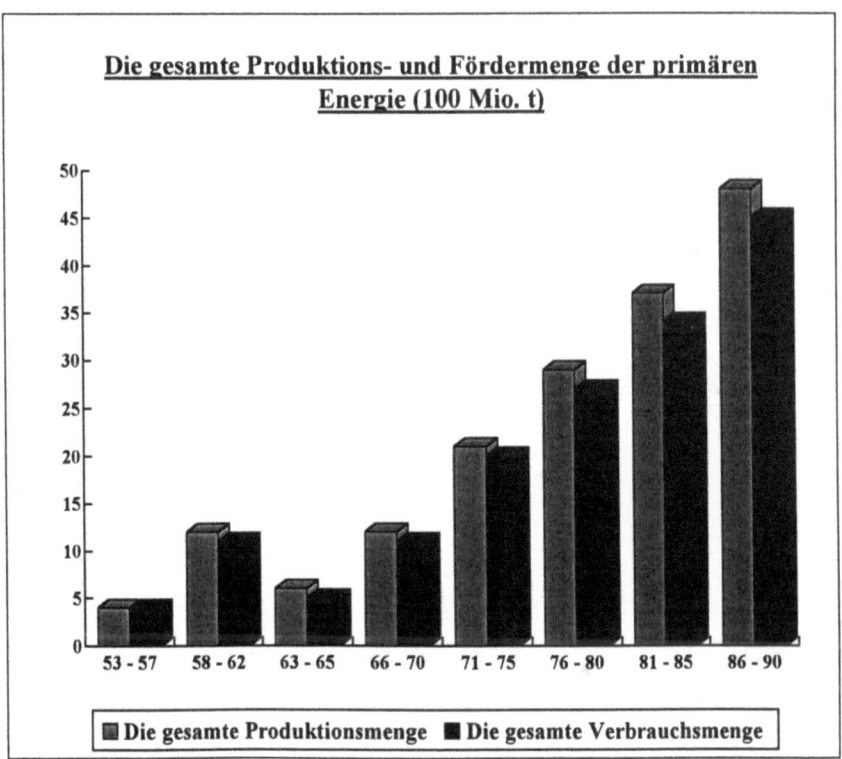

Quelle: Zhongguo nengyuan tongji nianjian (Statistisches Jahrbuch der Energiewirtschaft Chinas) (fortan ZGNYTJNJ), 1991, S. III

Aber anstelle einer kontinuierlichen Förderung gab es in der Entwicklung der Investbauinvestitionen in den Energiebereichen starke Schwankungen bei den Mittelzuweisungen.

Abbildung 7:
Jahresdurchschnittliche Investbauinvestitionen in den Energie-bereichen während der einzelnen Planperioden (Mrd. Yuan)

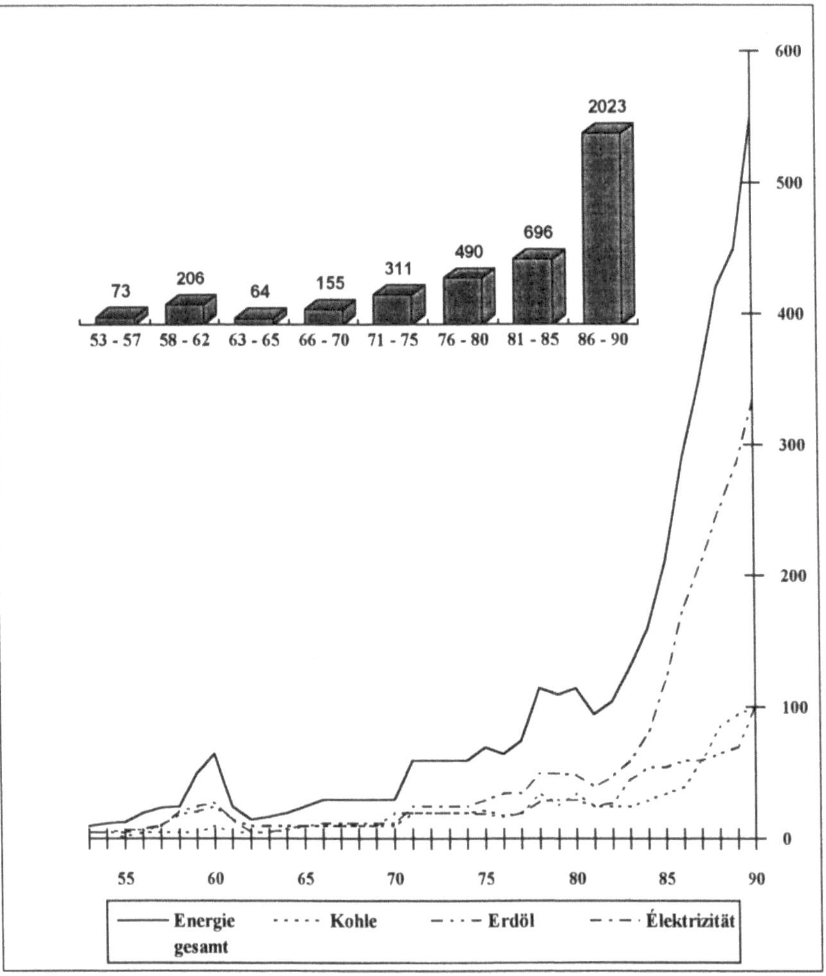

Quelle: ZGNYTJNJ 1991, S. 1

Der Zuwachs der jahresdurchschnittlichen Mittelzuweisungen betrug in der zweiten Fünf-Jahres-Planung ca. 280% gegenüber denen der ersten FJP-Periode (auf ca. 4 Mrd. Yuan). Anfang der 60er Jahre dagegen wurden die Zuweisungen massiv, d. h. auf ca. 2,1 Mrd. Yuan im Jahresdurchschnitt, reduziert. Die Reduzierung war eine

Folge der Kürzungen bei den Staatsausgaben während der Konsolidierungsphase und wurde zur Lösung von sektoralen Ungleichgewichten vorgenommen. Erst Ende der 60er/ Anfang der 70er Jahre entsprach die Höhe der Budgetzuweisungen für den Energiebereich im Jahresdurchschnitt wieder denen am Ende der 50er Jahre. Daraus ist zu ersehen, daß eine Kontinuität in der Energiepolitik nicht zustande kam, obwohl die administrativen Voraussetzungen gegeben waren:

"Es ist in Anbetracht der langen Ausreifungszeiten von energiewirtschaftlichen Projekten zu vermuten, daß die gegebenen Fluktuationen bei den Mittelzuweisungen die Durchführung und Fertigstellung von Energieprojekten erschweren und möglicherweise auch die Kosten der Energiegewinnung - was den Bereich der Fixkosten betrifft - beeinflußten." [231]

---

231. Wiesegart, Kurt, a.a.O., S. 64, 62 - 65

6.2.1. Förderungen im Energiesektor, der auf fossilen Energieträgern beruht

6.2.1.1. Investitionen in die Kohleindustrie

Umfang und Verteilung der Kohlereserven

Die offiziellen Angaben über den Umfang der Kohlevorkommen schwanken schon seit den 20er Jahren sehr stark. Daher handelt es sich bei allen Angaben lediglich um grobe Schätzungen. Nach der letzten grundlegenden Untersuchung Ende der 70er Jahre ist man der Meinung, daß sich unter den gegebenen Bedingungen 100 - 120 Mrd. t Kohle insgesamt erschließen lassen. Wenn man von einer Abbaurate von 50% ausgeht, ergibt das eine mögliche Reserve von 50 - 60 Mrd. t. Diese Reserven bestehen zu 94,5% aus Steinkohle und zu 5,5% aus Braunkohle [232].

Über die regionale Verteilung der Kohle gibt es sichere Erkenntnisse. Es gibt umfangreiche Kohlevorkommen im Nordosten, Norden und Nordwesten. Sie machen zusammen mehr als 80% der gesamten Kohlereserven des Landes aus. Schon die Japaner haben in den 30er Jahren die umfangreichen Kohlereserven in der von ihnen besetzten Mandschurei im Nordosten genutzt, um dort eine Schwerindustrie aufzubauen. In der im Landesinnern gelegenen Region Shanxi im Norden lagert fast die Hälfte der Kohlevorräte des Landes. Während in der Region im Osten und Nordosten, in den Provinzen Liaoning, Jilin, Hebei, Shandong, Jiangsu, und im Süden, in Zhejiang, Fujian und Guangdong die Suche nach neuen umfangreichen Kohlefeldern erfolglos war, steht die Explorationstätigkeit im Westen des Landes erst am Anfang. Aus diesem regional sehr unterschiedlichem Kohlevorkommen ergibt sich die Notwendigkeit, die Kohle an die Industriestandorte in den Küstengebieten zu transportieren [233].

---

232. Siehe dazu:
Zhao, Longye, "Guo neiwai meitan ziyuan - yiji kantan yunshu qingkuang fenxi" (Die Kohlevorkommen im In- und Ausland - Analyse der Transportverhältnisse), in: Gongyue Jingji Guanli Congkan, Nr. 7, 1980, S. 43;
Gong, Xiangying, Nengyuan yu Huanjing baohu (Energie und Umweltschutz), Beijing, 1991, S. 4

233. Vgl.: Zhao, Longye, a.a.O., S. 44 - 49;
Siehe auch Tabelle 7

Tabelle 7:
Situation der Großwirtschaftsräume hinsichtlich der Kohlereserven, der Kohleförderung, des Kohleverbrauchs und dem Bruttoproduktionswert (BPW) der Industrie

	Anteil an den Kohlereserven (%)	Kohleproduktion (Mio. t)	Anteil (%)	Kohleverbrauch (Mio. t)	Anteil (%)	Nettoausfuhr (+) / Nettoeinfuhr (-) (Mio. t)	Anteil am gesamten BPW der Industrie (%)
Norden	60,2	198,23	31,19	147,30	23,84	+ 38,42	16,3
Osten	6,9	109,58	17,24	128,65	20,82	- 20,95	36,2
Zentralchina	3,7	105,40	16,58	113,78	18,41	- 10,71	17,4
Nordosten	8,7	104,60	16,46	116,71	18,89	- 11,19	17,1
Südwesten	11,3	68,32	10,75	65,88	10,66	+ 1,45	7,6
Nordwesten	9,2	49,41	7,78	45,62	7,38	+ 3,35	5,4
Gesamt	100,0	635,54	100,00	617,94	100,00	+ 0,27	100,0

Quelle: Li, Dazheng: Jiaqiang meitan kaifa - zaoying sihua xuyao (Verstärkt Kohle erschließen - dem Bedarf der Vier Modernisierungen gerecht werden), in Nengyuan, Nr. 2, 1981, S. 7 aus: Wiesegart, Kurt, Die Energiewirtschaft der Volksrepublik China - Die Entwicklung von Energieangebot und Energieverbrauch im Rahmen der sozialistischen Planwirtschaft seit 1949, Hamburg 1987, S. 243

1979 betrugen die nachgewiesenen Kohlereserven etwa 600 Mrd. Tonnen. Wenn man von der derzeitigen Fördermenge ausgeht und eine jahresdurchschnittliche Zuwachsrate von 7% annimmt, wird der Kohlevorrat nach etwa 92 Jahren aufgebraucht sein [234]. Somit liegt auf der Hand, daß, ganz abgesehen von der Umweltbelastung, durch die Kohle keine dauerhafte Lösung der Energieprobleme Chinas zu gewährleisten ist.

---

234. Vgl.: Nengyuan, Nr. 2, 1981, S. 3

Ausdehnung der Förderkapazitäten unter Berücksichtigung der Qualität der Bergwerksanlagen und der geförderten Kohle

Schon seit ihrer Gründung richteten sich die Entwicklungsanstrengungen der VR China im Bereich Primärenergieträger auf die Erschließung der Kohlevorkommen. Während der Wiederaufbauphase 1949 - 1952 lag der Schwerpunkt auf der Wiederherstellung der im Krieg zerstörten Bergwerke in den Bergbaugebieten [235]. Nach der Wiederaufbauphase bis zum Ende der Konsolidierungsphase 1965 wurde der Ausbau der Kohleindustrie stark intensiviert. Über 40% der für den Ausbau der Energiebereiche investierten Haushaltsmittel wurden in die Kohleindustrie gelenkt. Das sind etwa 12% der gesamten in den industriellen Aufbau investierten Budgetmittel. Während der ersten FJP-Periode wurden etwa 3 Mrd. Yuan investiert, um 103 Gruben zu erweitern und 194 Grubenbetriebe neu aufzubauen. 24 Projekte in der Kohleindustrie wurden mit technischer Unterstützung der ehemaligen Sowjetunion durchgeführt. Von 71,3 Mio. t. im Jahr 1952 wurden die Förderungskapazitäten insgesamt um ca. 64 Mio. t erweitert [236]. Trotz der raschen Entwicklung in der Kohleindustrie wurden die Energieprobleme, vor allem die Brennstoffversorgungsprobleme nicht gelöst, weil die Brennstoff- und Elektrizitätsintensive Industrie - Eisen, Stahl und Maschinenbau - seit der ersten FJP-Periode (1953 - 1957) auch mit rapider Geschwindigkeit ausgebaut wurde. Von daher wurden in der zweiten FJP-Periode (1958 - 1962) die Dotationen fast verdreifacht. Vor allem während der Phase des "Großen Sprungs nach vorn" (1958 - ca. 1960) war ein sehr großer Ressourceneinsatz unter Mobilisierung lokaler Arbeitskräftereserven zu verzeichnen. Das Ergebnis war eine gewaltige Ausdehnung der Förderleistung innerhalb relativ kurzer Zeit [237].

Doch gerade diese schnelle Zunahme der Investitionen in der Kohleindustrie hat auf lange Sicht auch seine Unzulänglichkeiten zu Tage gebracht. Wegen völlig ungenügender Vorbereitungsarbeiten, z.B. dem Fehlen von geologischen Prospektionen und dem Mangel an Koordination, konnte die Ausweitung der Förderkapazitäten

---

235. Vgl.: Autorenkollektiv, "Meitan gongyebu zhengce yanjiushi" (Institut für politische Maßnahmen des Kohleministerium), Zhongguo meitan gongye sanshi nian (Dreißig Jahre Kohleindustrie Chinas), in: Zhongguo meitan gongyebu (Hrsg.), Zhongguo meitan gongye nianjian (Jahrbuch der Kohleindustrie Chinas 1982) (Fortan: ZGMTGYNJ), Beijing 1983, S. 4

236. Die 24 Projekte gehören zu 156 industriellen Großprojekten, die als Kernstück des industriellen Aufbauprogramms mit technischer Unterstützung der ehemaligen UdSSR unternommen wurden.
Vgl.: Wiesegart, Kurt, a.a.O., S. 66

237. Nach den offiziellen Angaben wurden im Zeitraum von 1958 bis 1960 etwa 320 Mio. Tonnen aus neu aufgeschlossenen Kohlegruben gefördert.
Vgl.: ZGTJNJ, 1983, S. 348

nicht von Dauer sein. Die großen Zechen, bei denen 1957 noch eine Abbauperiode von mehr als 10 Jahren erwartet wurde, mußten z. T. schon Anfang der 60er Jahre stillgelegt werden. Dadurch wurde die mittel- und langfristige Planung in der Brennstoffbereitstellung schwer gestört [238]. Während der Konsolidierungsphase wurden außerdem die in die Kohleindustrie gelenkten Haushaltsmittel - im Vergleich zur zweiten FJP-Periode - auf die Hälfte gekürzt. Daher mußten die Ausbauaktivitäten im Kohlebergbau zum großen Teil unterbrochen werden. Die einseitig auf die Kohle konzentrierten Investitionen im Zeitraum 1953 bis 1965, die hauptsächlich für die Schwerindustrie bestimmt war, waren im wesentlichen ohne Erfolg und brachten große finanzielle Verluste [239].

Ab der dritten FJP-Periode (1966 - 1970) erfolgte ein Wandel der Investitionspolitik im Bereich Primärenergieträger:
Die staatlichen Investitionen in die Kohleindustrie schrumpften zugunsten von Investitionen in die nationale Erdölindustrie, deren Bedeutung wuchs. Von 1966 bis 1982 wurde der Anteil der Investbaumittel für den Kohlebereich an den gesamten staatlichen Investitionen auf 30% und weniger reduziert. Der Zuwachs an Förderkapazitäten, die Ende der 70er Jahre in der fünften FJP-Periode (1976 - 1980) erzielt wurden, entsprach mit 65 Mio. t knapp dem Zuwachs der Förderkapazitäten während der ersten FJP-Periode, soweit er aus Haushaltsmitteln finanziert war [240].

Neben dieser Zickzack-Politik bei den Investitionen für die Primärenergieträger gibt es auch noch andere Gründe, warum eine langfristig gesicherte Kohleversorgung nicht verwirklicht werden konnte. Z.T. wurden die Fördermengen gesteigert, ohne eine dauerhafte Produktionsentwicklung sicherzustellen, z.B. durch die Errichtung neuer Bergwerke, das Abteufen von Förderschächten usw. Daß Ende der 70er Jahre trotz erhöhtem Kapitaleinsatz die Förderzahlen stagnierten, lag daran, daß man es versäumt hatte, rechtzeitig und kontinuierlich Förderkapazitäten entsprechend der geförderten Kohlemenge auszubauen [241]. Behindert wurde die Steigerung der Fördermenge ebenfalls durch den niedrigen Mechanisierungsgrad im chinesischen

---

238. Vgl.: Autorenkollektiv, "Meitan gongyebu zhengce yanjiushi", a.a.O., S. 4

239. Vgl.: ZGTJNJ, 1983, S. 348

240. Wiesegart, Kurt, a.a.O., S. 69

241. Vgl.: Wu, Peiru, "Meitan zai woguo nengyuan zhong de diwei he zuoyong" (Die Bedeutung und Nutzung der Kohle in Chinas Energiestruktur), in: Nengyuan, Nr. 1, 1981, S. 15

Kohlebergbau und den Mangel an Ausrüstungen und ausgebildeten Technikern und Ingenieuren [242].

Die kurzsichtige Entwicklungsstrategie, die das Schwergewicht auf hohe Zuwachsraten bei den Fördermengen gesetzt hatte, vernachlässigte nicht nur die Sicherstellung einer dauerhaften Produktionsentwicklung, sondern auch die Verbesserung der Kohlequalitäten. Dies war in der ersten FJP-Periode noch anders. Damals wurde der Aufbereitung der Kohle im Investitionsprogramm eine hohe Bedeutung zugemessen. Dadurch hatten sich die Aufbereitungskapazitäten von 5,9 Mio. t (1953) auf 21,1 Mio. t (1957) erhöht. Der Anteil der aufbereiteten Kohle an der gesamten geförderten Rohkohle hatte sich damit verdoppelt. [243]. In den beiden nachfolgenden Jahrzehnten nahmen die Aufbereitungskapazitäten aber nur noch geringfügig zu, erheblich geringer als die Förderkapazitäten. Der Anteil der aufbereiteten Kohle betrug 1965 17,5% und 1979 18,3%. Dabei diente der größte Teil der vorhandenen Aufbereitungsanlagen der Aufbereitung der Kokskohle als Rohstoff für die Eisen- und Stahlindustrie. Nur ein kleiner Teil davon wurde zur Aufbereitung von Kesselkohle für den Brennstoffbedarf der anderen energieverbrauchenden Sektoren benutzt, obwohl gerade diese einen bedeutenden Anteil an der Luftverschmutzung haben [244].

Kennzeichnend für die Entwicklung der Köhleförderung ist auch die rapide Zunahme der Investitionskosten pro Tonne Förderkapazität [245] und der durchschnittlichen Förderkosten [246]. Die Investitionskosten haben sich von 1957 bis 1979 fast verdreifacht (von 74,8 Yuan auf 228,4 Yuan).

---

242. Vgl.: ZGJJNJ 1981, Teil IV, S. 60;
Wang Maolin, "Dui congcai jingji xiaoyi de chubu pouxi" (Vorläufige Analyse der Wirtschaftlichkeit des vollmechanisierten Abbaus), in: Jingji Wenti, Nr. 7, 1982, S. 22

243. Vgl.: Autorenkollektiv, "Meitan gongyebu zhengce yanjiushi", a.a.O., S. 4

244. Vgl.: ZGMTGYNJ, 1982, S. 11

245. Vgl.: Wiesegart, Kurt, a.a.O., S. 70 - 72

246. Siehe Tabelle 7

Tabelle 8:
Entwicklung der durchschnittlichen Förderkosten pro Tonne Kohle (Yuan)

Jahr	1952	1957	1960	1965	1970	1973	1975	1978	1979
Yuan	9,77	10,90	9,17	15,77	13,47	14,51	15,86	16,12	17,78

Quelle: Zhai, Ligong: guanyu meitan jiage de jige wenti (Über Preisprobleme bei Kohle), in: Jingji Wenti Ziliao, Nr. 2, 1981, S. 11,
aus: Wiesegart, Kurt, ebenda, S. 162

Ein Grund für den raschen Anstieg der Investitionskosten ist die Struktur der Betriebsgrößen der Bergwerke in China. Die bezüglich der Kosten optimale Betriebsgröße hängt in erster Linie von den jeweiligen geophysikalischen Bedingungen ab, d. h. von der Mächtigkeit, Struktur und Tiefe der Flöze und den Grundwasserverhältnissen. Für oberflächennahe Flöze z.B. können Kleinbetriebe kostengünstiger sein. Aber im allgemein kann man sagen: je kleiner das Kohlebergwerk, desto höher sind die Investitionskosten für die Schaffung einer Tonne Förderkapazität. Dieser Zusammenhang hat auch im chinesischen Kohlebergbau seine Gültigkeit. Die Investitionsaufwendungen pro Tonne Förderkapazität sind in den kleinen Kohlezechen um 10 - 30% höher als in den Großbetrieben. [247]

Zusammenfassend läßt sich sagen:

- Theoretisch ist die Zentrale Planwirtschaft zwar optimal, um eine sichere Energieversorgung auf der Grundlage einer langfristigen Planung zu gewährleisten. In der Praxis ist sie jedoch gescheitert, wie sich gerade an der unausgewogenen Entwicklung des Kohlebergbaus zeigt.

- Die kleinen Kohlezechen auf dem Lande sind unwirtschaftlich. Gerade hier sind daher alternative Maßnahmen besonders sinnvoll.

---

247. Vgl.: Wiesegart, Kurt, a.a.O., S. 70 - 77

Regionale Verteilung der Kohlebergwerke

Vor der Gründung der VR China konzentrierte sich die Kohleförderung in den schwerindustriellen Gebieten des Nordostens. Seit den frühen 50er Jahren wurden bereits nachgewiesene Kohlereserven im Landesinneren erschlossen. 1950 wurden noch ca. 50% der Kohle im Nordosten des Landes und weitere knapp 30% im Norden gewonnen. Nach sieben Jahren Erschließungsversuchen nur im Landesinneren war der Anteil der im Nordosten und Norden geförderten Kohle von 80% auf 66% zurückgegangen, während die Kohleförderkapazitäten der anderen Landesteile sich auf 34% erhöht hatten. Ende der 70er Jahre war der Anteil der im Nordosten und Norden konzentrierten Förderkapazitäten auf ca. 44% (1979) zurückgegangen [248].

Es war Bestandteil chinesischer Wirtschaftspolitik, Wirtschaftsräume mit einem möglichst hohen Grad an Selbstversorgung zu errichten. Dazu gehörte notwendigerweise auch eine regionale Energieversorgung. Verstärkt wurde diese Notwendigkeit noch durch den Mangel an überregionalen Transportkapazitäten. Von daher wurde massiv in die Erschließung der verwertbaren Kohlevorkommen im Süden investiert, insbesondere in den neun vergleichweise bevölkerten und industrialisierten Provinzen. Anfang der 70er Jahre ging konsequenterweise die Hälfte der gesamten Investitionen der Kohleindustrie in die Großräume Südwest und Zentralchina, um dort die Kohleförderkapazitäten auszubauen [249].

Diese Politik der regionalen Streuung der Brennstoffförderstätten hat jedoch insbesondere zwei Nachteile:

1. Schlechte Bedingungen bei den Aufschluß- und Förderarbeiten und geringwertige Brennstoffvorkommen verursachen erheblich höhere Investitionskosten pro Einheit errichteter Förderkapazität als in den nördlichen Gebieten.

2. Die Rohkohle im Süden ist sehr schwefelhaltig, wodurch sie in hohem Maß zur Luftverunreinigung beiträgt. Im Mittel hat chinesische Kohle einen Schwefelgehalt von rund 2% aus, die Rohkohle aus den Provinzen Nordostchinas etwa 1%, was sehr günstig ist. In Südchina dagegen beträgt der Schwefelgehalt bis zu 10%. Während der Aschegehalt der im Handel befindlichen Kohle 1980

---

248. Vgl.: Wiesegart, Kurt, ebenda, S. 78 - 80

249. Die neun Regionen südlich des Changjiang sind Hunan, Hubei, Guangdong, Guangxi, Jiangsu, Zhejiang, Jiangxi, Fujian und Shanghai
Vgl.: Zhang, Siping, "Jiangnan meitan ziyuan de kaifa liyong wenti" (Die Probleme bei der Erschließung und Nutzung der Kohlevorkommen südlich des Changjiang), in: Xuexi yu Sixiang, Nr. 3, 1981, S. 26, abgedruckt in: Gongye Jingji F 3, Nr. 17, 1981, S. 66

durchschnittlich bei 25% lag, hatte Kohle aus zahlreichen Bergwerken aus den südlichen Lagerstätten einen Ascheanteil von bis zu 45% (250).

6.2.1.2. Erdöl- und Erdgasindustrie

Umfang und Verteilung der Erdöl- und Erdgasvorkommen
Die Daten über die vor 1949 bekannten Erdöl- und Erdgasvorräte sind sehr unterschiedlich. Während 1942 die offiziellen Angaben über die Ölreserven von 727 Mio. t. ausgingen, erreichten sie 1953 2.750 Mrd. t. Der bedeutendste Teil der Ölreserven befindet sich in den Becken Junggar, Tarim und Turfan in Xinjiang (Nordwesten), die bereits zu Beginn der 50er Jahre nachgewiesen wurden. Weitere Erdölvorräte existieren im Qaidam-Becken (Qinghai) sowie im Norden, in der Provinz Shanxi. In der Provinz Sichuan wurden große Erdgasvorkommen nachgewiesen. Nicht zuletzt wurden Ende der 50er Jahre Ölschieferreserven bekannt [251].

Chinesische Quellen sprechen von bisher nachgewiesenen Erdölvorkommen von 6,81 Mrd. t. Wenn man einen Entölungsgrad der Lagerstätten von 20 - 30% annimmt, betragen die gewinnbaren Erdölreserven etwa 1,7 bis 2,0 Mrd. t. Der chinesische Anteil an den weltweit nachgewiesenen Erdölreserven, die 1983 ca. 91,4 Mrd. t ausmachten, erreicht demnach nur ca. 2% [252]. Über den Umfang der Ölschieferreserven des Landes gibt es keine exakten Zahlen. Die Angaben liegen zwischen 30 Mrd. t und 400 Mrd. t. Wenn man von einem technisch extrahierbaren Ölanteil der Ölschieferlagerstätten von 5% ausgeht, ergibt sich ein gewinnbarer Ölinhalt von 1,5 - 20 Mrd. t [253].

---

250. Siehe dazu:
Gong, Xiangying, Nengyuan yu Huanjing baohu (Energie und Umweltschutz), Beijing, 1991, S. 10;
Gongye Jingji, 1982, Nr. 11, S. 60;
Luo, Hui, "Jiangxi nengyuan jingji wenti chutan" (Über die Energiewirtschaft der Provinz Jiangxi), in: Jiangxi Shiyuan Xuebao, Nr. 4, 1982, abgedruckt in: Gongye Jingji, Nr. 20, 1982, S. 61

251. Vgl.: RMRB, 7. 8. 1958

252. Vgl.: Zhai, Ligong, "Qiantan nengyuan xiaofei de chanpin jiegou" (Über die Energieverbrauchstruktur der Produkte), in: Jingjiwenti, Nr. 6, 1982, S. 31;

253. Siehe dazu:
Wiesegart, Kurt, a.a.O., S. 126;

Tabelle 9:
Vorkommen und Stellung der Großwirtschaftsräume Chinas hinsichtlich des Energiepotentials

	gesamtes Energie potential (Mrd. t SKE)	Anteil der einzelnen Räume (%)	Anteil an den Kohlereserven (%)	Anteil an den Wasserkraftvorkommen (%)	Anteil an den Erdöl u. Erdgasvorkommen (%)	Anteil pro Kopf am Energiepotential (SKE, t)
Land insg.	681,0	100	100	100	100	693
Norden	299,0	43,9	64,0	1,7	14,4	2680
Nordosten	26,1	3,8	3,1	1,8	48,3	293
Osten	41,0	6,0	6,5	4,4	18,2	141
Zentralchina	38,0	5,6	3,7	9,6	2,5	142
Südwesten	194,4	28,6	10,7	70,0	2,5	1218
Nordwesten	82,5	12,1	12,0	12,5	13,9	1216

Quelle: Li, Wenyan: Woguo kuangchan ziyuan yu dili weizhi de diqu chadao - gongye buju ruogan tiaojian de jingli dili fenxi (Über die bergbaulichen Ressourcen Chinas und deren geographische Verteilung - Wirtschaftsgeographische Analyse der Standortverteilung der Industrie), in: Dili Yanjiu, Nr. 1, 1982, abgedruckt in: Gongye Jingji F 3, Nr. 8, 1982, S. 83 f.
aus: Wiesegart, Kurt: ebenda, S. 120

Anmerkung:
Verfahren für die Berechnung der Energieressourcen: Für Kohle und Ölschiefer wurden die nachgewiesenen Reserven, für Erdöl und Erdgas die geologischen Ressourcen zugrunde gelegt; die Wasserkraftreserven wurden ausgehend von den theoretischen Reserven berechnet (Gemessen am Kohleverbrauch von Kohlekraftwerken 350 gr/kWh x 100 Jahre) ; die Brennstoffressourcen wurden in SKE umgerechnet, wobel für Kohle 0,714 t, Erdöl 1,43 t, Erdgas 1,33 t, Ölschiefer 0,143 t berechnet wurden.

1966 wurde die statistische Reichweite der Erdölreserven noch auf etwa 71 Jahre geschätzt. Diese Schätzung hat sich aufgrund der gesteigerten Förderung bei gleichzeitig unterproportionalem Zuwachs des Nachweises neuer Kohlevorkommen bis 1980 um 15 Jahre verringert. Damit ist die Perspektive für die zukünftige Erdöl- und Erdgasgewinnung viel schlechter als bei der Kohle (92 Jahre) [254].

Xu, Shoubo, "Jishu jingjixue gailun" (Einführung in die technischen Wirtschaftswissenschaft), Shanghai 1981, S. 82

254. Vgl.: Sun, Shangqing, Nengyuan jiegou (Struktur der Energiewirtschaft), in: Ma Hong, Sun Shangqing (Hrsg.), Zhongguo Jingji Jiegou Wenti Yanjiu (Forschung über Strukturprobleme der chinesischen Wirtschaft) Beijing 1981, Bd. 1, S. 273

Ausbau der Erdöl- und Erdgasindustrie
Trotz der geringen Menge der nachgewiesenen Erdöl- und Erdgasvorkommen und der inländischen Fördermenge hat die chinesische Führung außergewöhnliche Anstrengungen zur Erschließung dieser Energieträger unternommen, um nicht von ausländischen Importen abhängig zu werden [255].

Abbildung 8:

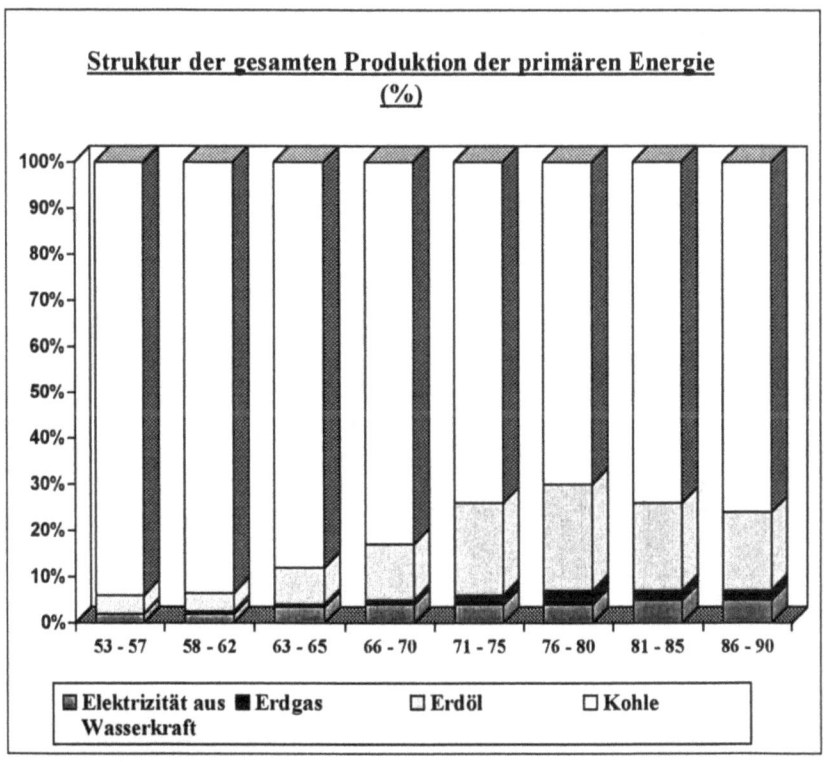

Quelle: ZGNYTJNJ, 1991, S. III

Vor der Gründung der VR China erfolgte die Erdgasgewinnung in Höhe von 7 Mio. cbm (1949) fast ausschließlich in der Provinz Sichuan, und dort wurde es auch ver-

---

255. Vgl.: Wiesegart, Kurt, a.a.O., S. 80

braucht [256]. Nachdem die Erdölindustrie bereits zu Beginn der 50er Jahre verstaatlicht wurde, wurden sämtliche Ausbaukapazitäten aus zentralen Fonds finanziert. Während der ersten FJP-Periode waren das ca. 1,2 Mrd. Yuan, knapp 5% der gesamten staatlichen Investitionsmittel zum Aufbau der Industrie oder ca. 17% der in die Energiebereiche investierten Mittel. Die Suche nach Erdölvorkommen wurde zunächst von der ehemaligen UdSSR mit Experten und Ausrüstungen unterstützt. Regionaler Schwerpunkt dieser Aktivitäten war der Nordwesten [257]. Bis Ende der 50er Jahre wurde in den meisten der bekannten Sedimentbecken wie Junggar, Qaidam, Turfan, Pre-Nanshan, Sichuan, Songliao, Ordos gesucht, und sowjetische und chinesische Geologen haben ca. 600 potentielle erdöl- und erdgashöfige Strukturen entdeckt. Im Junggarbecken im Nordwesten entdeckte man das größte Feld, Karamay [258]. Mit der Errichtung der Förderausrüstungen und der erforderlichen Logistik in den Lagerstätten wurde die Förderkapazität zwischen 1953 und 1957 mehr als verdoppelt, von 0,6 Mio. t im Jahr 1953 auf 1,5 Mio. t im Jahr 1956 [259]. Während der zweiten FJP-Periode haben die Geologen im Sungliao Becken im Nordosten des Landes, das als eines der bedeutensten erdölhöfigen Sedimentbecken des Landes gilt, riesige Kohlenwasserstoffvorkommen entdeckt. Die vergleichweise gute Infrastruktur in diesen Raum begünstigte die Explorationsaktivitäten und den Aufbau von Fördereinrichtungen und Verarbeitungsanlagen in der Folgezeit. Dieses Fördergebiet mit einer Gesamtausdehnung von 1.022 km² wurde als "Erdölfeld Daqing" bekannt und gilt als Basis für den über knapp zwei Jahrzehnte anhaltenden rapiden Aufschwung der chinesischen Erdölindustrie [260]. Mit der Entdeckung des Erdölfelds Daqing, das zum Symbol für nationale Unabhängigkeit wurde, und angesichts der besseren Transportfähigkeit, Energiedichte und Verarbeitungsfähigkeit gegenüber

---

256. ZGTJNJ, 1983, S. 225

257. Siehe dazu:
Tatsu Kambara, The Petroleum Industry in China, in: The China Quaterly, Nr. 60, Oct. - Dec. 1974, S. 700;
Kraus, W., Wirtschaftliche Entwicklung und sozialer Wandel in der VR China, Berlin, Heidelberg, New York, 1979, S. 67

258. Vgl.: Meyerhoff, A. A. / Willums, J. O., Petroleum Geology and Industry of the People's epublic of China, Vol. 10, VN ESCAP, CCOP Technical Bulletin, Dec. 1976., S. 107

259. Vgl.: Sun, Shangqing, a.a.O., S. 261 - 264

260. Vgl.: Tang, Cengxiong, "Daqing youtian zhushui kaifa" (Sekundärwassertrieb im Erdölfeld Daqing), in: Shiyou Xuebao, Vol. 1, Nr. 1, 1980, S. 63

den Festkörperbrennstoffen erlebte die chinesische Energiepolitik einen Umschwung [261].

Tabelle 10:
Entwicklung der Rohölförderung in den wichtigsten Fördergebieten 1977 - 1985 (Mio. t)

		1977	1978	1979	1980	1981	1982	1983	1984	1985
Nordosten		54,9	56,0	57,4	58,6					
	Daqing	50,3	50,4	50,8	51,5					
	Liaohe u.a	4,6	5,7	6,6	7,1					
Norden		15,6	20,4	20,4	19,1					
	Renqin	12,3	17,2	17,3	16,0					
	Dagang	3,2	3,0	2,9	2,9					
	Sonstige	0,1	0,2	0,2	0,2					
Osten		17,7	19,7	19,2	17,9					
	Shengli	17,5	19,5	18,9	17,6					
	Sonstige	0,1	0,3	0,3	0,3					
Zentralchina		1,3	2,8	3,4	4,2					
Nordwesten		4,2	4,9	5,7	6,1					
	Karamay	o.A.	o. A.	o. A.	3,9					
Südwesten		0,1	1,1	0,1	0,1					
Gesamtfördermenge		93,6	104,1	106,2	105,9	101,2	102,2	106,0	114,6	124,8

Quelle: Wang, Qingyi: Zhongguo nengyuan(Energiewirtschaft in China), Beijing, 1988, S. 143; World Bank Publications: China: Socialist Economic Development, Vol. II, the Economic Sectors - Agriculture, Industry, Energy, Transport, and External Trade and Finance Washington D. C. 1983, Table 3. 1. , S. 224.
Diese Tabelle ist sehr unvollständig, da es außerordentlich schwierig ist, genauere Unterlagen einzusehen und exaktere Daten zu bekommen.

Der für den Ausbau der Erdöl- und Erdgasindustrie angesetzte Anteil an den staatlichen Finanzmittelzuweisungen für die Energiegewinnung erreichte noch während der Konsolidierungsphase ca. 25% und danach fast 30%. Seit den 70er Jahren erreichten die in diesen Industriezweig gelenkten Budgetmittel volumenmäßig die in den Ausbau der Kohleindustrie geleiteten Mittel [262].

---

261. Vgl.: Tang, Cengxiong, a.a.O., S. 63 - 65;
    Cheng, Chu-Yuan, Chinas Petroleum Industry - Output, Growth and Export Potential, New York, Washinton, London 1976, S. 11

262. Vgl.: Cheng, Chu-Yuan, a.a.O., S. 12

Ende der 70er Jahre zeigten sich jedoch auch im Bereich der Kohlenwasserstoffe Engpässe, weil der Bedarf stetig gewachsen war. Ähnlich wie bei der Kohle wurde mehr Gewicht auf die Steigerung der Fördermenge in den bekannten Lagerstätten gelegt als auf die Erschließung neuer Kohlenwasserstoffvorkommen, um eine dauerhafte Versorgung sicherzustellen [263].

6.2.1.3. Elektrizitätsindustrie und Wasserkraftwerke

Wasserkraftreserven

Unter den regenerierbaren Energiequellen stellt die Wasserkraft in China ein gigantisches Energiepotential dar. Gemessen an der jährlichen Wasserdurchlaufmenge steht China mit 680. 000 MW, an erster Stelle in der Welt. Ca. 370. 000 MW davon gelten als technisch nutzbar für die Stromerzeugung. Das entspricht einer erzeugbaren Strommenge von jährlich ca. 1. 900 Mrd. kWh (umgerechnet ca. 700 Mio. t SKE) [264]. Die Verteilung der Reserven ist jedoch regional sehr unausgewogen. 70% befinden sich im Südwesten und 10% in Zentralchina [265]. Aber, wie in Kapitel 4 bereits erwähnt, stellt sich bei der Nutzung der Wasserkraft das Problem der zunehmenden Verschlammung. Sie führt zu einer Reduzierung der Speicherkapazitäten der Becken und vermindert die Nutzungsdauer der Kraftwerke. Durch Sedimentation gehen jahresdurchschnittlich etwa 80 Mio. cbm Speicherkapazität verloren, was ca. einem Drittel der durchschnittlichen Gesamtvolumen der Staubecken entspricht, die seit dem Ende der 70er Jahre errichtet wurden. Die Lebensdauer der von den Staubecken gespeisten Kraftwerke beträgt nicht mehr als 13 Jahre [266].

---

263. Vgl.: Wiesegart, Kurt, a.a.O., S. 144

264. Vgl.: Shen, Xinxiang/Guo, Zhongxing, Shuidian zai woguo nengyuan zhong de diwei (Die Stellung der Wasserkraft in Chinas Energiesystem), in: Nengyuan, Nr. 2, 1981, S. 2

265. Vgl.: Li, Wenyan, "Woguo kuangchan ziyuan yu dili weizhi de diqu chadao - gongye buju ruogan tiaojian de jingji dili fenxi" (Über die bergbaulichen Ressourcen Chinas und deren geographische Verteilung - Wirtschaftsgeographische Analyse der Standortverteilung der Industrie), in: Dili Yanjiu, Nr. 1, 1982, abgedruckt in: Gongye Jingji Nr. 8, 1982, S. 83

266. Siehe dazu:
Qian, Ning / Dai, Dingzhong, "Woguo heliu nisha wenti ji qi yanjiu jinzhan" (Fortschritte bei den Untersuchungen der Schlammführung von Chinas Flüssen), in: Shuili Fadian Jishu, Nr. 2, 1980, S. 19;
Sun Shanqing, a.a.O., S. 275

Ausbau der Elektrizitätsindustrie

Die Elektrizität ist eine unverzichtbare Voraussetzung für den Aufbau einer modernen Industrie. Seit Gründung der VR China wurde folglich der Elektrifizierung des Landes ein hoher Vorrang gewährt. In der Wiederaufbauphase wurden zunächst die Stromerzeugungskapazitäten restauriert, die die Kriegsjahre überstanden hatten. Um den angestrebten Aufbau einer modernen Schwerindustrie zu ermöglichen, wurden in den folgenden Planperioden massive Mittel eingesetzt, um die Elektrifizierung weiter voranzubringen. Abgesehen von der Konsolidierungsphase 1963-1965 betrug der Anteil der für die Elektrifizierung ausgebenen Mittel 40-45% der gesamten staatlichen Investbauausgaben für die Energieversorgung. Sie steht mit klarem Abstand an höchster Stelle. Im Vergleich aller mit zentralstaatlichen Mitteln ausgebauten industriellen Branchen nahm der Elektrizitätsbereich im Zeitraum von der ersten bis zur fünften FJP-Periode nach der Eisen- und Stahlindustrie und der Maschinenbauindustrie den dritten Platz ein. Folglich hat sich die Kapazität der installierten Generatoren von 1.900 MW zur Zeit der Gründung der VR China auf 63.016 MW erweitert [267].

Abbildung 9:
Elektrizitätserzeugungsmenge (100 Mio kW h)

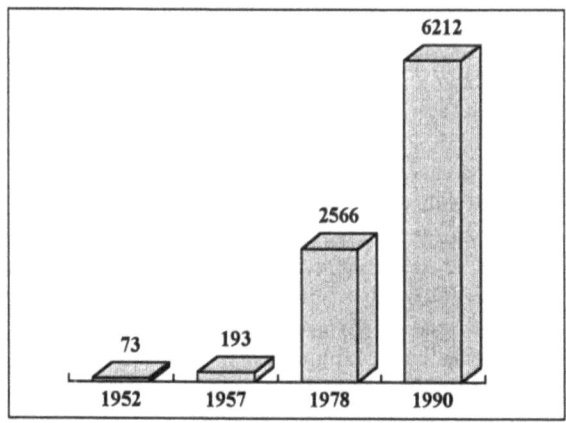

Quelle: ZGNYTJNJ, 1991, S. II

---

267. Vgl.: Smil, Vaclav, China's Energy Consumption and Economic Growth, presented at the Second Petroleum News Conference on Hong Kong, The Energy Development of Southern China, Hong Kong, 16./17. März 1981, S. 48-49

Struktur der Kraftwerksarten

Für die Umweltbelastung spielt die Zusammensetzung des Energiesektors nach Kraftswerksarten eine zentrale Rolle. Bezogen auf China geht es vor allem um das Verhältnis zwischen Wärmekraftwerken und Wasserkraftwerken. Ebenfalls von Bedeutung ist die Zusammensetzung nach Primärenergieträgern bei den Wärmekraftwerken.
In jeder Entwicklungsperiode gab es den Versuch, den Anteil der Wasserkraftwerke an den Kraftwerkskapazitäten zu erhöhen, um die Wasserressourcen des Landes vermehrt für die Stromerzeugung zu nutzen. Dies wäre angesichts der Umweltbelastung durch die Wärmekraftwerke, vor allem durch die Kohle, der Umwelt zugute gekommen. Diese Pläne wurden aber nicht realisiert. 1958 war geplant, den Bau von Wasserkraftwerken so zu steigern, daß 1972 die in ihnen erzeugte Elektrizität den in Wärmekraftwerken erzeugten Strom übersteigen sollte: "Wasser als Grundlage, Wärme zur Ergänzung (Shui zhu, huo fu)". Dieses Konzept wurde in den 60er Jahren entsprechend dem Grundsatz "gemäß den örtlichen Gegebenheiten gleichrangig entwickeln" modifiziert. Das Ergebnis war, daß das Verhältnis von Wasserkraft und Wärmekraft in den 70er Jahren genau umgekehrt war. 70% der 2. 860 Kraftwerke mit mehr als 0,5 MW installierter Leistung, die bis Ende 1979 errichtet wurden, waren Wärmekraftwerke und der Rest Wasserkraftwerke. Bei der Primärelektrizität ist der Anteil der Wasserkraft von 25% (1957) auf 17 - 18% Ende der 70er Jahre zurückgegangen. Damit wurde bis Anfang der 80er Jahre nur 5% von den technisch erschließbaren Wasserkraftreserven durch Wasserkraftwerke für die Elektrizitätserzeugung erschlossen, während der Anteil in den USA, Japan, Frankreich und Westdeutschland jeweils 43%, 66%, 95% und 78% betragen [268].

Wärmekraftwerke haben gegenüber Wasserkraftwerken geringere Investitionskosten und kürzere Bauzeiten, wobei der Aufwand und die Kosten für die Beseitigung der Umweltschäden selbstverständlich nicht einbezogen wurden. Um den Strombedarf der rasch wachsenden stromintensiven Industriezweige zu decken und angesichts des knappen verfügbaren Kapitals, wurde daher der Aufbau der Wärmekraftwerke denen von Wasserkraftwerken vorgezogen. Außerdem hatte der Abzug der sowjetischen Techniker Ende der 50er Jahre negative Auswirkungen, da den chinesischen Fachleuten zumindest zeitweilig ein ausreichendes Know How für den Aufbau von großen Wasserkraftwerkseinheiten fehlte. Der Anteil der Wasserkraftwerke an der

---

268. Siehe dazu:
Li, Rui, "Bixu youxian fazhan shuidian" (Wasserkraft muß vorrangig entwickelt werden), in: Renmin ribao 6. 3. 1980;
Jiang, Ying, "Guanyu wohuo shuineng ziyuan kaifa liyong chengdu de wenti" (Über den Grad der Nutzung der chinesischen Wasserkraftreserven), in: Shuili Fadian, Nr. 2, 1980, S. 6 - 7

Gesamtkapazität der Kraftwerke ist von 30,3% (1979) auf 26% (1990) gesunken [269].

Zu der Zusammensetzung nach Primärenergieträgern bei den Wärmekraftwerken ist anzumerken, daß 1979 75% der thermischen Kraftwerke mit Kohle und 25% mit Erdöl beheizt wurden [270].

Tabelle 11:
Struktur der Kraftwerke nach Primärenergie

		Kapazität (MW)		Anteil (%)	
		1979	1990	1979	1990
Wärmekraftwerke		43.904		69,7	74
davon befeuert mit	Kohle	32.955		52,3	
	Öl	10.762		17,1	
	Erdgas[a]	187		0,3	26
Wasserkraftwerke		19.110		30,3	

a) Die in der zitierten Quelle nicht aufgeführten Wärmekraftwerke, die mit Erdgas befeuert wurden, wurden als Restgröße aus den Angaben errechnet.

Quelle: Zhu, Chengzhang: Zhongguo nengyuan zhengcede xianzhuang ji qigaige (Die gegenwärtige Lage und Reform der chinesischen Energiepolitik), in: Jiu, Daxiong(Hrsg.), Shichang jingji yu zhongguo nengyuan fazhanzhanlüe (Die Marktwirtschaft und Entwicklungsstrategie der chinesischen Energiewirtschaft), Beijing, 1992, S.134; World Bank Publications: China: Socialist Economic Development, Vol. II The Economic Sectors - Agriculture, Industry, Energy Transport, and External Trade and Finance, Washington D. C. , S. 237

---

269. Siehe dazu:
Zhu, Chengzhang: Zhongguo nengyuan zhengcede xianzhuang ji qigaige (Die gegenwärtige Lage und Reform der chinesischen Energiepolitik), in: Jiu, Daxiong(Hrsg.), Shichang jingji yu zhongguo nengyuan fazhanzhanlüe (Die Marktwirtschaft und Entwicklungsstrategie der chinesischen Energiewirtschaft), Beijing, 1992, S. 134;
Li, Rui: a.a.O.;
Qian, Ning / Dai, Dingzhong, a.a.O, S. 19

270. Vgl.: Wiesegart, Kurt a.a.O., S.

Drei-Schluchten (Sanxia)-Projekt

Am 15. 11. 1984 verkündete der stellvertretende Ministerpräsident Li Peng, daß das Land den Bau von großen Wasserkraftwerken mit einer Gesamtkapazität von 13 Mio. kW in den Yangzischluchten plane. Das inzwischen im Aufbau befindliche Drei-Schluchten (Sanxia)-Projekt sieht vor, den Yangzi zwischen Fengjie in der Provinz Sichuan und Yichang in der Provinz Hubei auf einer Länge von 193 km zu stauen. Auf dieser Strecke liegen die berühmten drei großen Schluchten des Yangzi (Qutang, Wu und Xiling). Das Sanxia-Kraftwerk wird nach seiner Errichtung um rd. 70% größer sein als das zur Zeit größte Wasserkraftwerk der Welt, Itaipu. Die vier wichtigsten Teilprobleme dieses Projektes sind: die beste Sequenz für den Bau der verschiedenen Dämme am Yangzi und seinen Nebenflüssen zu finden, die Tiefe des Wasserreservoirs hinter dem Damm, technologische und ökologische Ungewißheiten sowie die Kosten bzw. die Finanzierung des Projektes. Neben der langen Bauzeit (10 Jahre für die erste Baustufe, für die Fertigstellung insgesamt 17 Jahre) und den hohen Kosten beschäftigen sich die verschiedenen Berichte auch mit den ökologischen Folgen. Im Juli 1985 erstattete die Investbau-Gruppe der Politischen Konsultativkonferenz des Chinesischen Volkes einen "Untersuchungsbericht", der zu dem Ergebnis kam, daß das Sanxia-Projekt mehr Nachteile als Vorteile aufweise. Nach diesem Bericht würden die gesamten Investitionskosten(10 Mrd. Yuan: 3,2 Mrd. US-$) die geplanten Kosten überschreiten und die Kosten pro kW würde dann mehr als 4 600 Yuan betragen. 7 Jahre später (Anfang 1992) bewegen sich die offiziellen Angaben bereits in einer Größenordnung von 57 Mrd. Yuan (10 Mrd. US-$). Das würde Kosten von mehr als 13 500 Yuan pro kW bedeuten. Im Vergleich zu den Durchschnittskosten großer und mittelgroßer Wasserkraftwerke in Höhe von 1 600 Yuan pro kW können solche Ergebnisse nicht gut geheißen werden. Darüberhinaus werden dabei nur die Umsiedlungskosten für ca. 300 000 Menschen berücksichtigt. Andere Schätzungen haben aber ergeben, daß mehr als eine Million Menschen aus 145 Kleinstädten und 4500 Gemeinden umgesiedelt werden müssen und rd. 30 000 Hektar Agrarland und ein Straßennetz von 1000 km Länge in dem aufgestauten 600 km langen See überflutet werden. Die Umsiedlung und der Neubau von mehr als einem Dutzend Kleinstädten erfordert mehr als 10 Mrd. Yuan. Dabei ist jetzt schon absehbar, daß das Sanxia-Projekt für die Überschwemmungskontrolle nicht die Rolle spielen wird, die ihm zugeschrieben wurde. Im Gegenteil, die Schäden am Oberlauf des Yangzi könnten sich vergrößern. Wegen der komplizierten geologischen Struktur des Reservoirgebietes befürchtet ein Wissenschaftler sogar ein katastrophales Erdbeben durch den Stausee. Weitere schädliche ökologische

Auswirkungen könnten sein: Sedimentierung und Folgen für die Fließgeschwindigkeit des Yanzi, Ausstreben von Fischen, Vernichtung fruchtbaren Landes usw [271].

Der Aufbau des landesweiten Verbundsystems ist entscheidend mit diesem Damm-Projekt verknüpft. Bei einem Rückblick in die chinesische Geschichte stellt man fest, daß sich sowohl Tätigkeiten der Verwaltung als auch wirtschaftliche Entwicklungen lange Zeit auf jeweils eine Provinz oder Region beschränkt haben. Auch die elektrischen Teilsysteme haben sich zunächst hauptsächlich innerhalb solcher Gebiete entwickelt.

Abbildung 10:
Chinesisches Verbundsystem

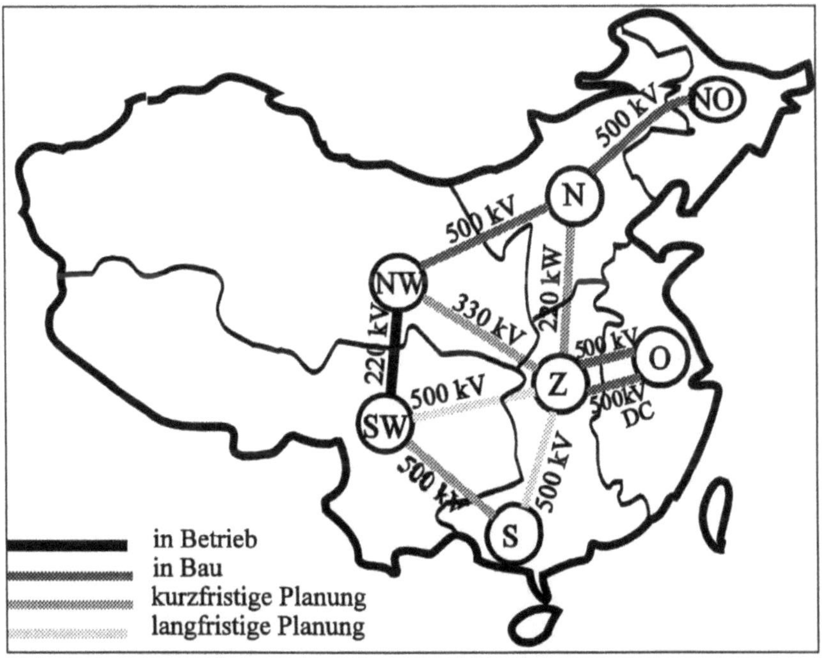

Quelle: Chen, Heng: Elektrische Energieversorgung in China, Ihre charakteristischen Merkmale, in: Energiewirtschaftliche Tagesfragen, 1988, Heft 1, S. 43

---

271. Louven, Erhard: Die Energiesituation der VR China gegenwärtig und im Jahre 2000, in: China aktuell, August 1987, S. 654 - 655

Hochspannungsleitungen, speziell Verbindungen zwischen Teilsystemen, wurden meist zusammen mit großen Wasserkraftwerken und grubennahen thermischen Kraftwerken aufgebaut. Diesen Entscheidungen lag aber weder eine durchdachte systematische Gesamtplanung zugrunde, noch war der Bau eines starken übergeordneten Netzes und die Einbindung aller Kraftwerke beabsichtigt. Im Zusammenhang mit dem Damm-Projekt wurde auch der Zusammenschluß der regionalen Teilsysteme zum nationalen Verbund geplant. Dafür müssen Techniken zur Übertragung über weite Entfernungen gefunden werden, wie eine über 500 kV liegende, übergeordnete Spannungsebene. Der nationale Verbund stellt jedoch angesichts der hohen Netzverluste keine effiziente Energienutzung dar [272].

6.2.2. Atomkraftwerke in der VR China

Über den Umfang der bislang nachgewiesenen Uranreserven in China ist offiziell bekannt, daß man Druckwasserreaktoren von insgesamt 15,000 MW über den Zeitraum von 30 Jahren betreiben kann. 15. 000 MW enspricht fast einem Viertel der gesamten in China im Jahr 1979 errichteten Generatorenkapazität [273].

Die Begründung für den Aufbau der Atomkraftwerke läßt sich wie folgt zusammenfassen:

- Obwohl China reiche Kohle- und Wasserkraftreserven hat, ist die Knappheit der Energieversorgung in den dicht bevölkerten und intensiv industriebesiedelten Küstengebieten wegen der ungleichgewichtigen Verteilung akut.
- Langfristig gesehen ist eine alternative Energie, die Kohle ersetzen kann, notwendig, weil auch die Kohlereserven begrenzt sind und die Verwendung der Kohle eine hohe Umweltbelastung darstellt [274].

---

272. Vgl.: Chen, Heng: Elektrische Energieversorgung in China, Ihre charakteristischen Merkmale, in: Energiewirtschaftliche Tagesfragen, 1988, Heft 1, S. 41 - 46
273. Vgl.: Wei Yanan, "Jianshe hedianzhan kaifa xin nengyuan" (Der Aufbau von Kernkraftwerken zur Erschließung neuer Energiequellen), in: Renmin ribao, 14. 10. 1982
274. Siehe dazu:
    Zhang, Lisheng, Development of NHR and HTR in China, in: Atomwirtschaft, Juni, 1993, S. 421
    Jiang, Xinxong, "Zhongguode hedian zhengce" (chinesische Kernenergiepolitik), in: ZGJJNJ, 1987, Teil II, S. 17 - 19

Der Bau des ersten chinesischen Atomkraftwerks - es liegt am Qinshan zwischen Shanghai und Hangzhou - wurde 1974 begonnen und im Dezember 1991 in Betrieb genommen. Mit diesem Atomkraftwerk (31 Mega Watt), das hauptsächlich mit eigener, chinesischer Technologie entwickelt wurde, begann eine neue Phase der chinesischen Energiewirtschaftsgeschichte. Qinshan -2 und -3 sind in Planung. Ein weiteres Atomkraftwerk mit 90 Mega Watt am Dayawan in Guangdong (Daya Bay -1 und -2) ist inzwischen ans Netz gegangen. In der Provinz Liaoning ist ein Atomkraftwerk mit 100 Mega Watt in der Vorbereitung. Es wurde in Zusammenarbeit mit der ehemaligen UdSSR geplant und soll der Deckung des Elektrizitätsbedarfs dieser Region dienen [275].

1990 hat die chinesische Regierung deutlich gemacht, daß die Kernenergie ein fester Bestandteil ihrer Energiepolitik ist. Dabei legt sie Wert darauf, eine auf dem Weltmarkt konkurrenzfähige Kernenergiewirtschaft zu entwickeln, die hauptsächlich auf eigener Technologie beruht. Der weitere Aufbau und die Finanzierung der Atomkraftwerke werden in China staatlich garantiert. Im laufenden Zehnjahresplan soll die installierte elektrische Leistung bis zum Jahr 2000 auf 270 GW (GigaWatt) und die Erzeugung auf 1200 TWh (TetraWattstunde) ausgebaut werden. Danach ist vorgesehen, Kernkraftwerke mit einer Gesamtleistung von 500 GWh zu bauen (geplant werden vier Blöcke auf zwei Standorten bei Zhejiang). Dies entspricht der von der Zentralregierung entwickelten Zweistadienstrategie: Im ersten Stadium (bis 2000) soll China sich die zum Aufbau benötigten Technologien aneignen. Im zweiten Stadium (ab 2000) beginnt der massive Aufbau mit hoher Geschwindigkeit [276]. In diesem Plan spielt die Sicherheitsfrage im Sinne der Unfallsicherheit keine Rolle. In der offiziellen chinesischen Propaganda ist die Kernergie nicht nur eine sichere, d.h. sicher zur Verfügung stehende Energiequelle, sondern auch eine umweltfreundliche [277].

---

275. Li, Wen, "Qinshan gaidianzhan bingwang fadian" (Elektrizitätserzeugung des Qinshan-Atomkraftwerkes) in: ZGJJNJ, 1992 S. 264 - 265; ZGJJNJ, 1991, Teil III, S. 161

276. Siehe dazu:
Zang, Mingchang, Nuclear Power Programme in China, in: Atomwirtschaft, Juni 1993, S. 419 - 420;
ZGJJNJ, 1991, Teil II, S. 162 - 164

277. Vgl.: Bao, Yunqiao, Lun zhongguo hedian fazhanzhanlue ji duice (Über die chinesische Entwicklungsstragie der Kernkraftwerke und ihre Maßnahmen), in: Jiu, Daxiong (Hrsg.), a.a.O., S. 158 - 166

6.3. Energieverbrauchsstruktur

Um die durch fossile Energieträger, insbesondere Kohle, verursachte Umweltbelastung zu vermindern, scheint es notwendig, das Energieangebot zu verändern und vor allem den Anteil der Kohle zu reduzieren. Andererseits sind aber auch Maßnahmen zur Verringerung der Energienachfrage erforderlich, vor allem die Reduzierung der Energienachfrage durch die Industrie, insbesondere die Schwerindustrie. Eine Strukturpolitik, die die Reduzierung der Investitionen in die Schwerindustrie zugunsten anderer Industrien zum Ziel hatte, wurde Ende der 70er Jahre verfolgt. Aber, wie in Kapitel 1.3. bereits dargestellt, geschah dies nicht, um die durch die Schwerindustrie verursachte ökologische Zerstörung zu vermeiden, sondern, um ein besseres strukturelles Gleichgewicht in der Wirtschaft herzustellen. Wie aus den nachfolgenden Tabellen ersichtlich, wurde jedoch auch dieses Ziel nicht erreicht.

Tabelle 12:
Veränderung des sektoralen Energieverbrauchs 1949-1990

	1949	1953	1957	1958	1978	1980	1985	1990
Industrie	4,1	13,3	19,8	43,0	65,1	68,3	66,3	68,2
Verkehr	1,2	3,0	3,6	3,7	7,9	4,9	5,2	4,6
Sonstige[a]	94,7	83,7	76,6	53,327	27	26,8	28,5	26,2

a   enthält Landwirtschaft, Haushalte u.a. energieverbrauchende Sektoren sowie Energieverluste.

Quellen: Nenguyan yu gongye, guomin jingji jiegou (energie, Industrie und Wirtschaftsstruktur), in: Li, Rui (Hrsg) : Zhongguo gongye bumen jiegou, Beijing 1983, S. 142;
ZGTJNJ 1992, S. 470;
eigene Berechnungen

Tabelle 13:
Sektorale Elektrizitätsverbrauchsstruktur in der VR China und in ausgewählten Ländern(Entwicklungsländer)

	VR China	Ostasien	Südasien	Südl. Afrika	Lateinamerika
Industrie	69,4	52	57	42	43
Transport	5,7	30	28	46	29
Landwirtschaft	4,9				
Haushalte	17,2	18	15	12	18
Sonstige	2,8				

Quelle: Wiesegart, Kurt, Die Energiewirtschaft der Volksrepublik China - Die Entwicklung von Energieangebot und Energieverbrauch im Rahmen der sozialistischen Planwirtschaft seit 1949, Hamburg 1987, S. 223

Tabelle 14:
Sektorale Elektrizitätsverbrauchsstruktur in der VR China und in ausgewählten Ländern(Industrieländer)

	China	USA	Japan	BRD	England	Kanada
Industrie	74,6	33,7	60,2	47,2	34,6	42,2
Transport	0,7	0,1	2,9	3,2	1,3	0,7
Landwirtschaft	17,2		0,3	2,2	1,6	2,7
Haushalte u. Gewerbe	7,5	66,2	36,6	47,4	62,5	54,4

Quelle: Wang, Qingyi: Zhongguo nengyuan (Energiewirtschaft in China), Beijing, 1988, S. 49

Tabelle 15:
Struktur des Energieverbrauchs in China, Anteil der jeweiligen Energieträger am gesamten Verbrauch (%)[a]

Jahr	Kohle	Erdöl	Gas	Wasserkraft
1953	94,3	3,8	...	1,8
1957	92,3	4,6	0,1	3,0
1962	89,2	6,6	0,9	3,2
1965	86,5	10,3	0,6	2,7
1970	80,9	14,7	0,9	3,5
1975	71,9	21,1	2,5	4,6
1979	71,3	21,8	3,3	3,6
1980	71,9	20,7	3,1	4,0
1981	72,2	20,0	2,8	4,5
1982	72,7	18,9	2,5	4,9
1983	73,7	18,1	2,4	5,3
1984	74,2	17,4	2,4	4,9
1985	75,3	17,1	2,3	4,9
1986	75,8	17,2	2,1	4,7
1987	75,8	17,0	2,1	4,7
1988	76,2	17,0	2,1	4,7
1989	76,2	17,0	2,1	4,7
1990	75,6	17,0	2,1	5,3

a) Zu Kernkraftwerken sind keine Daten verfügbar
Quelle: ZGJJNJ, Teil VII, S. 62

Die übermäßig wachsende Energienachfrage der Industrie führt dazu, daß einerseits wegen Mangel an Energie die vorhandene Produktionskapazität der Industrie nicht voll ausgelastet werden kann, andererseits leiden andere Sektoren wie z.B. Haushalte auf dem Land, an Energiemangel, weil die vor Ort vorhandene knappe Primärenergie in erster Linie für die lokale Industrie zur Verfügung gestellt wird.

6.4. Die vorwiegend auf Grenzwerten basierenden energie-und umweltpolitischen Maßnahmen in der VR China

6.4.1. Die auf nachgeschalteten Technologien basierenden Umweltschutzmaßnahmen

Hauptmaßnahme zur Reduzierung der Umweltbelastung ist auch in der VR China der Einsatz nachgeschalteter Technologien. Z.B. wurden zur Emissionsminderung seit 1972 mehr als 1 Mrd. Yuan in die Verbesserung des technischen Wirkungsgrades von 70. 000 veralteten Kesseln investiert. Eine zentrale Maßnahme der chinesischen Umweltpolitik ist die Ausrüstung der Betriebe mit Emissionsrückhalteanlagen. [278]

Die Hauptmaßnahme zum Umweltschutz in der VR China ist das Konzept des Umwelt-Managements (Environmental Management: Huanjing Guanli). Das Schlüsselinstrument zum Umwelt-Management ist der Umweltstandard, der hauptsächlich aus Grenzwerten der die Umweltprobleme verursachenden Substanzen besteht:

"The work on environmental management embraces many aspects. Among them, the basic and most important is to supervise managerial work according to related laws and regulations, such as: the "Law of the People's Republic of China on Environmental Protection", "the Law of the People's Republic of China on Prevention and Control of Water Pollution" and some others which will come forth not before long. There are some other rules and measures, such as the system of Environmental Impact Statement, the stipulation on "three simultaneousness" and the rules on pollutant discharge levy, etc. . To effectively implement the above-mentioned laws and regulations, standards are required. Without standards, laws and regulations will become abstract articles and publicity material with no substantial content. Besides, to judge what is legal or illegal mainly depends on the question of a standard. Whatever exceeds the standard is to be regarded as illegal; whatever is within or below the standard is taken as legal. The standard is, indeed, a major component part of laws and regulations. " [279]

---

278. Vgl.: ZGHJB, 25. und 27. 8. 1987

279. Qu, Geping, Environmental Management in China, Beijing, 1991, S. 43

Tabelle 16:
Umweltstandards in Bezug auf die durch Energiegewinnung, Umwandlung und Verbrauch verursachten Umweltprobleme

Nr.	Bezeichnung	Ankündigung	Inkrafttreten
1	U. S. f.[1] industrielle "3 Fei" (Abgas, Abwasser, Abfall)	17. 11. 73	1. 1. 74
2	U. S. f. Luftqualität	6. 4. 82	1. 8. 82
3	U. S. f. Gewässerverschmutzung durch Ölindustrie	9. 4. 83	1. 10. 83
4	U. S. f. Gewässerverschmutzung durch Raffinerie	9. 4. 83	1. 10. 83
5	U. S. f. Rauchgasemission von (Dampf) Kessel	14. 9. 83	1. 4. 84
6	U. S. f. Abgasemission von Dieselkraftfahrzeugen	14. 9. 83	1. 4. 84
7	U. S. f. Radioaktive Stoffe von Atomkraftwerken	23. 4. 86	1. 12. 86
8	U. S. f. Rauchgasemission von industriellen Brennöfen	4. 5. 88	1. 6. 88
9	U. S. f. Sortierung der radioaktiven Abfälle	20. 4. 88	1. 9. 88
10	Bestimmungen für Entsorgung der radioaktiven Abfälle von Leichtwasserreaktoren	20. 4. 88	1. 9. 88

1) U. S. f. Abkürzung von "Umweltstandard für"
Quelle: Zhongguo huanjing nianjian 1990 (Umwelt-Jahrbuch der VR China 1990), Beijing 1990, S. 101.

Die Grundlage für die Anwendung nachgeschalteter Technologien sind die bestehenden Umweltauflagen, die auf dem Umweltstandard basieren. Seit 1979 gibt es eine Schadstoffemissionsabgabe für die Betriebe. Ihre Höhe entspricht der Menge und der Konzentration der emittierten Schadstoffe oberhalb der Emissionsgrenzwerte. In den meisten Fällen werden bis zu 80% der Abgabesumme den Betrieben später wieder zur Verfügung gestellt, als Finanzzuweisungen für Umweltschutzinvestitionen. Das bedeutet: nicht Produktionsumstellung, Schließung der die Umweltprobleme verursachenden Betriebe, sondern Schaffung von Emissionsrückhalteanlagen macht die chinesische Umweltpolitik aus [280]. Für die Anwendung nachgeschalteter Umweltschutztechnologien gibt es jedoch Grenzen, sie liegen in der Wirtschaftlichkeit und technischen Realisierbarkeit:

"Den nachgeschalteten Technologien sind zahlreiche technische und wirtschaftliche Grenzen gesetzt. Für den Betreiber stellt die Nachrüstung eine nichtproduktive, vielfach betriebskostensteigernde Investition dar. Ein besonders hervorstechender Sachzwang ist in der Tat der Kostenfaktor, und zwar namentlich bei vergleichsweise kleineren Anwendungen. Bei den Maßnahmen zur Reduzierung der Luftbelastung existiert diese kostenmäßige Begrenzung für stationäre wie auch für mobile Quellen. Technische Grenzen haben sich auch in dem Maße bemerkbar gemacht, wie die Vorschriften verschärft und auf eine größere Zahl von Schadstoffen und Emissionsquellen ausgedehnt wurden. Die verfügbaren nachgeschalteten Technologien werden wegen der Vielzahl der ihnen anhaftenden Zwänge mit diesem Trend in bezug auf Verläßlichkeit und Wirksamkeit nicht unbedingt Schritt halten können." [281].

Außerdem sind umfassende Kontrollen der Umweltverschmutzung und eine exakte Erfassung und Kostenzuweisung an die Emittenden überhaupt nicht möglich, weil die technische und administrative Ausstattung ungenügend ist. Während nicht einmal große Staatsbetriebe sämtlich von der Abgabe erfaßt werden, wird bei den nichtstaatlichen Betrieben das Ziel der Erfassung überhaupt erst bei 30 - 50% angesetzt. Die Masse der ländlichen Kleinbetriebe sind von den Umweltverträglichkeitsprüfungen, die bei staatlichen Projekten eine Erfüllungsquote von über 90% aufweisen, nicht betroffen. Die Umsetzungsfähigkeit der Umweltschutzgesetze in praktische Maßnahmen ist damit sehr fraglich [282].

---

280. Siehe dazu:
 Beijing Rundschau, 15, 3, 1994
 ZGHJB, 22. 10. 87, 25. 8. 87, 27. 8. 87

281. Internationale Energie-Agentur, Energie- und Umweltpolitik, Braunschweig, Wiesbaden, 1991, S. 88

282. Die Umweltverträglichkeitsprüfung umfaßt die Ermittlung, Beschreibung und Bewertung der Auswirkung eines Vorhabens auf die Umwelt mit dem Zweck, eine wirksame Umweltvorsorge zu gewährleisten. Seit 1979 wird sie in der VR China durchgeführt.
 Siehe dazu:
 ZGHJB, 12. 11. 87 und 4. 4. 87;

6.4.2. Brennstoffsubstitution

Die Umweltschutzmaßnahmen durch Brennstoffsubstitution bestehen hauptsächlich in:

1. permanenter Umstellung auf alternative Energieträger
2. temporäre Substitution zur Minimierung saisonaler oder kurzfristiger Umwelteffekte
3. Verwendung ein und desselben Brennstoffs von höherer Qualität.(z.B. Formkohle) [283].

Angesichts der Tatsache, daß die Energienachfrage wesentlich stärker wächst als das Angebot an alternativen Energieträgern kann ohne Strukturpolitik, d.h. ohne Reduzierung der Nachfrage, von einer Umstellung auf alternative Energieträger nicht die Rede sein.

Während die temporäre Substitution zur Minimierung saisonaler oder kurzfristiger Umwelteffekte in der Literatur kaum berücksichtigt wird, wurden Versuche, höhere (weniger umweltbelastende) Qualitäten ein und desselben Brennstoffs zu verwenden, häufig als Hauptstrategie der Umweltschutzpolitik dargestellt. Ein Beispiel ist der verstärkte Einsatz von Formkohle (Xingmei) und die Erhöhung der Vergasungsrate, die zwischen 1980 und 1987 von 15,2% auf 22% gestiegen ist. Dieser Maßnahme ist es zu verdanken, daß von 1980 bis 1985 die Staubmenge konstant geblieben ist, während die Industrieproduktion im selben Zeitraum um 65% zugenommen und die Verbrauchsmenge an Kohle sich um 34% erhöht hat. Gelöst ist das Problem der Umweltgefährdung durch Kohle damit aber nicht [284].

Qu, Geping, "Zhongguo huanjing wenti ji duice" (Umweltprobleme und Gegenmaß-nahmen in China), Beijing, 1989, S. 76 - 90

283. Vgl.: Internationale Energie-Agentur, a.a.O., S. 113

284. Vgl.: ZGHJB, , a.a.O., 20. 8. 1987

Vierter Teil:
Lösungsansätze im Rahmen der reflexiven Modernisierung und ihre Anwendung auf die spezielle Energie- und Umwelt-Problematik in der VR China

7. Förderung der Nutzung regenerativer Energien und Einführung der ökologischen Steuerreform in der VR China

7.1. Aufbau der auf regenerativen Energien basierenden Energieversorgung

Bisher werden die regenerativen Energien in der VR China nur als "additive Energien" betrachtet. Dies bedeutet, daß die alternativen Energien nicht als Ersatz für die herkömmlichen Energieträger gesehen werden, sondern nur als eine Möglichkeit, zusätzliche Energie für den Bedarf, den die herkömmlichen Energien nicht befriedigen können, zu liefern. Die neue Maxime im Sinne der Rationalisierung der Rationalisierung lautet "Herkömmliche Energien als additive Energien" und beinhaltet bei der Energiebereitstellung eine Umkehrung des jetzigen Wertesystems. Eine neue E. u. U. , die die Nutzung verschiedener regenerierbarer Energien beinhaltet und im Sinne reflexiver Modernisierung zu verstehen ist, hat Hermann Scheer, Präsident der European Solar Energy Association EUROSOLAR, in Deutschland unter dem Name Sonnenstrategie erarbeitet. Er hat unter der obigen Maxime zahlreiche Ansätze für die praktische Anwendung der Sonnenstrategie ausgearbeitet [285].

- Die politischen Institutionen sollen sich gesetzlich dazu verpflichten, den Energiebedarf des öffentlichen Sektors durch Sonnenenergie zu decken, eine Maßnahme, von der auch eine Signalfunktion für die Zukunft und für andere Bereiche erwartet wird.

- Administrative Hindernisse bei der Realisierung von Sonnenenergieprojekten sollen abgeschafft werden.

- Nicht zuletzt wird auf das "Least-Cost-Planning" hingewiesen, das vor allem in den USA mit zunehmendem Erfolg auch freiwillig praktiziert wird. Diese Maßnahme besteht darin, daß die Energieversorgungsunternehmen erkennen, daß es für sie billiger ist, den Verbrauchern Energiesparmaßnahmen zu finanzieren, als in Spitzenlastkapazitäten zu investieren, in Anlagen, die nur in Zeiten besonders hoher Nachfrage Energie produzieren und deswegen unrentabel sind. Zusammen mit weiteren neuen Strukturprinzipien der Stromwirtschaft

---

285. Vgl.: Scheer, Hermann, Sonnenstrategie, Politik ohne Alternative, München, 1993, S.214-215

stellt das "Least-Cost-Planning" eine wichtige Maßnahme dar, um den Übergang zu Sonnenenergieanlagen einzuleiten [286].

Angesicht der Tatsache, daß sich China einerseits in einer ökologischen Krise und andererseits in der wirtschaftlichen Aufbauphase befindet, ist diese Strategie für China leichter anwendbar als für die Länder, die bereits eine stabile wirtschaftliche Struktur haben. Außerdem hat China andere bessere Voraussetzungen zur Durchsetzung der neuen E. u. U. Die beste Struktur für die Nutzung des regenerativen Energiepotentials sind nicht die überregionalen Stromversorgungsunternehmen, sondern kommunale Unternehmen in Städten und Landkreisen, sowohl für die Strom- und Wärmeerzeugung wie auch für eine von den Energiekonzernen unabhängige Verteilung an die Endverbraucher. Im Gegensatz zu Deutschland, wo überregionale Stromversorgungsunternehmen vorherrschend sind, sind in der VR China die Voraussetzungen, die Erzeugung und Verteilung regenerativer Energien auf regionaler und lokaler Ebene zu realisieren, relativ günstig. Ein gutes Beispiel sind die Biogasanlagen, die, anders als in Deutschland, in der VR China vor allem in den 70er Jahren administrativ gefördert wurden.

Die dezentrale Lösung der Energieversorgungsprobleme ist eine wichtige Voraussetzung für den Aufbau der alternativen Energieversorgung. Sie entspricht auch den geographischen Bedingungen in der VR China. Etwas weniger als 50 % der Gesamtbevölkerung leben in großflächigen ländlichen Gebieten, in denen die flächendeckende Elektrifizierung nach dem Standard der Industrieländer nicht möglich ist, da einerseits die Siedlungsdichte zu gering und andererseits der Elektrizitätsbedarf zu klein ist, um den Ausbau eines Verbundnetzes technisch und wirtschaftlich realisieren zu können. Daher besteht in China ein dringender Bedarf an dezentralen Energieversorgungseinrichtungen [287].

Die Notwendigkeit lokaler Lösungen der Stromversorgung in China erklärt Thomas Clauser wie folgt:

"Regionale Stromversorgungsnetze erfaßten in Deutschland bereits vor dem 2. Weltkrieg alle größeren Städte; die ländliche Gebiete wurden überwiegend durch Anschluß an diese Netze elektrifiziert. In China ist ein solches Vorgehen nur in wenigen Regionen möglich, insbesondere in den Industriegebieten der Mandschurei, sowie um Beijing und Tianjing und im Großraum Shanghai, wo seit der Gründung der VR China vor 30 Jahren ausreichend engmaschige Verbundnetze entstanden. Auch entlang der Fernleitungen zwischen den Kraftwerken am Huanghe und

---

286. Scheer, Hermann, a.a.O., S. 220 - 221

287. Cramer, Günther/ Kniehl, Rainer, Autonome Wind/Diesel/Batterie-Systeme. Technologie-Transfer mit der VR China. in: Energiewirtschaftliche Tagesfragen, 44. Jg. (1994), Heft 1/2, S. 44

den Städten Lanzhou, Xian und Beijing sowie in der näheren Umgebung elektrifizierter Eisenbahnstrecken und größerer Städte wäre ein Anschluß an vorhandene Leitungen denkbar, allerdings in Konkurrenz mit anderen Stromverbrauchern. Die meisten ländlichen Kreise Chinas können deshalb vorerst nur auf der Basis eigener lokaler Kraftwerke elektrifiziert werden. Diese wiederum müssen auf jeweils örtlich vorhandene Primärenergieträger zurückgreifen, weil die nur langsam wachsende Produktion und die knappen Transportkapazitäten der überregionalen Belieferung ländlicher Gebiete mit fossilen Brennstoffen enge Grenzen setzen." [288]

Als alternative Primärenergieträger zu Kohle und Erdgas sind hauptsächlich Wasserkraft, Sonnenenergie, Gezeitenkraft und geothermische Wärme zu nennen, die jeweils im Norden und in der Provinz Sichuan reichlich vorhanden sind

Tabelle 17:
Installed Small Scale Renewable Energy Capacity in PR China (End 1990)

Solar water heaters	1,8	Mio. m^2
Solar PV cells	1,5	MW
Solar cookers (parabolic dish)	120 000	units
Small wind generators (total capacity: 13 MW)	110 000	units
Wind farms (total capacity: 4,5 MW)	6	units
Wind pumps (total capacity: 2,1 MW)	1600	units
Domestic biogas digesters	4,7	Mio. units
Biogas generators	25	MW
Geothermal Power Stations	25	MW
Tidal generation	8,3	MW
Mini hydro generation	13 200	MW

Quelle: Hu, Chengchun, The Development of New and Renewable Sources and Improvement of Environment in China, in: Environmentally Sound Coal Technologies, Conference Paper pp. 221 - 223, International Conference, Beijing December 1991. aus: Wiesegart, Kurt, Die Rolle der Wasserkraft in Chinas Energiesystem, in: Energiewirtschaftliche Tagesfragen, 42. Jg. (1992), Heft 7, S. 465

In China sind derzeit rund 30 000 Dörfer nicht elektrifiziert. Viele tausend Orte decken einen Teil ihres Bedarfs mit kleinen zentralen Dieselgeneratoren ab, die jedoch

---

288. Clauser, Thomas, Kleine Wasserkraftwerke als umweltfreundliche Energiebasis, in: Glaeser, Bernhard (Hrsg.) a.a.O., S. 340

aufgrund der hohen Dieselpreise und der nicht gesicherten Verfügbarkeit nur stundenweise arbeiten können. Somit ist eine verstärkte Windenergienutzung in China nützlich. In den nördlichen und nordwestlichen steppen- und wüstenartigen Regionen sowie auf Tausenden von Inseln entlang der chinesischen Küste kommen hohes Windangebot und große Nachfrage nach dezentraler Elektrifizierung auf ideale Weise zur Deckung. Die Nutzungsmöglichkeiten der Windenergie sind heute technisch und wirtschaftlich nachgewiesen. Das gilt auch für hybride Systeme, wie die in China verbreiteten Wind/ Diesel/ Batterie-Systeme, die durch optimale Nutzung der Windenergie und Minimierung der Dieselbetriebsstunden eine kontinuierliche Versorgung mit elektrischer Energie sicherstellen. Die modularen autonomen elektrischen Versorgungssysteme bestehen grundsätzlich aus einem oder mehreren Dieselgeneratoraggregaten, einem Batteriespeicher mit Stromrichter, einem rotierenden Phasenschieber, einer beliebigen Anzahl von Windenergieanlagen und gegebenfalls einem Photovoltaikgenerator. Mit diesen Systemen können an guten Windstandorten 60 bis 80% an Dieseltreibstoff eingespart werden im Vergleich zu einer reinen Dieselgeneratorversorgung [289]. Ihre technische Zuverlässigkeit unter den extremen Klimabedingungen der Inneren Mongolei zum einen und die Wirtschaftlichkeit sind nachgewiesen. Sie tragen wesentlich zu einer kontinuierlichen Dorfstromversorgung bei und verbessern damit die landwirtschaftliche Produktion (z.B. durch gezielte Bewässerung) und ermöglichen die Vorverarbeitung von Produkten sowie die Stärkung des lokalen Handwerks. Eine wesentliche wirtschaftliche Bedeutung kommt der kontinuierlichen Versorgung auf den erwähnten Inseln zu, auf denen "Seafood-Farming" betrieben wird, wobei Kühlung und Vorverarbeitung eine entscheidende Rolle spielen. Der Ansatz zur lokalen Fertigung der Wind/Diesel/Batterie-Systeme wird dadurch erleichtert, daß eine ganze Reihe konventioneller Komponenten enthalten sind, die auf dem lokalen Markt beschafft oder lokal produziert werden können. Das führt zu der auf Anhieb hohen lokalen Wertschöpfung von etwa 50% des Systempreises bei Import. Diese Systeme wurden bisher nur beschränkt durch Förderungsmaßnahmen von Industrieländern incl. Technologie-Transfer realisiert, da die zentrale Regierung in China keine entsprechende finanzielle Unterstützung für die lokale dezentrale Versorgung geleistet hat [290].

Das technisch erschließbare Gezeitenpotential Chinas, das sich in den beiden Küstenprovinzen Zhejiang und Fujian konzentriert, beträgt 275,16 Mrd. kwh, umgerechnet ca. 101 Mio. t SKE. Dies entspricht in etwa der gesamten Stromerzeugung im Jahr 1979. Daraus kann man errechnen, daß die Erschließung des Gezeitenpotential mindestens den Elektrizitätsbedarf der beiden Provinzen Zhejiang und Fujian decken kann.

---

289. Vgl.: Cramer, Günther/ Kniehl, Rainer, a.a.O., 1994, S. 44 - 45

290. Vgl.: ebenda, S. 47

Die Gesamtkapazität der Gezeitenkraftwerke in China beläuft sich auf 8,3 MW. Das erste und bislang größte Gezeitenkraft, Jiangxia (Provinz Zhejiang), wurde im Jahr 1973 begonnen und 1980 fertiggestellt; die Kapazität beträgt 3 MW. Gemäß der Berechnungen chinesischer Befürworter der Nutzung dieser Energiequelle sind die Investitionskosten von Gezeiten-Kraftwerken pro Kilowatt-Leistung zwar drei- bis viermal höher als in thermischen Kraftwerken, aber unter Berücksichtigung der Kosten für den Aufbau von Förderkapazitäten für Kohlenwasserstoffe, für Transportkapazitäten, Umweltkosten etc. sowie der wesentlich niedrigen Betriebskosten sind Gezeitenkraftwerke jedoch durchaus konkurrenzfähig [291].

In den fünf Südregionen Tibet, Yunnan, Sichuan, Fujian und Guangdong ist das geothermische Potential reichlich vorhanden. Die bisher entdeckten 2.500 Wärmequellen erreichen einen Wärmewert von ca. 200 Mrd. t SKE [292].

Chinas geographische Lage ist sehr günstig für die Nutzung der direkten Sonnenstrahlen. Etwa 20 Regionen des Landes haben eine Sonneneinstrahlung von mehr als 200 kw/qm pro Jahr. Die höchste Sonneneinstrahlung besteht in den Regionen Tibet, Guizhou, Yunnan und Qinghai mit 220-240 kw/qm pro Jahr [293]. Trotzdem ist die Anwendung von Sonnenenergie bisher bedeutungslos. Bis Anfang 80er Jahre beschränkte sie sich hauptsächlich auf den Bereich Solarwärme wie z.B. Solarkocher, Solartrockner, Solarhaus usw. [294]. Das gilt auch für Gezeitenkraft und geothermisches Potential in China. Grundsätzlich fehlt in der VR China der klare politische Wille zum Umdenken und damit zur Durchführung einer Energie- und Umweltpolitik im Sinne der reflexiven Modernisierung, wie in der BRD ansatzweise

---

291. Siehe dazu:
Wiesegart, Kurt, Gezeitenkraftwerke in der VR China, in: Energie - Wasser - Luft, Nr. 7/8, 1984, S. 162;
Wiesegart, Kurt: Die Rolle der Wasserkraft in Chinas Energiesystem, in: Energiewirtschaftliche Tagesfragen, 1992, Heft 7, S. 466

292. Vgl.: Zhi, Luchuan, "Woguo de dire ziyuan he beijing tianjin diqu de kaifa liyong xianzhuang" (Die geothermische Energie Chinas und deren Nutzung im Raum Beijing-Tianjin), in: Nengyuan, Nr. 2, 1983, S. 14

293. Vgl.: Chen, Baowen, "Woguo qing tian taiyang zong fushe ziyuan fenbu" (Die regionale Verteilung der Sonneneinstrahlung in China), in: Nengyuan, Nr. 4, 1983, S. 38

294. Vgl.: Li, Miantang, "Zhongguo taiyangneng liyong rejian kuofa" (Die Anwendungen der Solarenergie in China weiten sich täglich aus), ZGBKNJ, 1982., S. 472 - 473

vorhanden [295]. Der Wasserkraft und dem Biogas dagegen wird große Aufmerksamkeit geschenkt; daher werden diese beiden Energiearten besonders behandelt.

7.1.1. Kleine Wasserkraftwerke

In diesem Abschnitt geht es darum darzustellen, wie die kleinen Wasserkraftwerke als umweltfreundliche Technologie quantitativ und qualitativ in China angewandt werden können. "Kleine" Wasserkraftwerke (xiaoxing shuidian-zhan) werden in China seit 1976 als Anlagen definiert, die durch Nutzung der Wasserkraft elektrischen Strom mit einer Leistung von maximal 12 MW je Kraftwerk bzw. 6 MW je Maschinensatz erzeugen. Aber nach dem "Statusbericht Laufwasserenergie - Kleinwasserkraftanlagen" von GATE (German Appropriate Technology Transfer) vom Januar 1980 ist dieser Begriff nur für Kraftwerke bis maximal 200 kw angemessen. Um Definitionsschwierigkeiten auf der internationalen entwicklungspolitischen Diskussion zu überwinden, wurde auf einem UNIDO-Seminar über kleine Wasserkraftwerke in China eine Unterteilung in "Mikro" (bis 100 kW), "Mini" (101 - 1000 kW) und "Small" (1001 - 12 000 kW) hydro-electric generation units eingeführt [296].

In der Entwicklung des Aufbaus kleiner Wasserkraftwerke spiegelt sich der Kampf zweier Linien bezüglich der Entwicklungspoltik wider, wie am Anfang des Kapitels dargestellt. Die kleinen Wasserkraftwerke, die vom Staat in den Jahren 1950 - 1955 und 1961 - 1965 gebaut wurden, haben in erster Linie der Versorgung größerer Städte, danach auch der Versorgung in abgelegeneren Gebieten gedient. Während des Großen Sprung nach vorn und der Kulturrevolution wurde propagiert, daß auf dem Lande "ländliche" oder auch "dörfliche" Wasserkraftwerke (nongcun shuidian-zhan) zunächst mit einfachen Turbinen errichtet werden sollen.
Der massenhafte Bau von Bewässerungsanlagen, insbesondere von kleinen und mittleren Stauseen, durch die Mobilisierung Hunderttausender von Bauern, der als chinesischer Entwicklungsweg bezeichnet wurde, hat auch zahlreiche günstige Standorte für elektrische Wasserkraftwerke hervorgebracht. Ab etwa 1971 wurde der Bau kleiner Wasserkraftwerke technisch besser organisiert. Den Bau der Kraftwerke von Volkskommnunen, ihren Produktionsbrigaden oder gar einzelnen Produktionsgruppen hat der Staat mit technischer Beratung und der Lieferung der Ma-

---

295. Vgl.: Deutscher Bundestag, Referat Öffentlichkeitsarbeit, Schutz der Erde, eine Bestandsaufnahmen mit Vorschlägen zu einer neuen Energiepolitik Bd. 2 , Bonn 1990, S. 335 - 373

296. Vgl.: Clauser, Thomas, a.a.O., S. 327 - 330

schinenausrüstung unterstützt [297]. Ab 1969 zeichnete sich in der Statistik ein rascher Zuwachs beim Bau kleiner Wasserkraftwerke ab :

1971   35000 kleine Wasserkraftwerke mit einer Gesamtleistung von ca. 0,9 GW,

1975   60000 kleine Wasserkraftwerke mit einer Gesamtleistung von etwas mehr als 2,5 GW,

Anfang 1980   über 90 000 Anlagen mit zusammen 6,3 GW.

Wegen des Wechsels statistischer Kategorien und offensichtlich übertriebener Angaben ist eine exakte Ermittlung nicht möglich. Z.B. wurden seit Anfang der 70er Jahre die ländlichen Anlagen in der Statistik nicht mehr gesondert aufgeführt; die durchschnittliche Leistung der nach 1975 gebauten kleinen Wasserkraftwerke ist mehr als vierfach größer als die der bis dahin errichteten Anlagen (126 kW gegenüber 40 kW). Daran kann man ablesen, daß der Anteil nicht ländlicher Anlagen wieder zugenommen hat. Der Anteil der kleinen (einschließlich der ländlichen) an der Gesamtleistung aller Wasserkraftwerke ist von knapp 14% 1949 auf 33% 1980 gestiegen [298]. 1986 sind Kleinwasserkraftwerke mit einer Gesamtkapazität von 54 MW neu entstanden [299]. Während des gesamten 6. Fünfjahresplans waren es insgesamt 250 MW [300].

Die kleinen Wasserkraftwerke sind auf Südchina, vor allem im Stromgebiet des Chang Jiang konzentriert, während sie im Lößgebiet am Mittellauf des Huang He noch immer sehr selten sind. Das wichtigste Motiv für den Bau kleiner Wasserkraftwerke ist natürlich nicht der Umweltschutz, sondern die Stromversorgung der Motorpumpen für die Be- und Entwässerung auf dem Lande. Wie mangelhaft die Stromversorgung für den Pumpenbetrieb ist, kann man daran sehen, daß der Gesamtbedarf der elektrischen Pumpenantriebe 1979 etwa der Gesamtleistung aller Kraftwerke der VR China 1973 entsprach [301]. Obwohl seit Ende der 60er Jahren ein rascher Zuwachs des Baus kleiner Wasserkraftwerke auf dem Lande erfolgte, wurden die Stromversorgungsprobleme für den Pumpenbetrieb wegen der allgemein rapiden Zunahme des Strombedarfs auf dem Lande nicht gelöst. Dieser Zuwachs des Strombedarfs ist nicht auf den Stromverbrauch der bäuerlichen Haushalte zu-

---

297. Vgl.: ebenda, S. 332 - 334

298. Vgl.: ebenda, S. 335 - 336

299. Vgl.: Ou, Yanghe, a.a.O., Teil VI, S. 44

300. Vgl.: Chen, Yinbin, "Zhongguo nengyuan gongye fazan zongshu" (Zusammenfassung der Entwicklung der Energiewirtschaft in China), in: ZGJJNJ, 1986, Teil VI, S. 54

301. Clauser, Thomas, a.a.O., S. 337 - 339

rückzuführen, sondern auf das Entstehen zahlreicher kleiner Fabriken auf dem Lande, die im Zusammenhang mit der Kollektivierung der Landwirtschaft von den Volkskommunen oder ihren einzelnen Produktionsbrigaden vor allem im Zuge des Industrialisierungsbooms in den 80er Jahren aufgebaut wurden. Die ländliche Industrie, die der Hauptverursacher der Umweltverschmutzung auf dem Lande ist, ist gleichzeitig einer der Hauptverbraucher von Strom. Aus dem dadurch entstandenen Mangel an Strom konnten z.B. im Perlflußdelta in der Provinz Guangdong schon 1979 nur 50 - 60% der Be- und Entwässerungspumpen mit einer Gesamtleistung von 800 MW in Gang halten werden [302].

Die Bedeutung der kleinen Wasserkraftwerke in China für die Stromerzeugung wird dadurch geschmälert, daß sie häufig eine Doppelfunktion erfüllen. Während sie z.B. in Deutschland und Schweden meist nur der Stromerzeugung dienen, ist der Betrieb der kleinen Wasserkaftwerke, die nachträglich an den der Bewässerung dienenden wasserbaulichen Anlagen errichtet wurden, dem landwirtschaftlichen Wasserbedarf untergeordnet. Von daher entstehen längere Betriebspausen im jahreszeitlichen Wechsel. Z.B. stehen die Kraftwerke, die ihr Triebwasser aus Stauseen erhalten, im Winter, wenn keine Bewässerung betrieben wird, still. Kraftwerke an Flußwehren kommen im Sommer zu längeren Stillstandzeiten, weil die Bewässerungskanäle oberhalb der Flußwehren das Wasser restlos abzweigen. Um diese Probleme zu lösen, gibt es seit Mitte der 70er Jahre den Versuch, zwischen vorhandenen Flußwehren, die der Ableitung von Bewässerungskanälen dienen, weitere Wehre nur für den Bau von Niederdruckkraftwerken zu errichten. Damit kann man für die winterliche Betriebspause der bewässerungsabhängigen Kleinkraftwerke einen Ausgleich schaffen. Aber die dadurch entstandene Überstauung oder Versumpfung besten Ackerlandes in der Talaue stellt ein großes Umweltproblem dar [303].

Auch daraus kann geschlossen werden, daß der rapide Ausbau der kleinen Wasserkraftwerke, deren Betrieb - in vernünftigem Maß - zur Verminderung der Energienot der bäuerlichen Haushalte und damit zum Schutz der Wälder beitragen könnte, nicht unter dem Aspekt des Umweltschutzes, sondern hauptsächlich unter dem Aspekt Mechanisierung der Landwirtschaft und Industrialisierung auf dem Lande erfolgt ist. Obwohl China seine gigantische regenerierbare Wasserkraft durch kleine Wasserkraftwerke umweltfreundlich benutzen kann, betreibt die Regierung umgekehrt umweltfeindliche Politik. Ein gutes Beispiel dafür ist das bereits geschilderte Drei-Schluchten-Dammprojekt .

---

302. ebenda, S. 338 - 344

7.1.2. Biogasenergie

Eine speziell ländliche Brennstoffquelle war Stroh. 80% davon wurden für das Kochen der täglichen Mahlzeiten und für Schweinefutter verbraucht. Um den gesamten Energiebedarf zum Kochen und Heizen aus Stroh zu decken, wären 630 Mio. t pro Jahr erforderlich. In Wirklichkeit wurden aber nur 450 Mio t (1978) produziert und 230 Mio. t davon als Viehfutter und Rohmaterial für die Industrie aufgewandt. Von daher können nur 220 Mio. t zum Kochen und Heizen verbraucht werden. Der Restenergiebedarf an Brennmaterial für die ländlichen Haushalte, der 400 Mio. t Stroh entspricht, soll mit Holz und Kohle gedeckt werden. [304]

Wegen nicht ausreichender Lieferung von Kohle hat sich jedoch die Abholzung immer mehr ausgeweitet und zunehmend ökologische Zerstörungen verursacht. Trotzdem leiden fast 50% der ländlichen Bevölkerung an drei und mehr Monaten im Jahr an Brennstoffmangel. Daraus ergibt sich die Notwendigkeit und Nützlichkeit der Biogasnutzung. Die 3-in-1-Anlagen (Toilette, Stall, Biogasanlage) beschreibt R. G. Wagner Anfang 80er Jahre wie folgt:

"Nach einem ersten Anlauf mit großen Anlagen auf Dorf- und Städtebene für den Generatorenbetrieb in den Jahren 1957 bis 1960 begann seit Anfang der siebziger Jahre in China ein zweiter Anlauf zur Durchsetzung der Biogasnutzung im dörflichen China. Die schließlich popularisierte Anlage hat bei starken lokalen Verschiedenheiten in Bautechnik und Material gewisse gemeinsame Elemente: Es handelt sich um eine Wasserdruckanlage mit abnehmbarem Deckel, Einfüll- Entnahmestutzen an einander gegenüberliegenden Seiten; sie wird als batch-Anlage (ohne Durchfluß) gefahren, jedoch mit beständiger Entnahme und Zufüllung kleiner Mengen. Die Gesamtleerung erfolgt in der Regel zweimal jährlich. Die Anlagen haben eine Größe von 8 bis 12 m³ (1. 5 m³ pro Mensch und 2 m³ pro Schwein) und werden mit menschlichen und tierischen Exkreten sowie Stroh, Unkraut etc. von den kollektiven Feldern gefüllt; der Dünger gehört gegen Entgelt dem Kollektiv. Die Finanzierung erfolgt inzwischen nach dem Modell, daß die Außenkosten (Industrieprodukte) vom Haushalt, die Arbeit vom Kollektiv getragen werden; in einigen Fällen gibt der Staat beschränkte Zuschüsse. Auch im Management findet eine Mischwirtschaft statt, bei der sich Haushalt und Kollektiv die Arbeit teilen. Um das Potential besser auszuschöpfen, sind in den letzten Jahren in den popularisier-

---

303. ebenda, S. 346 - 352

304. Vgl.: Wagner, Rudolf G., Biogasnutzung in ländlichen und städtischen Regionen, in: Glaeser, Bernhard (Hrsg.) Umweltpolitik in China, Modernisierung und Umwelt in Industrie, Landwirtschaft und Energieerzeugung Bochum 1983, S. 373 - 374

ten Gebieten 'Biogasmanagementgruppen' gebildet worden, die für Bau und Management zuständig sind." [305]

1978 gab es insgesamt 7 Mio. Anlagen, und innerhalb des 6. Fünfjahresplans wurden 2. 5 Mio. Biogas-Anlagen neu aufgebaut. Anfang der 80er Jahre kam die Biogasnutzung ca. 4,5% der ländlichen Bevölkerung zugute. Wegen des relativ hohen Einkommensniveaus und leichter Zugänglichkeit zu Industrieprodukten sind die Anlagen vor allem in den wohlhabenderen, stadt- und transportwegnahen Gebieten verbreitet. Dies hat aber auch seine Berechtigung. Angesichts der hohen Bevölkerungsdichte und des hohen Abholzungsgrades in diesen Gebieten leisten die Anlagen gerade hier einen effektiven Beitrag zum Umweltschutz [306].

Biogasbüros wurden aufgebaut, von der nationalen Ebene bis hinunter zur Kreisebene, und Biogasnutzung steht auf der 8-Punkte-Liste des landwirtschaftlichen Investbaus wie auch Düngerherstellung, Straßenbau, Wasserbau usw. [307].

Die Biogasnutzung bringt eine ganze Reihe von Vorteilen mit sich:
1. Deckung des rasch wachsenden Brennstoffbedarfs durch Biogas vermindert die Abholzung der Wälder, die durch die rapide Bevölkerungszunahme beschleunigt wurde.
2. Geringere Abholzung schont nicht nur die Wälder, sondern spart auch Arbeitskraft. Vor der Biogaspopularisierung wurden in Kommunen mit Brennstoffmangel in der Regel bis zu fünfzehn Arbeitstage pro Arbeitskraft für die Holzbeschaffung angegeben. Nach der Biogaspopularisierung wurde diese Zeit fast auf ein Zehntel reduziert. Ein Teil der eingesparten Arbeitskräfte konnte für die Wiederaufforstung zur Verfügung gestellt werden.
3. Vor der Biogaspopularisierung bot der offene Kompost den Moskitos (Malaria) und Fliegen Brut- und Nahrungsplätze. Nach der Biogaspopularisierung ist der Kompost verschwunden und damit auch eine Menge an krankheitsübertragenden Schädlingen. Bei der Benutzung der 3-in-1-Anlagen ist keine direkte Berührung mit keimverseuchten Exkrementen mehr nötig. Damit hat sich die Biogasnutzung auch positiv auf die Umwelthygiene und die Krankheitsvorbeugung ausgewirkt.

---

305. Wagner, Rudolf G. a.a.O., S. 367

306. Siehe dazu:
    Chen, Yinbin, a.a.O., Teil VI, S. 54;
    Wagner, Rudolf G., a.a.O., S. 375

307. Biogasnutzung gehört jedoch noch nicht zu den "Sechzig Punkten der Landwirtschaft".
    Vgl.: Wagner, Rudolf G., a.a.O., S. 368

4. Vor der Einführung von Biogas wurde das Stroh zu etwa 40% als Brennmaterial direkt verbrannt und damit der organische Kreislauf zwischen Pflanze und Boden zerstört. Aber die Biogasanlage hat sich auch hier ökologisch positiv ausgewirkt. Die Fermentierung der Strohhalme durch die Biogasanlage hat dazu geführt, daß man Brennstoff gewinnt und darüber hinaus auch noch organischen Dünger, und so den Kreislauf wieder herstellt. Der Nährstoffgehalt des Bodens erhöhte sich wesentlich [308].

Die Vorteile der Biogasnutzung bestätigt auch der folgende chinesische Bericht:
"*Bevor 1975 in den Dörfern unseres Stadtgebietes (Stadt Mianyang, Provinz Sichuan) Biogasnutzung popularisiert wurden, litten 50 bis 60 % der Volkskommunen und Produktionsbrigaden unter Brennstoffmangel; allgemein gesprochen waren es für die Produktionsteams in hügeligem Gelände zwei bis drei Monate im Jahr und für die in der Ebene drei bis vier Monate im Jahr; das brachte für die Produktionstätigkeit der Massen und ihr Leben Schwierigkeiten mit sich. Ein Teil der Kommunemitglieder sammelten Brennholz, andere kauften Kohle als Brennmaterial; beides verminderte nicht nur die für die landwirtschaftliche Produktion zur Arbeit erscheinenden Arbeitskräfte, sondern richtete auch sehr großen Schaden und Verluste beim Baumbewuchs an. Seit hier 1975 Biogas popularisiert wurde, ist das Brennstoffproblem der dörflichen Kommunemitglieder im wesentlichen gelöst. Seither hat sich das Abschneiden von Ästen bei den Bäumen sowie das Baumfällen gewaltig vermindert, das reguläre Wachstum der Bäume wurde gefördert. Gleichzeitig wurden die Arbeitskräfte, die beim Holzsammeln und Holzfällen eingespart wurden, teilweise für die Wiederaufforstung eingesetzt, so daß die Waldressourcen unseres Stadtgebietes sich ständig erweiterten.*" [309]

Das zentrale Motiv für die Biogasnutzung ist jedoch nicht das Umweltschutzbewußtsein, weder auf der staatlichen noch auf der individuellen Ebene. Die wichtigsten Motive auf staatlicher Seite bestehen z.B. darin, die staatlichen Subventionen für die Kohlelieferung abzubauen und den oft erheblichen Produktionsausfall für die Kollektive durch Erkrankungen von Mensch und Tier vorzubeugen. Wichtigstes Motiv in den Einzelhaushalten sind die Geld- und Zeiteinsparung sowie die Erleichterung der mühseligen Herdarbeit [310].

Das fehlende Umweltschutzbewußtsein bei der Biogasnutzung findet z.B. in der Trinkwasserverseuchung seinen Ausdruck. Der Wasserbedarf der ländlichen Haushalte, auch das Trinkwasser, wird aus Brunnen gedeckt. Angesichts der Gefahr, daß

---

308. Louven, Erhard, a.a.O., 1987, S. 651;
Wagner, Rudolf G., a.a.O., S. 374 - 389

309. zitiert bei: ebenda, S. 376

310. Vgl.: ebenda, S. 369 - 370

diese Brunnen durch die aus den Anlagen austretende Flüssigkeit verseucht werden können, sollte die Entfernung zwischen der Anlage und dem Brunnen mehr als zwanzig Meter tragen. Häufig sind es jedoch weniger als neun Meter und die Gefahr, daß das Trinkwasser verseucht wird, ist relativ hoch [311].

---

311. Siehe dazu:
Bremen Overseas Research and Development Agency (BORDA), Biogas in China, Bremen 1981;
Wagner, Rudolf G., a.a.O., S. 391

7.2. Die ökologische Steuerreform zur Förderung der Nutzung regenerativer Energien in der VR China

7.2.1. Energieproduktivität

Wie bereits dargestellt, ist das Ziel der chinesischen Umweltschutzmaßnahmen im Energiebereich nicht die Verminderung des Energiebedarfs, sondern die Sicherheit und Umweltverträglichkeit der Energieversorgung. Mit fossiler Energie und Kernenergie ist dies jedoch immer nur sehr eingeschränkt erreichbar, und gerade in der VR China ist man weit davon entfernt.
Die Notwendigkeit von Energieeinsparung liegt daher auf der Hand.

Tabelle 18:
Chinesische Energieproduktivität und Vergleich mit der in westlichen Ländern (Kg Kohle in Standardqualität pro US $ Produktionswert)

Jahr	China	USA	Japan	England	BRD	Frankreich	Italien
1985	2,02	0,48	0,27	0,42	0,41	0,31	0,29
1987	2,20	0,47	0,15	0,25	0,30	0,20	0,20
1989	2,15	0,46	0,18	0,24	0,33	0,20	0,22

Quelle: Li, Junsheng: Zhongguo jieneng jishu gaizao ji zhengce (Umgestaltung der Energieeinsparungstechnik und -politik in China), in: Jiu, Daxiong(Hrsg.), Die Marktwirtschaft und die Entwicklungsstrategie der chinesischen Energiewirtschaft, Beijing, 1992, S. 149

Angesichts der Tatsache, daß in der VR China nur die Wachstumsraten der verschiedenen Sektoren als Indizes für die Wohlstandssteigerung propagiert werden, ist anzunehmen, daß sich die Einführung einer neuen qualitativen Definition von Wohlstand günstig auf den Umweltschutz auswirken wird. Falls die Energieproduktivität [312] als Index für den qualitativen Wohlstand eingeführt würde, könnte - angesichts der sehr niedrigen Energieproduktivität in China - die Vernunft an die Stelle der gegenwärtigen Euphorie über die hohen Wachstumsraten der Industrie treten [313].

---

312. Siehe dazu: Kapitel 3.1.

313. Im Hinblick auf die einseitige Wachstumspolitik, wie sie sich in der Wachstumsrate des Bruttosozialprodukts niederschlägt, besitzen eine Reihe von chinesischen Wissenschaftlern schon ein Problembewußtsein, jedoch ohne einen alternativen Weg der Modernisierung aufzeigen zu können.
Siehe dazu:
Ouyang, Ziyuan/ Huang, Jingcheng, Yige mianxiang weilaide lishixing xuanze (Eine Auswahl in Richtung auf künftige Geschichtlichkeit), in: Zhongguo renkou, ziyuan yu huanjing

Die Energieproduktivität der Industrie, gemessen an der eingehenden Energiemenge pro Einheit der Industrieerzeugnisse, ist in China wesentlich niedriger als bei vergleichbaren westlichen Produkten. Z.B. wurden in Kokereibetrieben durchschnittlich pro Tonne Koks 30 - 40% mehr Energie eingesetzt als in westlichen Betrieben; Bei der Erdölraffinierung verbraucht man um bis zu 50% mehr Energie als in westlichen Raffinerien. Während moderne westliche Wärmekraftwerke für die Erzeugung einer Kilowattstunde etwa 0,34 kg SKE verbrauchen, benötigen chinesische Kraftwerke im Landesdurchschnitt ca. 0,45 kg SKE (1977) [314]. Besonders niedrig ist die Energieproduktivität bei den Kleinbetrieben.

- Die kleinen Eisen- und Stahlhütten, Kunstdüngerfabriken, Zementfabriken und Kraftwerke benötigen z.T. pro Produkteinheit drei- bis viermal mehr Energie als in westlichen Betrieben.

- Die kleinen Wärmekraftwerke verbrauchen für die Erzeugung einer Kilowattstunde bis zu 1 kg SKE.

- Die kleinen Kunstdüngerfabriken (1979) benötigen pro Tonne Ammoniak im Durchschnitt 3,73 t SKE, womit die verbrauchte Energiemenge ca. dreimal höher ist als die durchschnittliche Verbrauchsmenge des Landes [315].

Unter einer Verbesserung der Energieeffizienz werden alle Initiativen, einschließlich der Energieeinsparung, verstanden, die Erzeuger oder Verbraucher von Energieprodukten ergreifen, um etwaige Energieverluste zu reduzieren. Die Hauptmaß-

---

(Bevölkerung, Ressourcen und Umwelt in China), Jinan, 1993, Juni, S. 3;
Pen, Keping, Quanguo, ziyuan, Huanjing yu jingjifazhan yantaohui zongshu (Zusammenfassende Bemerkungen der landesweiten Diskussionsveranstaltung über die Ressourcen, Umwelt und wirtschaftliche Entwicklung), in: ebenda, 1995, März, S. 89 - 91

314. Siehe dazu:
Guo, Baosan/ Wang, Yanyang, Chixu fazhan - xinde fazhanzhanlue (Die nachhaltige Entwicklung - neue Entwicklungsstrategie), in: Zhongguo renkou, ziyuan yu huanjing (Bevölkerung, Ressourcen und Umwelt in China), Jinan, 1993, Juni, S. 87 - 89;
Fan Congda, "Jiahua gongye de jieneng" (Energieeinsparung in der Kokereiindustrie), in: Nengyuan, Nr. 4, 1981, S. 23;
Rong, Bo, "Jing Tian Tan diqu lianyou gongye de nenghao fenxi he fazhan zhong de wenti" (Analyse des Energieverbrauchs der Raffinerieindustrie in Beijing, Tianjing und Tanshan und Entwicklungsprobleme), in: Nengyuan, Nr. 4, 1983, S. 6;
ZGTJNJ 1983, S. 249

315. Siehe dazu:
Jiang, Zhengzhong, "Dianwang shixing tongyi jingji tiaodu jieyue meitan" (Einheitliche wirtschaftliche Regeln bei den Elektrizitätserzeugungseinheiten zur Kohleinsparung anwenden), in: Nengyuan, Nr. 3, 1983, S. 25;
Zhu, Yinren, "Meitan ziyuan heli yu youxiao liyong wenti de tantao" (Über die angemessene und effiziente Nutzung der Kohleressourcen), in: Meitan Kexue Jishu, Nr. 5, 1981, S. 5

nahmen, um eine Anreiz zur Effizienzsteigerung zu bieten, sind ein Anstieg der Energiepreise und eine damit verbundene Zunahme des Wettbewerbsdrucks [316].

7.2.2. Preiserhöhung bei den fossilen Energieträgern

Aus Tabelle 20 ist ersichtlich, wie niedrig der Preis der Kohle, der Hauptenergiequelle in China, in Relation zu den Preisen anderer Güter ist, wenn man sie mit den entsprechenden Preisrelationen in anderen Ländern vergleicht. Auch im Verhältnis zu den Produktionskosten sind die Preise für Kohle niedrig. Bei der Wahl von Produktionsmitteln haben bis Ende der 70er Jahre die Preise für die Energieträger als einzelwirtschaftliches Entscheidungskriterium nur eine untergeordnete Rolle gespielt. Die Energiepreise bieten auch keinen entscheidenden Anreiz für die Verbesserung, d.h. Effizienzsteigerung, von energieverbrauchenden Anlagen. Die im Vergleich zu den Produktionskosten relativ niedrigen Energiepreise sind nur möglich durch gewaltige staatliche Subventionen. In den 80er Jahren betrugen die Subventionen an die Kohle- und Ölindustrie fast die Hälfte aller Subventionen an staatliche Betriebe [317].

Tabelle 19:
Preis- und Subventionsentwicklung der Rohkohle

Jahr	vom Staat festgelegter Preis der Rohkohle (Yuan/t)	Produktionskosten der Rohkohle (Yuan/t)	Verluste (100 Mio. Yuan)	Subvention (100 Mio. Yuan)
1985	26,05	29,33	5,09	4,1
1986	26,51	32,33	17,7	11,64
1987	26,28	33,90	24,1	15,16
1988	28,86	41,86	37,6	16,77
1989	36,48	53,42	90,2	32,5
1990	44,48	59,96	114,7	54

Quelle: Ding, Zhao: Meitan jiage gaige wentide sikao yu shexiang (Nachdenken und vorläufige Idee über die Preisreform der Rohkohle) in: Jiu, Daxiong (Hrsg.), Die Marktwirtschaft und die Entwicklungsstrategie der chinesischen Energiewirtschaft, Beijing, 1992, S. 217

---

316. Vgl.: Internationale Energie-Agentur, a.a.O., S. 90 - 93.
317. Siehe dazu:
 Huang, Yicheng, a.a.O., S. 65;
 Ding, Xiangyang, a.a.O., Teil IV, S. 9

Tabelle 20:
Die Relation der Kohlepreise zu anderen Güterpreisen in China im Vergleich zu den Preisrelationen in anderen Ländern (pro Tonne)

Land		Kohle[a]	Walzstahl	Zement[b]	Weizen	Baumwolle	Zeitpunkt Jahr/Monat
China	(Yuan)	44	720	55	330	2660	1979
	Preisrelation	1	16,4	1,2	7,5	60,5	1979
Weltmarkt	(US-$)	55	405	-	169,29	2238	1980/2
	Preisrelation	1	7,4	-	3,1	40,7	1980/2
Frankreich	(FF)	219,9	1869,8	264,43	1048,6	16860	1979/8
	Preisrelation	1	8,5	1,2	4,8	76,7	1979/8
BRD	(DM)	165,9	892,3	-	461,82	-	1978
	Preisrelation	1	5,4	-	2,8	-	1978
USA	(US-$)	51,08	-	-	122,6	1499	1976
	Preisrelation	1	-	-	2,4	29,3	1976

a) Die Kohlepreise gelten für aufbereitete Kohle b) Zement der Güteklasse 500

Quelle: Xu, Shoubo: Nengyuan jishu jingjixue (Technoökonomie der Energie), Changsha 1981, S. S14.

Die Preisentwicklung in der VR China war das Ergebnis politischer Entscheidungen. Bei der Preispolitik sozialistischer Volkswirtschaften geht es darum, das Preisniveau zu kontrollieren, so daß die staatlich festgelegten Preise nur begrenzt die tatsächlichen Kosten und die Versorgungslage widerspiegeln. So auch in der VR China. Das ordnungspolitische Ziel der KPCh besteht seit 1949 darin, nicht nur das Privateigentum abzuschaffen, sondern darüber hinaus möglichst alle ökonomischen Transaktionen des laufenden Wirtschaftsprozesses und damit auch das Preisniveau zu kontrollieren. Dies bedeutete eine Absage an freie, sich am Markt bildende Preise. Aber seit 1978 hat die chinesische Regierung im Rahmen ihrer Reformpolitik eine Preisreform eingeführt. Diese Reform kann man in zwei Phasen einteilen. In der ersten Phase von 1979 bis 1984 wurden in 1. Linie die Preise der landwirtschaftlichen Produkte gegenüber denen der industriellen Produkte erhöht, und zwar erheblich. 1984 wurde neben den vom Staat festgesetzten Preisen ein Marktpreis als Teil des Preissystems in China eingeführt. In der VR China existieren somit in der Regel drei Formen für die unterschiedlichen Sektoren: Staatssektor, kollektiver Sektor und Markt. Preise im Staatssektor sind präzise festgelegt: Für den kollektiven oder leichtindustriellen Sektor sind Bandbreiten definiert, innerhalb deren die Preise je nach lokalen Bedingungen oder Knappheit schwanken dürfen. Die Preise auf den Märkten sind frei [318].

Die Reform des Preissystems ist in den letzten Jahren weiter fortgeschritten. 1993 verstärkte die Regierung die Preisreform durch eine Reihe von politischen Maßnahmen, darunter die Freigabe der Fabrikpreise für die meisten Walzstahlprodukte, Zement und Kohle aus ausgewählten staatseigenen Kohleminen sowie Preiserhöhungen für Rohöl, Elektrizität etc. Diese Maßnahmen spielten eine wichtige Rolle bei der Angleichung des relativ niedrigen Preisniveaus für Grundprodukte und beschleunigten die Durchsetzung von Marktmechanismen [319]. Somit hat die Regierung die Kohlepreise im Lauf der Reformpolitik in den 90er Jahren schrittweise freigegeben. Während 1992 bereits 20% der Förderung zu Marktpreisen verkauft wurden, ist eine völlige Aufgabe der Preisbindung für Kohle im Plan. Die bisherigen staatlichen Subventionen sollen zum sozialverträglichen Abbau von überschüssigen Arbeitskräften der Kohlebergwerke eingesetzt werden [320].
Die meisten staatseigenen Kohleminen haben das Recht, die Kohle, die sie über die vom Staat verteilte Planmenge hinaus gefördert haben, auf dem freien Markt zu verkaufen. 1990 hat China 1,08 Mrd t Kohle gefördert. 71,8% davon (ca 0,775 Mrd t) haben die staatseigene Kohleminen durch die vom Staat verteilte Produktionsmenge im Rahmen der Planwirtschaft produziert: 0.444 Mrd t davon durch die zentrale Regierung, ca 0.24 Mrd t davon durch die Provinzregierungen. Die vom Staat verteilte Produktionsmenge ist einzuteilen in eine festbezifferte Menge und eine, für die nur Richtzahlen vorgegeben werden. Während der Anteil der festbezifferten Menge an der gesamten Planproduktion von 91,98% (1987) auf 64,73% (1992) gesunken ist, ist der Anteil der nur grob vorgegebenen Menge von 8,02% auf 30,29% gestiegen. Der Anteil der außerhalb des Plans geförderten Kohle an der gesamten Produktionsmenge ist von 3,41% (1986) auf 35,27% (1992) gestiegen [321].

---

318. Vgl.: Krug, Barbara, Preis- und Einkommenspolitik, in: Louven, Erhard (Hrsg.), Chinas Wirtschaft zu Beginn der 90er Jahre, Strukturen und Reformen, Hamburg, 1989, S. 139 - 146

319. Vgl.: Beijing Rundschau, 15, 3, 1994

320. Vgl.: ebenda

321. Siehe dazu:
Miao, Guoliang, Ruhe gaohao meitan jihua jingji yu shichang tiaojie xiangjiehe (Wie man die Planwirtschaft mit der Regulierungsfunktion des Marktes für Kohleproduktion gut kombinieren kann), in: Jiu, Daxiong(Hrsg.), Shichang jingji yu zhongguo nengyuan fazhanzhanlüe (Die Marktwirtschaft und Entwicklungsstrategie der chinesischen Energiewirtschaft), Beijing, 1992, S. 195 - 205

Somit wird der Anteil der Energiegüter, die im freien Austausch transferiert werden, auch stark zunehmen, d.h. die Bandbreitenpreise und die freien Preise spielen eine immer größere Rolle. Die direkten Eingriffe in die Preisgestaltung, die der chinesische Staat in der Vergangenheit vorgenommen hat, entsprachen seinem Bestreben, am Modell einer zentralen Planwirtschaft festzuhalten. Im Rahmen der Tauschwirtschaft kann der Staat ebenfalls mit der üblichen Besteuerung, Marktintervention oder Einkommenssubventionen die ökonomischen Transaktionen kontrollieren. So interveniert der Staat bei Nahrungsmitteln direkt auf ansonsten freien Märkten, um unerwünschte Preisschwankungen zu verhindern. Besteuerungen sind marktgerechte Maßnahmen. An die Stelle der Besteuerung des Betriebsgewinnes - wie in marktwirtschaftlich organisierten Gesellschaften üblich - traten in der VR China die Abführpflicht aller Gewinne bei Staatsbetrieben sowie die staatliche Kontrolle der Bankkonten und die Besteuerung der Betriebsüberschüsse in den Kollektivbetrieben. Erst seit den Reformen nach Maos Tod wurde die Abführpflicht der Staatsbetriebe durch eine Gewinnbesteuerung ersetzt.
Dementsprechend haben chinesische Experten wie Zhao Ding eine Formel aufgestellt, mit der man die untere Grenze der Bandbreitenpreise z.B. für Kohle berechnen kann [322]:

$$\frac{(PK\,p.E. + NK\,p.E. + \text{Re}ssourcensteuer) + (PK\,p.E. \times Gewinnsatz)}{(1 - Steuersatz)}$$

PK p.E. = Produktionskosten pro Einheit   NK p.E. = Nebenkosten pro Einheit

Die ökologische Steuerreform bedeutet dabei die stufenweise Erhöhung der Steuer. Das Endziel sind Energiepreise, die nicht nur die Produktionskosten und das Verhältnis von Angebot und Nachfrage berücksichtigen, sondern die - im Sinne der reflexiven Modernisierung - übereinstimmen mit dem tatsächlichen Wert der Energieprodukte inclusive dem Wert der durch ihre Produktion beeinträchtigten Natur.

---

322. Siehe dazu:
Ding, Zhao, Meitan jiage gaige wentide sikao yu shexiang (Nachdenken und vorläufige Idee über die Preisreform der Rohkohle) in: Jiu, Daxiong (Hrsg.), a.a.O., 1992, S. 219;
Krug, Barbara, a.a.O., S. 139

In der VR China ist man aber davon noch weit entfernt, da, wie eine Reihe chinesischer Experten einräumen, die Preise für Energie, insbesondere Kohle, noch weit unter den Produktionskosten liegen [323].

---

[323]. Vgl: Ding, Zhao, ebenda, S. 218 - 219

Zusammenfassung und Schlußfolgerung

In China kann man beobachten, daß die "traditionellen" oder "vorindustriellen" Umweltschäden wie Bodenerosion, Verwüstung und Entwaldung sich auch heute noch weiter ausbreiten. Die Entwaldung hat in den letzten Jahren solche Ausmaße angenommen, daß bei gleichbleibend steigenden Abschlagungsraten und weiterhin mangelhafter Wiederverjüngung es nur noch wenige Jahrzehnte dauern dürfte, bis der Altholzbestand vollständig verschwunden ist. Die Entwaldung zieht eine Reihe weiterer Umweltprobleme nach sich, wie Bodenerosion, Verlust des Oberbodenmaterials mit seinen Nährstoffen (Stickstoff, Phosphor und Kalium), Verminderung der Speicherkapazität von Wasserkraftwerken durch Sedimentation, Überschwemmungsgefahr usw. Z.B. beträgt der Verlust an Oberbodenmaterial (5 Mrd. t pro Jahr) fast das Dreifache der chinesischen Jahresproduktion von Handelsdünger. Außerdem haben die meisten Erosionsgebiete Chinas eine irreversible Verschlechterung der Bodenfruchtbarkeit zu verzeichnen [324]. Die Hauptursache dieser traditionellen Umweltprobleme ist die Überbevölkerung, wie man an der Zerstörung von Grasland, Verwüstungen und Entwaldung durch Neulanderschließungen sehen kann. In der Inneren Mongolei, Qinghai und Xinjiang z.B. stieg die Bevölkerung durch ein großes Umsiedlungsprogramm zwischen 1953 und 1982 von 12,6 Millionen auf 41,2 Millionen Einwohner. Zu den schädlichen Folgen gehören auch die Degradierung der Steppenvegetation und die Zunahme von Nagetieren und Heuschrecken durch starke Überweidung. Außerdem hat die rasche Zunahme des Brennholzbedarfs eine Verwüstung weit über die neubesiedelten Gebiete hinaus verursacht. [325]

Seit der Gründung der Volksrepublik hat die Umweltzerstörung in China jedoch eine neue Qualität bekommen. Die traditionellen Umweltschäden wurden von den "modernen", "industriellen" Umweltproblemen (z.B. Wasser- und Luftverschmutzung) überlagert. Vor allem in den Städten und in den Industriezentren ist eine Luftbelastung durch SO_2- und Staubemissionen entstanden, die vergleichbar ist mit dem Grad der Emissionen der Industriestaaten in den fünfziger Jahren. Eines der Hauptumweltprobleme, die die Industrialisierung hervorgerufen hat, ist der Treibhauseffekt. Mit seinen CO_2- Emissionen, dem Verursacher des Treibhauseffekts, liegt China an 2. Stelle in der Welt.

---

324. Vgl.: "Gongyuan 2000 nian de Zhongguo" (China im Jahr 2000), Beijing 1984, S. 81

325. Vgl.: ZGHJB, 18. 10. 1986;
Hou, Xueyu, "Lun woguo linye fazhan de yixie zhanlüexing wenti" (Über strategische Fragen der forstwirtschaftlichen Entwicklung Chinas), in: Hongqi, Nr. 16. 1987, S. 15 - 19

Wasser ist eine der Lebensgrundlagen aller Lebewesen. Die Wasserverschmutzung in China ist erheblich, sowohl in den Städten wie auch auf dem Land. Durch die Abwassereinleitungen von Städten wie Shanghai und Nanjing bilden sich in der Uferzone am Fluß Yangzi kilometerlange Schmutzfahnen. Die Wasserverschmutzung auf dem Lande wird hauptsächlich von den ländlichen Kleinbetrieben verursacht, was aber nur selten registriert wird. Z.B. sind in einer Landschaft in der Provinz Liaoning die Quecksilberwerte im Flußwasser zwischen 1978 und 1981 vom 35fachen auf das 70fache und die Phenolkonzentrationen vom 970fachen auf das 1. 800fache des Grenzwertes gestiegen. [326]

Modernisierung - das bedeutet für die wirtschaftliche Entwicklung vor allem Industrialisierung. Industrialisierung ohne Energieversorgung ist aber unvorstellbar. Sie ist unverzichtbare Voraussetzung wirtschaftlicher Modernisierung. Dabei ist die Art und Weise, in der die industrielle Entwicklung betrieben wurde, sowohl quantitativ als auch qualitativ, mitbestimmend für die Energiepolitik und ihre praktische Realisierung. Die Wechselbeziehung zwischen den Umweltproblemen und der Industrialisierung besteht in der VR China vor allem über die Energieversorgung. Der ständig steigende ungeheure Energiebedarf durch die Industrie, der nie ganz gedeckt werden konnte, hat, wie dargestellt, auch dazu geführt, daß die besonders umweltschädliche Kohle der Hauptenergielieferant geblieben ist und bei der Förderung auf eine für den Umweltschutz wichtige Aufbereitung weitgehend verzichtet wurde. Die Energie- und Rohstoffwirtschaft ist auch der Hauptverursacher der Gewässerbelastung: durch Kraftwerke, die sauren Grubenabwässer der Bergwerke, die Abwässer der Raffinerien aus den Ölfördergebieten und durch feste Verbrennungsrückstände. Eine Raffinerie mit einer Kapazität von 5 Mill. t/Jahr leitet zwischen 10. 000 und 50. 000 t Öl pro Jahr in die Abwässer, und die Ölverschmutzung der Meere ist erheblich. Außerdem leiten Kraftwerke und Industriebetriebe jährlich ca. 15 Mio. t Asche direkt in die Flüsse. Auch die vorindustriellen Umweltschäden stehen im Zusammenhang mit der Energieversorgung, vor allem die Entwaldung. Die Zunahme des Holzbedarfs steigt jährlich zwischen 5 - 10%.
Die Struktur des Primärenergieangebots in China ist dadurch geprägt, daß die Kohle seit der Gründung der VR China bis heute und für absehbare Zeit der wichtigste Energieträger ist. Zwar ist der Anteil der Kohle an allen Primärenergieträgern seit den 50er Jahren von 97% (1952) auf etwa 70% (1979) zurückgegangen, allerdings hauptsächlich zugunsten eines anderen fossilen Energieträgers, dem Erdöl, dessen Anteil von 1% auf 24% gestiegen ist. Der Anteil der Wasserkraft ist im gleichen Zeitraum nur von ca. 2% auf 4% angewachsen und seither fast konstant geblieben.

---

326. Vgl.: Betke, Dirk, a.a.O., S. 61 - 64

Während bei der Investitionspolitik die auf fossilen Energieträgern basierenden Energiesektoren ihren absoluten Vorrang behauptet haben, spielen die Investitionen in alternative Energiequellen wie Gezeiten-, Wind-, Sonnenenergie noch keine nennenswerte Rolle. Der Einsparungseffekt, der während des 6. Fünfjahresplans durch den Aufbau von Biogas- und Sonnenenergieanlagen erzielt wurde, entspricht nur 11 Mio. t Kohle [327].

Verantwortlich für die Energieknappheit und die beschriebene Struktur der Energiewirtschaft ist vor allem die Schwerindustrie, deren Aufbau und Ausbau immer noch großes Gewicht in der Wirtschaftspolitik der VR China hat. Auch ihr Anteil am gesamten Energieverbrauch des Landes ist immer noch sehr hoch. Die Industrie verbraucht 70% der gesamten Primärenergie von 550 Mio. t. Allein die Schwerindustrie benötigte mit 59% mehr als die Hälfte der gesamten umgesetzten kommerziellen Primärenergie. Der Energieverbrauch der Schwerindustrie für die Herstellung eines Bruttoproduktionswertes von 10.000 Yuan liegt um etwa 50% über dem entsprechenden Durchschnittswert der Industrie insgesamt und ist fast fünfmal höher als in der Leichtindustrie. Da die Industrie bei der Verteilung knapper Energie Priorität besitzt, leiden andere Sektoren wie Landwirtschaft und die Haushalte auf dem Lande unter akutem Mangel am Energie. Aber auch in der Industrie herrscht noch Energiemangel, vor allem in Gebieten wie Shanghai und Guangzhou, die stark industrialisiert sind. Die energiepolitische Antwort auf diese Energieversorgungsprobleme ist seit den 80er Jahren der Aufbau von Kernkraftwerken, die in der Nähe von Guangzhou und von Shanghai gebaut werden. Während im Westen wie z.B. in Deutschland angesichts der höchst problematischen Sicherheitfrage, der Entsorgungsprobleme und der Wirtschaftlichkeit der Ausstieg aus der Kernkrafttechnologie ernsthaft diskutiert wird, wurde in der VR China noch 1990 deutlich zum Ausdruck gebracht, daß man die Kernenergie weiter ausbauen will. Damit verbirgt sich in der gegenwärtigen chinesischen Energiepolitik die unermeßliche Gefahr, die Umwelt einschließlich Mensch zu zerstören.

Kurz gesagt, die wichtigste Ursache der in und durch die VR China verursachten Umweltprobleme liegt in der raschen Zunahme der Energienachfrage als Folge des Wachstums der Industrie im allgemeinen, der Schwerindustrie im besonderen und der Struktur des Energieangebots, das überwiegend auf fossilen Energieträgern basiert. Diese Entwicklung hat die VR China v.a. seit der Reformpolitik konsequent betrieben.

Was eine Regierung unter Modernisierung versteht, spielt eine entscheidende Rolle dafür, ob sie eine Entwicklung ökologisch gestalten kann. Modernisierung im weite-

---

327. Vgl.: Chen, Yinbin, a.a.O.

sten Sinne ist ein komplexer Prozeß aus Urbanisierung, Industrialisierung, Überwindung traditioneller Verhaltensweisen und Verbesserung der Kommunikation. Zurückzuführen ist eine solche Definition des Modernisierungsbegriffs auf den Begriff "Rationalisierungsprozess" von Max Weber. Der Rationalisierungprozeß sozialer Herrschaft ist als allgemeine Versachlichung von Arbeitsverhältnissen und als Ausdehnung der Zweckrationalität auf Wirtschaft, Verwaltung und Rechtsprechung zu verstehen. Modernisierungstheoretiker wie Gabriel A. Almond sehen in der Entwicklung der industrialisierten Ländern Europas ein Beispiel dafür. Der Rationalisierungsprozeß ist auch der theoretische Bezugsrahmen, mit dem die Modernisierungtheoretiker die Entwicklungsprozesse in den Ländern der Dritten Welt analysiert haben. Kritik an der Modernisierungstheorie wurde von verschiedenen Seiten geübt. Marcuse hat in Anlehnung an die "Dialektik der Aufklärung" von Horkheimer und Adorno die Rationalisierung mit Horkheimers und Adornos Begriff der "instrumentellen Vernunft" gleichgesetzt. Daß alle gesellschaftlichen Erfahrungsbereiche dem Zugriff einer am Modell der wissenschaftlich-technischen Entwicklung oder am Modell der Bürokratie des kapitalistischen Betriebes gewonnenen technischen Rationalität ausgeliefert werden, führt Marcuse gemäß dazu, daß Ökonomie, Kultur und Politik zu einem einheitlichen und historisch neuen Typus totaler Herrschaft verschmelzen. Das chinesische Experiment einer Modernisierung wurde auch von kritischen Theoretikern als "eine der schärfsten geschichtlichen Provokationen der Gegenwart" betrachtet und als ein Beispiel für die Blockierung geschichtlicher Lernprozesse bedauert:

"Als eine der schärfsten geschichtlichen Provokationen der Gegenwart erachte ich es, daß ausgerechnet in dem Augenblick, da sich Dämmerung über den Geist der Moderne zu legen scheint und vielerorts an Grabreden über deren längst fälliges Ende gefeilt wird, das volksreichste Land der Erde seine Stimme erhebt und ein Modernisierungsprogramm verkündet. Dieselben Kategorien, die den radikalen Intellektuellen der europäischen Kultur als Denkformen erscheinen, die den Niedergang der industriellen Zivilisation signalisieren, erfahren plötzlich von einer Seite eine Wiederbelebung und Aufwertung, von der eine solche Rettung des Ideengehalts der Moderne am wenigsten zu erwarten gewesen wäre." [328].

Mit Abstand zu allen pessimistischen Ansichten (Horkheimer, Adorno) über den geschichtlichen Prozeß hat Ulrich Beck eine theoretische Unterscheidung zwischen einfacher und reflexiver Modernisierung unternommen. Die Zeit der kontrollierbaren Folgen (Risiken im Sinn von Ulrich Beck) ist jedoch in die Zeit der nicht kontrollierbaren Folgen (Gefahren im Sinn von Ulrich Beck) übergegangen. Der Kontrollanspruch der Zweckrationalität von Max Weber ist im Chemie- und Atomzeital-

---

328. Negt, Oskar, Modernisierung im Zeichen des Drachen, China und der europäische Mythos der Moderne, Frankfurt/Main, 1988, S. 11

ter, dessen industrielle Folgen unkontrollierbar sind, zum Scheitern verurteilt. Von daher verlangt U. Beck die Rationalisierung der Rationalisierung, d. h. reflexive Modernisierung statt einfacher Modernisierung. Ein aussagekräftiges Beispiel für einfache Modernisierung ist der Aufbau von Kernkraftwerken mit seinen unkontrollierbaren Folgen. Im Sinne der reflexiven Modernisierung ist die auf fossilen Energieträgern basierende Energiepolitik der VR China, die gegen die von diesen Energieträgern verursachten Emissionen mit Grenzwerten angeht, scharf zu kritisieren. Einsparung des Energieverbrauchs als Grundsatz einer aktiven Strukturpolitik und der Einsatz regenerativer Energien wie z.B. Sonnenenergie sind dagegen als konkrete Maßnahmen zur Rationalisierung der Rationalisierung im Bereich Energiewirtschaft zu verstehen. Somit muß eine veränderte Energiepolitik, die den Erfordernissen des Umschutzes genügen kann, eine doppelte Strategie verfolgen: Bezüglich des Energieangebots muß sie den Umstieg von den fossilen Energieträgern auf regenerative Energieträger schaffen. Bezüglich der Nachfrage muß der Energiebedarf insgesamt, insbesondere aber der Anteil der durch die Schwerindustrie verbrauchten Energie drastisch reduziert werden.

Beide Maßnahmen sind eng miteinander verbunden, denn je schneller und stärker der Energiebedarf verringert wird, desto schneller werden die alternativen Energieträger quantitativ an Bedeutung gewinnen. Eine veränderte Energienachfrage ist aber nicht durch eine isolierte Energiepolitik, sondern nur durch ein Umdenken in der Wirtschaftspolitik insgesamt zu erreichen. Im Vergleich mit den westlichen marktwirtschaftlichen Systemen, in denen nicht zuletzt wegen der Stärke der Interessenverbande eine richtungweisende staatliche Politik schwer durchzusetzen ist., hat die VR China im grundegenommen bessere Voraussetzungen, um eine bahnbrechende Wirtschaftspolitik einzuleiten, da die Planung, Finanzierung und Durchführung der Investitionsprojekte bei den staatlichen Behörden und deren Ausführungsorganen liegt. Wegen der stattfindenden Umwälzungen des wirtschaftlichen Systems befindet sich die Führung jedoch noch auf der Suche nach angemessenen Maßnahmen zur Beseitigung der Entwicklungsprobleme. Im Oktober 1995 auf dem 5. Plenum des 14. Parteitags hat der Generalsekretär der KPCh Jiang Zemin in einer offiziellen Rede die Aufmerksamkeit auf die wechselseitigen Beziehungen zwischen dem wirtschaftlichen Aufbau, den Bevölkerungsproblemen, der Ressourcenknappheit und der Umweltverschmutzung gerichtet [329]. Doch nach wie vor wurden die notwendigen Maßnahmen nicht eingeleitet wie vor allem eine neue Entwicklungspolitik, die den hohen Anteil der Industrie, vor allem der Schwerindustrie, am Volkseinkommen durch neue Investitionsmaßnahmen gezielt reduziert. Ende der 70er Jahre wurde zwar der Versuch unternommen, die Investitionen in die Schwer-

---

[329]. Vgl.: Einige relevante Beziehungen bei der richtigen Behandlung des Aufbaus der sozialistischen Modernisierung, RMRB, 9. 10. 1995

industrie zu vermindern, allerdings aus anderen Gründen als denen des Umweltschutzes. Doch nicht einmal das angestrebte Ziel der Verwirklichung des strukturellen Gleichgewichts in der Industrie wurde erreicht.

Ein ernsthafter, wirksamer Umstieg der Energiepolitik auf regenerative Energien in den 80er und 90er Jahren ist nicht feststellbar. Um die wachsende Energienachfrage zu decken, wurde einerseits weiterhin die Kohleförderung gesteigert, andererseits wurde der Aufbau von Kernkraftwerken in Angriff genommen und realisiert. Offensichtlich wird der Ausbau der Kernenergie im Gegensatz zu den meisten westlichen Industrieländern in China bis heute nicht in Frage gestellt.

Damit ist klar ersichtlich, daß die VR China im untersuchten Zeitraum eine "einfache Modernisierung" (Rationalisierung der Tradition) im Unterschied zur "reflexiven Modernisierung" (Rationalisierung der Rationalisierung) im Bereich E. u. U. betrieben hat, zwar im Rahmen der Zentralisation wie z.B. das Drei-Schluchten-Damm-Projekt mit landesweitem Verbundsystem und Aufbau der Kernkraftwerke zeigen, die organisatorisch und finanziell nur die zentrale Regierung leisten kann. Investitionspolitisch gesehen sind diese Maßnahmen wiederum mit der Vernachlässigung bzw. Verschlechterung der sozioökonomischen Situation auf dem Lande verbunden. Die zwanghafte Umsiedlung von ca. 1 Million Menschen, die das Sanxia-Projekt verursacht, ist nur ein prägnantes Beispiel.

Aufgrund der begrenzten Ressourcenausstattung und Überbevölkerung ist eine alternative E.u.U. wie die Förderung der regenerativen Energien im Rahmen der Dezentralisation und die ökologische Steuerreform im Umwandlungsprozeß von der zentralen Planwirtschaft in eine Marktwirtschaft gegenwärtig notwendig, um die ökologische und die Beschäftigungssituation v.a. auf dem Lande zu verbessern. Dies ist im Sinne der reflexiven Modernisierung der chinesischen E.u.U. zu verstehen, die China im Prozeß der Modernisierung vernünftig ins 21. Jahrhundert führen kann.

Abkürzungen der verwendeten chinesischen Zeitschriften

Huanjing baohu (Umweltschutz)	HJBH
Renmin ribao (Volkszeitung)	RMRB
Zhongguo baike nianjian (Enzyklopädisches Jahrbuch Chinas)	ZGBKNJ
Zhongguo huanjing bao (Zeitung für die Umwelt Chinas)	ZGHJB
Zhongguo huanjing kexue (Umwelt-Wissenschaft Chinas)	ZGHJKX
Zhongguo huanjing nianjian (Umwelt-Jahrbuch Chinas)	ZGHJNJ
Zhongguo jingji nianjian (Wirtschaftliches Jahrbuch Chinas)	ZGJJNJ
Zhongguo meitan gongye nianjian (Jahrbuch der Kohleindustrie Chinas)	ZGMTGYNJ
Zhongguo nengyan tongji nianjian (Statistisches Jahrbuch der Energiewirtschaft Chinas)	ZGNYTJNJ
Zhongguo tongji nianjian (Statistisches Jahrbuch Chinas)	ZGTJNJ

Literaturverzeichnis

Almond	Politische Systeme und politischer Wandel, in: Zapf, Wolfgang (Hrsg.) Theorien des sozialen Wandels, Königsstein, 4. Aufl. 1979
Altrichter, Helmut	Kleine Geschichte der Sowjetunion, München, 1993
Bai, Hewen	"Nongye shengchan zerenzhide jianli yu fazan" (Aufbau und Entwicklung des Verantwortungssystems der landwirtschaftlichen Produktion), in: ZGJJNJ, 1983,
Bao, Shixing /Shi, Dehong	Ziyuanxing gongkuang chengzhen yu shuihuanjing (Bergbauregion und Wasserqualität), in: Zhongguo renkou, ziyuan yu huanjing (Bevölkerung, Resourcen und Umwelt in China), Jinan, Juni 1994
Bao, Yunqiao	Lun zhongguo hedian fazhanzhanlue ji duice (Über die chinesische Entwicklungsstragie der Kernkraftwerke und ihre Maßnahmen), in: Jiu, Daxiong (Hrsg.), Shichang jingji yu zhongguo nengyuan fazhanzhanlüe (Die Marktwirtschaft und Entwicklungsstrategie der chinesischen Energiewirtschaft), Beijing, 1992
Bauer, Edgar	Ideologie und Entwicklung in der VR China, Bochum, 1980
Baumol, William / Oates, Wallace E.	
	The Theory of Environmental Policy, 2. Aufl. Cambridge University Press, 1988
Beck, Ulrich	Die Erfindung des Politischen, Frankfurt am Main, 1993

	Gegengifte. Die organisierte Unverantwortlichkeit, Frankfurt am Main, 1988
	Politik in der Risikogesellschaft, Frankfurt am Main, 1991
	Risikogesellschaft - Auf dem Weg in eine andere Moderne, Frankfurt am Main, 1986
Bendix, Reinhard	Modernisierung in internationaler Perspektive, in: Zapf, Wolfgang (Hrsg.), Theorien des sozialen Wandels, Königsstein, 4. Aufl. 1979
Bermbach, Udo	Demokratietheorie und politische Institutionen, Darmstadt, 1991
Betke, Dirk	Die Umweltfrage, in: Louven, Erhard (Hrsg.), Chinas Wirtschaft zu Beginn der 90er Jahre. Strukturen und Reformen, Hamburg 1989
Beyme, Klaus von	Theorie der Politik im 20. Jahrhundert, von der Moderne zur Postmoderne, Frankfurt/ Main, 1991, S. 321

Bill, James A. / Hardgrave, Robert L.
  Comparative Politics, The Quest for Theory, Columbus, Ohio, 1973

Bremen Overseas Research and Development Agency (BORDA)
  Biogas in China, Bremen 1981

Cao, Junjian / Tang, Yongluan Huanjing jianshe yu huanjing tuozi (Umweltaufbau und Umweltinvestition), in: Huanjing wuran yu fangzhi (Umweltverschmutzung und Kontrolle), Qingdao, Oktober 1993,

Chen, Anqing / Guo, Chen / Li, Xiulin / Li, Weichun (Hrsg.)
Zhongguo xiandaihua zhi zexue tantao (Philosophische Untersuchung über die chinesische Modernisierung), Beijing, 1990

Chen, Baowen "Woguo qing tian taiyang zong fushe ziyuan fenbu" (Die regionale Verteilung der Sonneneinstrahlung in China), in: Nengyuan, Nr. 4, 1983

Chen, Guojia / Chen, Zhijian Shanxia gongcheng dui shengtai yu huanjing yingxiangde zonghe pingjia yanjiu (Forschung über die Umweltverträglichkeitsprüfung des Drei-Schluchten-Dammprojektes), Beijing, 1993

Chen, Heng Elektrische Energieversorgung in China, Ihre charakteristischen Merkmale, in: Energiewirtschaftliche Tagesfragen, 1988, Heft 1, S. 41 - 46

Chen, Huanhuan "An zhuanyehua xiezuo yuanze gaizu gongye" (Spezialisierung als Prinzip der industriellen Reform), in: ZGBKNJ, 1980, S. 313 - 314

Chen, Xian "Zhonggongye yao zai tiaozheng zhong enbu qianjin" (Während der Regelunngsperiode muß sich die Schwerindustrie stabil entwicklen), in: Wirtschaftliches Jahrbuch der VR China, Beijing, 1982, Teil IV, S. 9, - 14.

Chen, Yinbin "Zhongguo nengyuan gongye fazan zongshu" (Zusammenfassung der Entwicklung der Energiewirtschaft in China), in: ZGJJNJ, 1986, Teil VI, S. 54

Chen, Yongzhong / Jing, Ke "Woguo shuitu liushi de xianzhuang he ji xu yuanjiu de wenti" (Bodenerosion in China - Zustandsbeschreibung und drängende Forschungsprobleme), in: Shuitu baochi tongbao, Nr. 4, 1983, S. 1 - 6

Cheng, Chu-Yuan	Chinas Petroleum Industry - Output, Growth and Export Potential, New York, Washinton, London 1976
Chu, Qiang	Woguo kuangchan ziyuan liyong de huanjing wenti ji duice (Umweltprobleme der Bodenschätzebenutzung unseres Landes und Gegenmaßnahme), in: Zhongguo renkou, ziyuan yu huanjing (Bevölkerung, Resourcen und Umwelt in China), Jinan 1995, März
Cipolla, Carlo M.	Die Industrielle Revolution in der Weltgeschichte, in: Cipolla, Carlo M. (Hrsg.), Die Industrielle Revolution, Stuttgart, 1976, S. 1
Clauser, Thomas	Kleine Wasserkraftwerke als umweltfreundliche Energiebasis, in: Glaeser, Bernhard (Hrsg.), Ökologie und Umweltschutz in der VR China, Bochum 1982

Cramer, Günther / Kniehl, Rainer
Autonome Wind/Diesel/Batterie-Systeme. Technologie-Transfer mit der VR China. in: Energiewirtschaftliche Tagesfragen, 44. Jg. (1994), Heft 1/2

Crutzen, Paul J. / Müller, M. (Hrsg.)
Das Ende des blauen Planeten? Die Zerstörung der Erdatmosphäre, Gefahren und Auswege, München 1989

Cui, Minyuan	Bashiniandai zhongguo gongye jiegou biandong yanjiu (Forschungsergebnisse zur Veränderung der industriellen Struktur in den 80er Jahren in China), in: Shengchanli yanjiu (Forschung der Produktivkräfte), Taiyuan, 1994, Nr. 6

Dai, Dingzhong / Qian, Ning	"Woguo heliu nisha wenti jiqi yanjiu jinzhan" (Fortschritte bei den Untersuchungen der Schlammführung von Chinas Flüssen), in: Shuili Fadian Jishu, Nr. 2, 1980
Deutscher Bundestag, Referat Öffentlichkeitsarbeit (Hrsg.),	Schutz der Erde, Eine Bestandsaufnahme mit Vorschlägen zu einer neuen Energiepolitik, Bonn 1990, Bd. 1 u. 2
Dieterich, Heinz	Produktionsverhältnisse in Lateinamerika, Gießen, 1977
Ding, Xiangyang	"Zhongguo nengyuan gongye gaikuang" (Überblick über die chinesische Energiewirtschaft), in: ZGJJNJ, 1989, Teil IV, S. 8 -10;
Ding, Zhao	Meitan jiage gaige wentide sikao yu shexiang (Nachdenken und vorläufige Idee über die Preisreform der Rohkohle) in: Jiu, Daxiong(Hrsg.), Shichang jingji yu zhongguo nengyuan fazhanzhanlüe (Die Marktwirtschaft und Entwicklungsstrategie der chinesischen Energiewirtschaft), Beijing, 1992
Dos Santos	Über die Struktur der Abhängigkeit, in: Senghaas, Dieter, Imperialismus und strukturelle Gewalt, Analysen über abhängige Reproduktion, Frankfurt am Main, 1972
Dubiel, Helmut	Kritische Theorie der Gesellschaft, Eine einführende Rekonstruktion von den Anfängen im Horkheimer-Kreis bis Habermas, Weinheim und München 1992
Durau, Joachim	Die Krise der chinesischen Agrarökonomie, in: Lorenz, Richard (Hrsg.) Umwälzung einer Gesellschaft - Zur Sozialgeschichte der chinesischen Revolution (1911 - 1949), Frankfurt am Main, 1977

Ehringhaus, Henner / Görres, Anselm / Weisäcker, E. U. v.
Der Weg zur ökologischen Steuerreform - Weniger Umweltbelastung und mehr Beschäftigung, München, 1994

Fan, Congda — "Jiahua gongye de jieneng" (Energieeinsparung in der Kokereiindustrie), in: Nengyuan, Nr. 4, 1981

Feng, Weimin — Möglichkeiten der Übertragbarkeit von Erfahrungen des deutschen Steinkohlebergbaus bei der Mechanisierung im Strebbetrieb und im Streckenvortrieb auf den Kohlebergbau der VR China (Diss.), Berlin 1985

Frank, A. G. — Lateinamerika - kapitalistische Unterentwicklung oder sozialistische Revolution, in: Frank, A. G., Kritik des bürgerlichen Anti-Imperialismus, Entwicklung der Unterentwicklung, Berlin (W), 1969

Fricke, Wolfgang — Umfang und Entwicklung von Emissionen und Immissionen in der Bundesrepublik Deutschland, in: Glückauf, 120. Jg., 1984, Nr. 15

Gao, Shangquan — "Shinian laide zhongguo jingji tizhi gaige" (Die Reform des chinesischen Wirtschaftssystems seit 10 Jahren), in: ZGJJNJ, 1989, Teil II, S. 38 - 42

"Zhongguo de jingji tizhi gaige" (Reform des chinesischen Wirtschaftssystems), in: ZGJJNJ, 1983, Teil III, S. 108 - 111;

Goetze, Dieter — Entwicklungspolitik 1, Soziokulturelle Grundfragen, Paderborn, 1983

Gong, Xiangying — Nengyuan yu Huanjing baohu (Energie und Umweltschutz), Beijing, 1991

Grießhammer, Rainer / Hey, Christian / Hennicke, Peter / Kalberlah, Fritz
    Ozonloch und Treibhauseffekt, Ein Report des Öko-Instituts, Hamburg, 1990

Gu, Shengzu   Jiejue woguo nongcun shengyu laodongli wenti de silu yu duice (Gedanken zum Überschuß der Arbeitskräfte in den ländlichen Gebieten unseres Landes und Gegenmaßnahmen), in: Zhongguo shehui kexue (Sozialwissenschaft in China), Beijing, 1994, Nr. 5, S. 60 - 66

Gu, Xutang / Liu, Xin   Xin laodong jiazhilun yiyuanlun (Die monistische neue Arbeitswerttheorie), in: Zhongguo shehui kexue (Sozialwissenschaft in China), Beijing, 1992, Nr. 6, 1993, Nr. 6, S. 83 - 94;

Gui, Shiyong / Zhou, Shulian   "Lun jingji tiaozheng de mubiao jieduan he cuoshi" (Das Ziel, Stufe und Maßnahmen der Regulierung der Wirtschaft), in: Jingji Yanjiu, 1981, Nr. 6

Guo, Baosan / Wang, Yanyang   Chixu fazhan - xinde fazhanzhanlue (Die nachhaltige Entwicklung - neue Entwicklungsstrategie), in: Zhongguo renkou, ziyuan yu huanjing (Bevölkerung, Resourcen und Umwelt in China), Jinan, 1993, Juni

Guo, Zhongxing /Shen, Xinxiang
    Shuidian zai woguo nengyuan zhong de diwei (Die Stellung der Wasserkraft in Chinas Energiesystem), in: Nengyuan, Nr. 2, 1981

Guojia Huanjing baohuju   1993 niande zhongguo huanjing zhuangkuang gong-bao (Amtliche Bekanntmachung über die Umweltsituation in China im Jahr 1993), in: Huanjing baohu, Nr. 4, 1994

Habermas, Jürgen   Theorie des kommunikativen Handelns, Bd. 2, Zur Kritik der funktionalistischen Vernunft, Frankfurt am Main, 1988

Han, Zhun	Woguo gongnongye guanxi de lishi kaocha (Historische Untersuchung der Beziehung zwischen Industrie und Landwirtschaft unseres Landes), in: Zhongguo shehui kexue (Sozialwissen-schaft in China), Beijing, 1993, Nr. 4
He, Liancheng	Yetan laodong jiazhilun yiyuanlun(Eine andere Diskussion über die monistische Arbeitswerttheorie), in: Zhongguo shehui kexue (Sozialwissenschaft in China), Beijing, 1994, Nr. 4, S. 23 - 31
Heberer, Thomas	Bevölkerung und Beschäftigung, in: Heberer, T. / Weigelin, Rüdiger (Hrsg.) Xiandaihua, Versuch einer Modernisierung, Entwicklungsprobleme der VR China, Unkel/Rhein;Bad Honnef, 1990
Heller, Peter W	Das Problem der Umweltbelastung in der ökonomischen Theorie, Frankfurt am Main, 1989
Hindess, Barry	Rationality and the Characterization of Modern Society, in: Lash, Scott/Whimster, Sam (Hrsg.), Max Weber, Rationality and Modernity, London, 1987
Hirschman, Albert O.	Die Strategie der wirtschaftlichen Entwicklung, Stuttgart, 1967
Homans, G. C.	Funktionalismus, Verhaltenstheorie und sozialer Wandel, in: Zapf, Wolfgang (Hrsg.) Theorien des sozialen Wandels, Königsstein, 4. Aufl. 1979
Hou, Xueyu	"Lun woguo linye fazhan de yixie zhanlüexing wenti" (Über strategische Fragen der forstwirtschaftlichen Entwicklung Chinas), in: Hongqi, Nr. 16. 1987

Hsü, Immanuel C. Y.	The Rise of Modern China, New York, 1970
Hu, Yongjun	"Xiangzhen qiye" (Ländliche Kleinindustrie), in: ZGJJNJ, 1992, S. 122;
Huang, Yicheng	"Zhongguo nengyuan gongye xingshi shuping" (Über die Situation in der Energieindustrie in China), in: ZGJJNJ, 1992
Huntington, Samuel P.	Political Order in Changing Societies, New Haven/ London, 1968
Immler, Hans	Natur in der ökonomischen Theorie, Opladen 1985, S. 240
Internationale Energie-Agentur	Energie- und Umweltpolitik, Braunschweig, Wiesbaden, 1991
Iten, Rolf / Jesinghaus, Jochen / Mauch, Samuel P. / Weizsäcker, E. U. v.	Ökologische Steuerreform, Zürich, 1992
Jiang, Xinxong	"Zhongguode hedian zhengce" (chinesische Kernenergiepolitik), in: ZGJJNJ, 1987, Teil II, S. 17 - 19
Jiang, Ying	"Guanyu wohuo shuineng ziyuan kaifa liyong chengdu de wenti" (Über den Grad der Nutzung der chinesischen Wasserkraftreserven), in: Shuili Fadian, Nr. 2, 1980
Jiang, Zhengzhong	"Dianwang shixing tongyi jingji tiaodu jieyue meitan" (Einheitliche wirtschaftliche Regeln bei den Elektrizitätserzeugungseinheiten zur Kohleeinsparung anwenden), in: Nengyuan, Nr. 3, 1983

Kinzelbach, Wolfgang	Energie und Umwelt in China, in: Glaeser, Bernhard (Hrsg.), Umweltpolitik in China, Bochum 1983
Klenner, W.	Der Wandel in der Entwicklungsstrategie der VR China, Hamburg 1981
Köhler, Johann	Strittige Probleme der marxistisch-leninistischen Werttheorie, Leipzig, 1977
Kolonko, Petra	Mit Max gegen Marx? Zum Beginn einer Weber-Rezeption in der VR China, in: Internationales Asienforum, Vol. 18 (1987), No. 1/2
Kraus, W.	Wirtschaftliche Entwicklung und sozialer Wandel in der VR China, Berlin, Heidelberg, New York, 1979
Krizan, Mojmir	Vernunft, Modernisierung und die Gesellschaftsordnungen sowjetischen Typs, Eine kritische Interpretation der bolschewistischen Ideologie, Düsseldorf, 1991,
Krug, Barbara	Preis- und Einkommenspolitik, in: Louven, Erhard (Hrsg.), Chinas Wirtschaft zu Beginn der 90er Jahre, Strukturen und Reformen, Hamburg, 1989,
Krusekamp, Harald	Archäologen der Moderne, Zum Verhältnis von Mythos und Rationalität in der Kritischen Theorie, Opladen, 1992
Kuntze, Peter	Der Osten ist rot, München, 1970
Kurz, Rudi	Marktwirtschaft und Umwelt, Bonn, 1994
Leisinger, Klaus M.	Arbeitslosigkeit, Direktinvestitionen und angepaßte Technologie, Bern, 1985

Levy, M. J.	Modernization and the Structure of Societies. A Setting for International Affairs, Princeton, 1966, Bd. 1
Li, Miantang	"Zhongguo taiyangneng liyong rejian kuofa" (Die Anwendungen der Solarenergie in China weiten sich täglich aus), ZGBKNJ, 1982. S. 472 - 473
Li, Rui	"Bixu youxian fazhan shuidian" (Wasserkraft muß vorrangig entwickelt werden), in: Renmin Ribao 6. 3. 1980;
Li, Wen	"Qinshan gaidianzhan bingwang fadian" (Elektrizitätserzeugung des Qinshan-Atomkraftwerkes), in: ZGJJNJ, 1992
	"Qinshan gaidianzhan bingwang fadian" (Elektrizitätserzeugung des Qinshan-Atomkraftwerkes) in: ZGJJNJ, 1992
Li, Wenyan	"Woguo kuangchan ziyuan yu dili weizhi de diqu chadao - gongye buju ruogan tiaojian de jingji dili fenxi" (Über die bergbaulichen Ressourcen Chinas und deren geographische Verteilung - Wirtschaftsgeographische Analyse der Standortverteilung der Industrie), in: Dili Yanjiu, Nr. 1, 1982, abgedruckt in: Gongye Jingji Nr. 8, 1982
Li, Yining	"Shehuizhuyi youxiao touzi yu heli touzi" (Effiziente und angemessene Investitionen im Sozialismus), in: Caizheng Jingji, Nr. 1, 1982
Liang, Shusheng / Zhang, Yi	"Xiangzhen Qiye" (Ländliche Kleinindustrie),in: ZGJJNJ, 1988, Teil V, S. 14 - 15

Liu, Jiren	Hangzhoushi shuanyu xianzhuang, tedian ji kongzhi duice (Saurer Regen, Merkmale und Gegenmaßnahmen in Hangzhou), Hunajing wuran yu fangzhi (Umweltverschmutzung und Kontrolle), Qingdao, 1993, August
Liu, Ruimei	Wenshi xiaoying yu renkou cengzhang, nengyuanxiaohaojian xianghu guanxide tantou (Untersuchung über die Beziehungen zwischen Treibhauseffekt, Bevölkerungswachstum und Energieverbrauch), in: Zhongguo renkou, ziyuan yu huanjing (Bevölkerung, Resourcen und Umwelt in China), Jinan, 1994, August
Liu, Xinmin / Yang, Taiyun / Zhang, Weimin	
	Zhongguo shamohua huanjing zhuangkuang yu fangzhi duice (Verwüstungssituation und Gegenmaßnahmen in China), in: Zhongguo renkou, ziyuan yu hunajing (Bevölkerung, Ressourcen und Umwelt in China), Jinan, August 1994
Louven, Erhard	Die Energiesituation der VR China gegenwärtig und im Jahre 2000, in: China aktuell, August 1987
Lu, Nan	"Zhonguo jiage jiegoude tiaozheng , 1979 nian - 1986 nian" (Regulierung des Preissystems in China, 1979 bis 1986), in: ZGJJNJ, 1987
Lübbert, E	Betriebserfahrungen mit Solar- und Windkraftanlagen in Deutschland und deren Wirtschaftlichkeit, in: VDI-Gesellschaft Energietechnik (Hrsg.), Regenerative Energien, Betriebserfahrungen und Wirtschaftlichkeitsanalysen der Anlagen in Europa, Düsseldorf, 1993
Lukner, Christian / Benkert, Hans-Joachim	
	Energietechnologien und ihre Umweltauswirkungen. Stand - Entwicklung - Perspektiven, Köln, 1989

Luo, Hui	"Jiangxi nengyuan jingji wenti chutan" (Über die Energiewirtschaft der Provinz Jiangxi), in: Jiangxi Shiyuan Xuebao, Nr. 4, 1982, abgedruckt in: Gongye Jingji, Nr. 20, 1982
Maier, Wolfgang	Wirtschaftliche Auswirkungen von Förderungsmaßnahmen für regenerative Energien in: Energiewirtschaftliche Tagesfragen, 44. Jahrgang (1994), Heft 1/2
Mansilla, Hugo C. F.	Entwicklung als Nachahmung, Zu einer kritischen Theorie der Modernisierung, Meisenheim am Glan
Marcuse, Herbert	Der eindimensionale Mensch, Studien zur Ideologie der fortgeschrittenen Industriegesellschaft, Berlin, 1969
	Die Gesellschaftslehre des sowjetischen Marxismus, Berlin, 1964
Marini, R. M.	Dialektik der Abhängigkeit, in: Senghaas, Dieter (Hrsg.), Peripherer Kapitalismus, Analysen über Abhängigkeit und Unterentwicklung, F/M, 1974
Martinelli, Alberto	Dualismus und Abhängigkeit. Zur Kritik herrschender Theorien, in: Senghaas, Dieter, Imperialismus und strukturelle Gewalt, , Analysen über abhängige Reproduktion, Frankfurt am Main, 1972
Marx, Karl	Das Kapital Bd. I und Bd. III, MEW, Bd. 23 u. 25
	Ökonomisch-philosophische Manuskripte, MEW, Ergängzungsband 1
Menzel, Ulrich	Wirtschaft und Politik im modernen China, Opladen, 1978

Meyerhoff, A. A. / Willums, J. O.	Petroleum Geology and Industry of the People's republic of China, Vol. 10, VN ESCAP, CCOP Technical Bulletin, Dec. 1976
Miao, Guoliang	Ruhe gaohao meitan jihua jingji yu shichang tiaojie xiangjiehe (Wie man die Planwirtschaft mit der Regulierungsfunktion des Marktes für Kohleproduktion gut kombinieren kann), in: Jiu, Daxiong (Hrsg.), Shichang jingji yu zhongguo nengyuan fazhanzhanlüe (Die Marktwirtschaft und Entwicklungsstrategie der chinesischen Energiewirtschaft), Beijing, 1992
Mintzel, Ralf	Politische Soziologie, in: Nohlen, Dieter (Hrsg.), Pipers Wörterbuch zur Politik, München, Zürich. Bd. 2, 1987
Münch, Richard	Die Struktur der Moderne, Grundmuster und differentielle Gestaltung des institutionellen Aufbaus der modernen Gesellschaften, Frankfurt am Main, 1984
Naujoks, Friedhelm	Ökologische Erneuerung der ehemaligen DDR. Begrenzungsfaktor oder Impulsgeber für eine gesamtdeutsche Entwicklung? Bonn, 1991
Nedbailo, Pjotr Jemeljanowitsch	Einführung in die marxistische Rechts- und Staatstheorie, Köln, 1973
Negt, Oskar	Modernisierung im Zeichen des Drachen, China und der europäische Mythos der Moderne, Frankfurt am Main, 1988
Nitsch, Manfred	Außenhandel und Entwicklung in Lateinamerika, in: Grabendorff, Wolf (Hrsg.), Lateinamerika, Kontinent in der Krise, Hamburg, 1973

Nohlen, Dieter/ Nuscheler, Franz
    Handbuch der Dritten Welt, Theorie und Indikatoren der Unterentwicklung und Entwicklung, Hamburg, 1974

    Was heißt Entwicklung? in: Nohlen, Dieter/ Nuscheler, Nuscheler, Franz (Hrsg.), Handbuch der Dritten Welt, Grundprobleme, Theorien, Strategien, Bonn, 1993

Nuscheler, Franz
    Entwicklungspolitik, Lern- und Arbeitsbuch, Bonn, 1987

o. V.
    "Guanyu fazhan minyong xingmei de zanxing banfa" (Über die vorläufige Maßnahmen zur Entfaltung der Anwendung von Formkohle bei der Bevölkerung), in: ZGHJB, 20. 8. 1987

o. V.
    "Shanxi meitan nengyuan jianshe xueshu taulunhui jiyao" (Zusammenfassung der Diskussionsveranstaltung über den Aufbau einer Kohleenergiebasis in der Provinz Shanxi), in: Jingji Wenti (Wirtschaftsfragen) Nr. 5, 1981

o. V.
    Einige relevante Beziehungen bei der richtigen Behandlung des Aufbaus der sozialistischen Modernisierung, RMRB, 9. 10. 1995

Ouyang, Ziyuan / Huang, Jingcheng
    Yige mianxiang weilaide lishixing xuanze (Eine Auswahl in Richtung auf künftige Geschichtlichkeit), in: Zhongguo renkou, ziyuan yu huanjing (Bevölkerung, Resourcen und Umwelt in China), Jinan, 1993, Juni

Parsons, Talcott
    Gesellschaften, Evolutionäre und komparative Perspektiven, Frankfurt am Main, 1986

Pen, Keping	Quanguo ziyuan, huanjing yu jingjifazhan yantaohui zongshu (Zusammenfassende Bemerkungen der landesweiten Diskussionsveranstaltung über die Ressourcen, Umwelt und wirtschaftliche Entwicklung), in: Zhongguo renkou, ziyuan yu huanjing (Bevölkerung, Resourcen und Umwelt in China), Jinan, 1995, März
Pertz, Klaus	Nutzung erneuerbarer Energiequellen in Entwicklungsländern, Köln 1988
	Politikwissenschaftliche Entwicklungsländerforschung, Darmstadt, 1986
Peukert, Detlev J. K.	Max Webers Diagnose der Moderne, Göttingen 1989
Pohlmann, Friedrich	Individualität, Geld und Rationalität, Stuttgart, 1987
Qian, Ning / Dai, Dingzhong	"Woguo heliu nisha wenti jiqi yanjiu jinzhan" (Fortschritte bei den Untersuchungen der Schlammführung von Chinas Flüssen), in: Shuili Fadian Jishu, Nr. 2, 1980, S. 19
Qu, Ge-ping	Environmental Management in China, Beijing 1991Umwelt und Entwicklung, in: Peking-Rundschau, Nr. 20, 18. 5. 1976
	"Zhongguo huanjing baohu zhanlüe wenti" (Strategische Fragen des Umweltschutzes in China), in: ZGHJKX, 1984, NR. 3, S. 1 - 6, Nr. 4
	"Zhongguo huanjing wenti ji duice" (Umwelt-probleme und Gegenmaßnahmen in China), Bei-jing, 1989

Rong, Bo	"Jing Tian Tan diqu lianyou gongye de nenghao fenxi he fazhan zhong de wenti" (Analyse des Energieverbrauchs der Raffinerieindustrie in Beijing, Tianjing und Tanshan und Entwicklungsprobleme), in: Nengyuan, Nr. 4, 1983
Rostow, W. W.	Stadien wirtschaftlichen Wachstums, Eine Alternative zur marxistischen Entwicklungstheorie, Göttingen, 2. Aufl. 1967
	Die Phase des Take-off, in: Zapf, Wolfgang (Hrsg.), Theorien des sozialen Wandels, Königstein, 4. Aufl. 1979
Rubin, Isaak Iljitsch	Studien zur Marxschen Werttheorie, Frankfurt am Main, 1973
Scheer, Hermann	Sonnenstrategie, Politik ohne Alternative, München, 1993
Schenkel, W.	"Abfallwirtschaft", in: Glaeser, Bernhard (Hrsg.), Ökologie und Umweltschutz in der VR China, Bochum 1982
Schier, Peter	Die wirtschaftliche und gesellschaftliche Entwicklung bis zur Kulturrevolution (1949 - 1966), in: Bundeszentrale für politische Bildung (Hrsg.), VR China im Wandel, Bonn
Schmidt, Manfred	Vergleichende Policy-Forschung, in: Berg-Schlosser, Müller-Rommel (Hrsg.) Vergleichende Politikwissenschaft, Opladen, 1987
Schönwiese, Christian-Dietrich	Klima im Wandel, Tatsachen, Irrtümer, Risiken, Mit einer aktuellen Dokumentation, Stuttgart, 1992

Smil, Vaclav	China's Energy Consumption and Economic Growth, presented at the Second Petroleum News Conference on Hong Kong, The Energy Development of Southern China, Hong Kong, 16. /17. März 1981
Stavenhagen, R.	Sieben falsche Thesen über Lateinamerika, in: Frank, A. G., Kritik des bürgerlichen Antiimperialismus, Entwicklung der Unterentwicklung, Berlin (W), 1969
Sterbling, Anton	Modernisierung und soziologisches Denken, Hamburg, 1991
Sternfeld, E.	Geschichten vom giftigen Wasser, in: Das neue China, 3, 1988
Su, Jyun-hsyong / Tomson, Edgar	Regierung und Verwaltung der Volksrepublik China, Köln, 1972
Su, ming	Woguo nongye fazhanzhong de zijin wenti (Die finanzielle Frage bei der landwirtschaftlichen Entwicklung unseres Landes), Zhongguo shehui kexue, 1991, Nr. 1
Su, Xing	Laodong jiazhilun yiyuanlun (Monistische Arbeitswerttheorie), in: Zhongguo shehui kexue (Sozialwissenschaft in China), Beijing, 1992, Nr. 6
Sun, Shangqing	Nengyuan jiegou (Struktur der Energiewirtschaft), in: Ma Hong, Sun Shangqing (Hrsg.), Zhongguo Jingji Jiegou Wenti Yanjiu (Forschung über Strukturprobleme der chinesischen Wirtschaft) Beijing 1981, Bd. 1

Tang, Cengxiong	"Daqing youtian zhushui kaifa" (Sekundärwassertrieb im Erdölfeld Daqing), in: Shiyou Xuebao, Vol. 1, Nr. 1, 1980
Tatsu, Kambara	The Petroleum Industry in China, in: The China Quarterly, Nr. 60, Oct. - Dec. 1974
Timm, J.	Mathematische Grundlagen, Modelle und Grenzen der Risikoabschätzung, in: Kommission Reinhaltung der Luft im VDI und DIN (Hrsg.), Krebserzeugende Stoffe in der Umwelt - Herkunft, Messung, Risiko, Minimierung - Mannheim, 1991
Vitale, L.	Ist Lateinamerika feudal oder kapitalistisch?, in: Frank, A. G. (Hrsg.) Kritik des bürgerlichen Anti-Imperialismus, Entwicklung der Unterentwicklung, Ber-lin (W), 1969
Voppel, Götz	Die Industrialisierung der Erde, Stuttgart, 1990
Wagner, R. G	Biogasnutzung in ländlichen und städtische Regionen, in: Glaeser, Bernhard (Hrsg.) Umweltpolitik in China, Modernisierung und Umwelt in Industrie, Landwirtschaft und Energieerzeugung, Bochum 1983
Wang, Chunzheng	"Zhongguo guomin jingji fazan shuping" (Über volkswirtschaftliche Entwicklung in China), in: ZGJJNJ, 1992
Wang, Maolin	"Dui congcai jingji xiaoyi de chubu pouxi" (Vorläufige Analyse der Wirtschaftlichkeit des vollmechanisierten Abbaus), in: Jingji Wenti, Nr. 7, 1982
Wang, Menggui	"Jingji jianshe shinian" (10 Jahren vom wirtschaftlichen Aufbau), in: ZGJJNJ, 1989, Teil II, S. 34

Wang, Qingyi	Zhongguo nengyuan (Energiewirtschaft in China), Beijing, 1988
Wang, Wanmu	Huanjing wuran zaicheng jingji sunshi de zhansuan fangfa (Berechnungsmethode der von der Umweltverschmutzung verursachten wirtschaftlichen Verluste), in: Huanjing wuran yu Fangzhi (Umweltverschmutzung und Kontrolle), Qingdao, Dezember 1993,
Weber, Max,	Parlament und Regierung im neugeordneten Deutschland, in: ders., Gesammelte politische Schriften, München, 1921
	Gesammelte Aufsätze zur Religionssoziologie, Bd. I, Stuttgart, 1920
Weggel, Oskar	Der Wandel in China seit der Kulturrevolution, in: Bundeszentrale für politische Bildung Hrsg.), VR China im Wandel, Bonn
	Die Alternative China. Politik, Gesellschaft, Wirtschaft der VR China, Hamburg, 1973
Wei, Liqun	"Zhonguo guomin jingji de tiaozheng he fazhan" (Regulierung und Entwicklung der chinesischen Volkswirtschaft), in: ZGBKNJ, 1980, S. 290 - 291
Wei, Yanan	"Jianshe hedianzhan kaifa xin nengyuan" (Der Aufbau von Kernkraftwerken zur Erschließung neuer Energiequellen), in: Renmin Ribao, 14. 10. 1982
Weigelin, R.	Revisionismus jetzt auch in China? in: das neue China 2 , Frankfurt am Main, 1987
Weizsäcker, E. U. v.	Erdpolitik, Ökologische Realpolitik an der Schwelle zum Jahrhundert der Umwelt, Darmstadt 1992

Wiesegart, Kurt	Die Rolle der Wasserkraft in Chinas Energiesystem, in: Energiewirtschaftliche Tagesfragen, 1992, Heft 7, S. 466
	Gezeitenkraftwerke in der VR China, in: Energie - Wasser - Luft, Nr. 7/8, 1984
	Die Energiewirtschaft der Volksrepublik China - Die Entwicklung von Energieangebot und Energieverbrauch im Rahmen der sozialistischen Planwirtschaft seit 1949, Hamburg 1987
Wilhelm, Sighard	Ökosteuer - Marktwirtschaft und Umweltschutz, München, 1990
Wu, Peiru	"Meitan zai woguo nengyuan zhong de diwei he zuoyong" (Die Bedeutung und Nutzung der Kohle in Chinas Energiestruktur), in: Nengyuan, Nr. 1, 1981
Wu, Xiang	"Lun xiangzhen qiyede fazan" (Über die Entwicklung der ländlichen Kleinindustrie), in: ZGJJNJ, 1986
Xu, Jingfeng / Zhu, Shiren	"Wo guo huanjing wenti mei you quan minzu juexing jiang nanyi jiejue" (Ohne ein Erwachen des ganzen Volkes lassen sich Chinas Umweltprobleme kaum lösen), in: Shijie jingji dao bao, 302 (18. 8. 1986)
Xu, Shoubo	"Jishu jingjixue gailun" (Einführung in die technischen Wirtschaftwissenschaft), Shanghai 1981
Yang, Jun	"Mei de zhuanhua he zonghe leyong de tantao" (Über die Umwandlung von Kohle und deren umfassende Nutzung), in: Hongqi, Nr. 11, 1983

Yu, Cheung-Lieh	Industrielle Umweltverschmutzung und ihre Bekämpfung, in: Glaeser, Bernhard (Hrsg.), Umweltpolitik in China, Modernisierung und Umwelt in Industrie, Landwirtschaft und Energieversorgung, Bochum 1983
Yuan, Baohuo	Kuoda qiyezizhuquan wanshang jingji zerenzhi (Erweiterung der unternehmerischen Selbstständigkeit zur Vervollständigung der wirtschaftlichen Verantwortung), in: Zhongyangdang xuexiao zhengzhijingjishi (Abteilung der politischen Ökonomie der zentralen KPCh-Schule) (Hrsg.), Zhongguo jingji tizhi gaige yu xiandaihua jianshe de lilun he shiqian), Beijing, 1985
Yuan, Qinglin	"Zhongguo huanjing baohu shihua" (Geschichte des Umweltschutzes in China), Beijing, 1989
Yuan, Zhuren	"Xiao chengzhen huanjing zhiliang de fenxi" (Zur Analyse der Umweltqualität von Kleinstädten), in: Chengshi guihua, Nr. 2 (1987)
Zang, Mingchang	Nuclear Power Programme in China, in: Atomwirtschaft, Juni 1993
Zapf, Wolfgang	Modernisierung und Modernisierungstheorien, in: Zapf, Wolfgang (Hrsg.), Die Modernisierung moderner Gesellschaften, Frankfurt/ New York, 1990
Zhai, Ligong	"Qiantan nengyuan xiaofei de chanpin jiegou" (Über die Energieverbrauchstruktur der Produkte), in: Jingjiwenti, Nr. 6, 1982

Zhang, Hongming	Zai shehuizhuyi shichang jingji tizhixia jiaqiang zhengfu huanjing baohu zhinengde sikao (Gedanken über die Verstärkung der Rolle der Regierung beim Umweltschutz im sozialistischen Marktwirtschaftssystem), in: Huanjing wuran yu fangzhi (Umweltverschmutzung und Kontrolle), Qingdao, April 1995,
Zhang, Lisheng	Development of NHR and HTR in China, in: Atomwirtschaft, Juni, 1993
Zhang, Siping	"Jiangnan meitan ziyuan de kaifa liyong wenti" (Die Probleme bei der Erschließung und Nutzung der Kohlevorkommen südlich des Changjiang), in: Xuexi yu Sixiang, Nr. 3, 1981, S. 26, abgedruckt in: Gongye Jingji F 3, Nr. 17, 1981
Zhang, Sui	Zhongguo gongyehua (Industrialisierung in China), in: Jingjixue qingbao (Wirtschaftswissenschaftliche Informationen), Nr. 1, 1995,
Zhao, Dexiang	Zhonguo renmin gongheguo jingjishi (Wirtschaftsge-schichte der VR China), Xinxiang
Zhao, Longye	"Guo neiwai meitan ziyuan - yiji kantan yunshu quingkuang fenxi" (Die Kohlevorkommen im In- und Ausland - Analyse der Transportverhältnisse), in: Gongyue Jingji Guanli Congkan, Nr. 7, 1980
Zhi, Luchuan	"Woguo de dire ziyuan he bejing tianjin diqu de kaifa liyong xianzhuang" (Die geothermische Energie Chinas und deren Nutzung im Raum Beijing-Tianjin), in: Nengyuan, Nr. 2, 1983
Zhou, Daren	Jianshe youzhongguoteshe shehui zhuyide jiben lilun yu shiqian (Grundlegende Theorie und Praxis zum Aufbau des Sozialismus chinesischer Prägung), Beijing, 1991

Zhu, Chengzhang	Zhongguo nengyuan zhengcede xianzhuang ji qigaige (Die gegenwärtige Lage und Reform der chinesischen Energiepolitik), in: Jiu, Daxiong (Hrsg.), Shichang jingji yu zhongguo nengyuan fazhanzhanlüe (Die Marktwirtschaft und Entwicklungsstrategie der chinesischen Energiewirtschaft), Beijing, 1992
Zhu, Yinren	"Meitan ziyuan heli yu youxiao liyong wenti de tantao" (Über die angemessene und effiziente Nutzung der Kohleressourcen), in: Meitan Kexue Jishu, Nr. 5, 1981

Chinesische Zusammenfassung

中国的能源和环境政策与经济体制的改革
— 论生态性的税制改革的可行性

　　我的论文探讨了中国的能源和环境政策问题，并且将中国的能源和环境问题结合中国经济体制改革的问题，即中国的中央计划经济到市场经济的改革，和中国能源和环境政策之间存在着怎么样的相互影响，以及能源，环境和现代化三者之间的相互影响的关系一起加以探讨。

- 在现存的体制转轨模式中 能源和环境政策的弊病是否可以获得解决？
- 如果不能，又存在着什么样的理论的和实践的解决问题的方案？
- 这个可供选择的能源，环境政策，对于中国的经济体制改革的最终的构成能够产生什 么样的影响？

　　随着原苏联的解体，东西方的冲突在事实上已经结束了，自从原苏联解体以来，所有原具有社会主义性质的经济和社会制度的国家，都在寻找适合自己将来发展的新模式。这种尝试导致在那些国家里产生了很多社会的，政治的、和经济的秩序方面的问题，譬如效率，民主，经济发展和环境保护之间的互相关系等等，从七十年代末开始，中国进行了一系列渐进的经济体制的改革，它也遇到了上述问题。我们研究和解答这些问题需要一个恰当的，可以观测和研究这些国家的政治和经济的体制具体转换过程的抽象框架，和一个严谨的，和适应新情况的新的现代化理论。

　　每个研究都有一个出发点，理论的研究都是直接或间接地建立在客观现象的观察或者理论假设的基础上的，由此人们能够调查，分析、判断和预测事物的现象或本质及它们的发展趋势，提出各种解决问题的方案。如果我们要探讨中国现在的能源和环境政策，在客观标准上应该提供的首先是自然科学的分析。但是在能源和环境的研究领域内，实际上是不可能引入一个不可辩驳的绝对的客观标准，譬如建造原子能电站和它的生态影响之间，不存在一个自然科学的技术的鉴定，它或者存在着这样的、那样的问题或者没有诸如此类的问题。自然科学家所争论不休的关于原子能电站的安全性也有二种截然不同的意见，赞成建造原子能电站的的和反对建造原子能电站的各有人在。由此可见，在能源和环境问题的研究问题上并不存在自然科学的，绝对客观的方法。

　　这里必须强调综合学科首先是社会科学理论方法，在现代化理论以及能源和环境政策的研究方面的必要性和普遍的适用性，这些方法同样对中国的能源和环境政策的研究具有重要意义，一个考虑和联系目前中国的经济改革过程和它所涉及到方方面面的影响的，综合学科的研究方法首先具有相当重要的实际意义。

在我的论文中,我引用了 Ulrich Beck 的单一的现代化(Einfache Modernisierung)和反思的现代化(Reflexive Modernisierung)的区分标准,作为研究中国的能源和环境问题的理论方法。这种理论方法的重要性,在于它指出了传统发展理论对于解决中国能源和环境问题的困难性。在我深入探讨 Ulrich Beck 关于单一现代化理论和反思的现代化理论之间的区别之前,我分析了狭义的现代化理论的问题,从属理论的问题,和中国官方对现代化概念在意识形态角度上的诠释,譬如对国家和市场功能,以及能源、环境和发展之间的合理性问题。

传统的现代化理论被一些理论家譬如 Wolfgang Zapf 等人继续作为演译模式推荐,来说明目前在原社会主义国家内进行的改革。但是以传统的现代化理论为基本工具,来研究当今在很多发展中国家中的现代化进程和在前社会主义国家里所进行政治的、经济体制方面的改革,则是捉襟见肘、远远不敷应用的。如果人们今天还考虑将现代化进程作为一个活生生的,自身在不断地发展和变化着的,诸多社会现象或本质的矛盾的统一体来讨论社会的发展,人们应该也必须借助于不断地更新着的、和萌生着的社会科学的新的理论和理论萌芽,借助于的不断进步着的社会科学理论和理论研究方法。

由于当今存在的日益严重的生态危机,和同时在冷战之后有很多社会学的概念已失去了它们赖以存在的社会背景,譬如东方－西方或者左派－右派等等,在今天已经失去了它们的实际意义。由此看来单纯的、在传统的经济学和社会学范例基础上的,对当今中国的现代化和社会发展作经验性阐述是相当成问题的。为了如此众多既考虑到政治、经济和社会诸因数在现代化过程中的互相联系,又涉及到范围极广、专业交叉复杂的社会科学概念与它们的社会背景在意义上的适应性,我在研究方法上引入了 Ulrich Beck 的区分单一的现代化(传统的合理化改革)和反思的现代化(合理化的合理化改革)的方法,作为中国的未来的能源和环境政策决策的可供参考的理论背景之一。

在消除了冷战的背景之下,和在面对普遍存在着的自然生态由于工业发展而遭到很大破坏的现象面前,Ulrich Beck 批判了传统的现代化理论,他将传统的现代化理论置于反思的现代化理论的对面,而这个反思的现代化理论被他称之谓"合理化改革的合理化"。还在传统现代化理论的主要代表,譬如 Gabriel A. Almond, David E. Apter 和 S. N. Eisenstadt 等人认为德国的社会经济的发展是一个现代化成功的范例,Ulrich Beck 已经在1984年将它描述为产生危险成分大大多于财富的"风险社会"。在批判传统的现代化理论作为"单一现代化"的同时,他提出了"如果工业社会自身成为`传统`,将会发生什么?"的问题。

科学工作者在很多领域提出了一系列有关保护自然生态的现实政策的建议，这些政策反映了所谓的反思的现代化理论，其中由 Ernst U. Weizsäcker 为代表的"生态性的税制改革"，是本文探讨的重点。这些建立在反思的现代化理论背景下的保护自然生态的政策，也是我建议中国在制订能源和环境政策时，应於以考虑的具有实际可行性的解决能源和环境问题的政策。

此项研究的主要动机是：如何在当今全球范围内的"模仿并发展"的模式中（指模仿他人的模式，从中得到借鉴和找到自己的发展道路。），找出一条特别适合中国国情的、明智的社会经济发展的道路，所以我在论文中对传统的发展模式和对生态问题之间的互相矛盾关系进行了评述和批判，我在此介绍一些涉及我所要探讨的主要命题的论点，并尝试着找到一个理论上的和实践上的解决这种矛盾的方法，但这只限于在中华人民共和国的能源和环境政策的范围内。

目前西方关于中国环境问题讨论的文献，只是在连续不断地在阐述着中国环境污染的现状，和零星的、头疼医头、脚疼医脚的"技术性的针对措施"，譬如排除废气，烟尘污染的过滤设备等等。这些研究也因此明显地显露出，在一个包括政治解决方案方面在内的、系统的整体性的环境保护措施上的缺陷，这个方案不仅应该包括具体和系统的工具，而且也必须阐明和描述一个直接的，批判性的对于现代化理论的理论讨论。能源、环境和现代化三者之间的相互影响的依存关系，也已证明了新的现代化理论的讨论的必要性。

新的理论的认识，以及那些与此相关的对于中国的能源和环境政策的研究意义重大的可供选择的建议指出，特别是面对中国自1978年的现代化进程，和随之产生的环境污染的问题的也日益严重成为一个令人担忧的事实，我考虑以反思的现代化为理论背景的"生态性税制改革"作为解决单一现代化问题的手段，来研究中国的能源和环境问题。

为了避免在中国的社会文化背景下来释译西方概念，由于社会文化背景的不同而产生的误解，我在此应用了 Jürgen Habermas 的现实生活世界（Lebenswelt）和目的合理性之间的区别方法。

在中国人们可以看到，所谓的"传统性的"或者"前工业化的"环境破坏，如地面侵蚀，荒漠化和毁林面积在今天还在继续扩展。森林的砍伐在近年达到这样的规模，依此继续上升的森林砍伐率和微不足道的重新植林面积，大约不要几十年原始森林和人造森林都将消失贻尽，森林的大量砍伐导致了一系列的环境问题，譬如地面侵蚀，地表养份（如氮、磷、钾等）的失去使土地贫瘠化，流沙的沉淀降低了水库的储水能力和抗洪能力等等，水土流失的总量(每年约50亿吨)几乎三倍于中国肥料产量，此外在中国大多数水土流失区域还存在着一个不逆转的土地干旱的恶化趋势。

传统性的环境问题的原因在过去主要归咎于过多的人口，如人们认为由于大量的开垦荒地使草原，森林遭到破坏和荒漠化，在内蒙古，青海，新疆在1953年至1982年期间，人口由于大量移民由1260万增加到4120万。由于过度放牧造成草原植被迅速退化，而啮齿动物和蝗虫的增加也产生了新的生态问题。另外迅速增加的对木材燃料的需求也使荒漠化远远超出了新移民区的范围。

自从中华人民共和国建立以来，环境保护问题产生了一个新的特点，传统性的和前工业化的环境污染再叠加上"现代化的"或者"工业化的"环境污染（譬如水源和空气的污染），首先在城市里和工业中心由于过量排放的二氧化硫和混和烟尘产生了空气污染，这个状况可以和工业化化国家在五十年代的烟尘排放程度相当，由于工业化而引起的一个主要的环境问题便是全球的温室效应。

谨在下面例举一些支持我所探讨的主要命题的论点。

我的第一个与批判传统发展模式相关论点是：能源工业对生态和环境保护问题产生着很大的，重要的影响。

我的第二个与批判传统发展模式相关的论点是：现代化的高技术、大工业的生产方式对中国的环境问题的产生扮演着主要的角色，环境污染问题在质量和数量方面进一步的恶化，建造核电站和三峡工程就是在能源经济领域里的很好的例子－人们不应该忘记1986年发生的原苏联的切尔若贝利原子能电站事故的教训，此外由于严重的失业问题，使得这项需要极其大量资金投入的现代化项目，对于解决中国的庞大的失业人口毫无帮助，如果这些数以千亿计的巨额资金投入新型的可再生能源工业中，是可以向中国庞大的失业人口提供相当数量的工作位子的。

我的第三个与反思的现代化相关的论点是：一个纯粹的市场经济体制由于认识上的局限性，在解决环境问题和克服生态危机方面而受到了很大限制。在经济学上将这种情况用"公有财产"和"私有财产"的理论来解释，公有财产即是环境财产，从广义上来讲，是如水、土地、空气、植物、动物、田园风光、宁静（相对于超音而言）等等；与公有财产相对的是私有财产。当市场经济由于没有克服上述困难而无法正常运转时，国家就将以国家政策的方式介入干涉。而在环境保护政策方面值得一提的是所谓的极限值政策。在中国主要的环境保护措施是环境保护管理条例，环境保护管理的主要措施是维护环境保护标准，环保标准主要是由引起环境问题的各种有害物质的极限值所规定。后续引入的技术，譬如过滤装置等等的前提是已有的环境义务，而这个义务又是以各种危害环境的有害物质的极限值为基础构成的环保标准作为环保政策和环保法律的依据的。

我的第四个论点是：这个极限值政策，环境保护政策，以及后续引入技术的使用，在解决问题时就如 Ulrich Beck 批评的那样，是受到很大限制－他的批评是与区别单一现代化还是反思的现代化的问题密切相关的。此外人们还可以发现，在中国由于技术的相对落后以及行政管理设施的不足，广泛地控制环境污染，和对造成环境污染者的过失责任的准确判断和度量，以及由此来确定应由他们所承担的清除环境污染的费用是完全不可能的。再者由于受制于经济和技术手段的现实可行性，对随后增加的环保技术的资金投入也是有限度的。

生态性税制改革从预防原则，和促进可再生的能源的开发的意义上认识是非常必要的。就预防原则的意义上来说，此项税收，特别就税收标准而言，是无需基于大量数据计算得出的科学依据的，而仅只需要是一些大约能说法人的理由和议会里的多数而已。可再生的能源的使用再中国目前也只是达到中等程度的工艺技术水平，所谓的中等程度的环境保护技术工艺，是指那些适合于不发达国家的整体社会经济条件的技术、商业和组织方面的附助手段。此外，对可更新的能源的需求的迫切性，人们还可论证它对于中国的社会生态状况恶化－即失业日益严重的情况的改善大有帮助。

中国是能源短缺的国家，对此，作为单一现代化的特点之一的庞大的重工业要对中国的能源问题要负主要责任，它在整个国家的能源消耗中占很高的比例。整个中国工业要消耗掉她所生产的天然矿物能源的70％，而重工业就占其中一半以上达59％。由于工业在分配匮乏的能源资源时拥有优先权，所以在国民经济的其他方面，如农业、民用消费等等就面临着更为严重的能源供应短缺，而工业的能源供应极度紧张情况，并不因此而得到缓解，特别是在如上海、广州等城市以及邻近地区这样的高度工业化的地区。中国的能源政策对能源供应极其短缺的反应，是80年代在广州和上海附近兴建核电站。1990年中国政府曾明确表示将继续中国其他地区也兴建核电站。

简而言之，在整个中国造成能源、环境问题的主要原因是由整个工业方面，特别是重工业的高速增长而引起对能源供应的超负荷需求，以及以初级矿物能源原料为基础的能源供应结构已是支撑不住这种超负荷的能源需求。

此外，自从中华人民共和国成立以来，便宜的的煤炭价格导致了很差的能源使用效率。但从1978年中国政府在它的经济改革政策中逐渐引入了价格改革，并且中国在过去的这些年里一直在加深价格体制改革方面的力度。1993年政府通过一系列的政策性措施，如解除一部分指定的国营煤矿的煤炭出矿价格，以及提高原油和电力的价格等等，强化了能源价格的改革，使能源价格市场化。这样政府通过渐进的价格改革，在90年代把煤炭的价格在改革的过程中逐步的放开，在1992年已有20％的煤炭是以市场需求的价格成交的，而且完全放开煤炭的价格也已在计划中。

在中国如赵鼎等经济学家们曾建立了这样的一个公式，用它可以估算商品价格变动幅度的底限，譬如对于煤炭的价格变动的公式，包括资源税如下：

$$\frac{每单位的生产成本＋每单位的附加费用＋资源税＋每单位的生产成本×盈利率}{（1－税率）}$$

在生态方面的税制改革即意味着一步步地提高对自然资源的税收，生态性税制改革的主要目的，不是为了增加国家的税收，而是为了引导经济向有利于环境的方向发展。按德国经济学家和生态学家们如Ernst U. von Weizsäcker等人的调查，环境费用占国民生产总值的5~10％。为了产生所期望的保护生态的作用，应该把各种税收重新组合，使得环境税在数额上与环境费用相当，也占国民经济总额的5％－10％左右。随着生态性税收的引入，也有必要将能源和环境政策确定下来。值得一提的中心目标是：提高能源的使用效率和提高可再生能源在能源生产中的份额。最终的目的是使得能源的价格不仅仅只涉及生产成本和供求关系，而是从反思的现代化的意义上，将能源价格确定在包括由于能源生产和使用而对自然造成的影响的价值在内的实际的能源生产价值相一致的价值上。总的可以说，中国的能源政策是建立在矿物能源物资和现代化的原子能电站技术的基础上的。环境保护政策是用有害物资的极限值来界定环境污染的程度，来控制由于使用此类物资而造成的环境污染。以节约能源为基本原则作为一个积极的能源政策在中国在目前还不能见到，并且象太阳能这样的再生能源也未能得到大力的提倡。因此可以清楚地看出，中华人民共和国自从它的诞生以来开始的现代化进程，至少在能源和环境政策方面是一个向单一的现代化（传统的合理化改革）推进的过程。即在中央集权的范围内对譬如象三峡工程的全国性的合作和原子能电站的建设等规模巨大的工程进行规划和协调。它显示出，只有中央政府能承担如此巨大的组织和财政负担。从投资政策的角度看来，这些措施和农村的社会经济形势的继续恶化是有联系，虽然存在着极其严重的失业和低效，落后的中国农业急需大量的资金投入改造，但中央政府却把这些资金投入了诸如三峡工程和核电站等耗资巨大的庞大的现代化高技术项目上。除了中国农村的严重的失业状况外，由于三峡工程而造成的约一百万人的强制性的移民，它也需要大量的资金予以重新安置，又是一个简洁的例子。

　　反思的现代化的必要性不仅是对工业化国家过去的批判，它更放眼于未来的发展。所以反思的现代化理论不仅适合于工业化国家，而且对发展中的国家和地区来说也是具有极重要的所谓以"前人为鉴"的历史的经验和教训。鉴于有限的资源储备和过多的人口，能源和环境政策是一个慎重的选择，如何在非中央集权的范围内促进可再生能源的生产，以及在当前来说非常必要的是，在中央计划经济向市场经济的转换过程中引入和实行生态性的税制改革，使生态形势和就业形势首先在农村得到改善。这便是在中国实施以反思的现代化为理论背景的，重视生态和环境保护的能源和环境政策的意义。它由此也应该能够明智地引导古老的，改革开放中的中国在进入21世纪以后的现代化进程。

DUV Deutscher Universitäts Verlag
GABLER · VIEWEG · WESTDEUTSCHER VERLAG

Aus unserem Programm

Tobias Farny
Die Rückgabe Hong Kongs an die VR China
Wirtschaftspolitische Interessen beteiligter Länder
1997. XIII, 281 Seiten, 18 Abb., Br. DM 62,-/ ÖS 453,-/ SFr 56,50
DUV Sozialwissenschaft
ISBN 3-8244-4219-1
Eine disziplinübergreifende Analyse der wirtschaftspolitischen Interessen Großbritanniens, der USA und der Volksrepublik China im Zusammenhang mit der Rückgabe der Kronkolonie Hong Kong am 1. Juli 1997.

Silke Hecker
Kommunikation in ökologischen Unternehmenskrisen
Der Fall Shell und Brent Spar
1997. XII, 172 Seiten, 23 Abb., Broschur DM 42,-/ ÖS 307,-/ SFr 39,-
DUV Sozialwissenschaft
ISBN 3-8244-4214-0
Die Autorin analysiert Prämissen und Krisenbewältigungspotentiale bei ökologischen Unternehmenskrisen. Bei der Untersuchung des Fallbeispiels erweist sich das Modell der verständigungsorientierten Öffentlichkeitsarbeit geeignet zur Bestimmung kommunikativer Defizite.

Marie-Luise Pörtner
Die Blockfreien-Bewegung seit 1989
1997. XIII, 157 Seiten, 5 Tab., Broschur DM 42,-/ ÖS 307,-/ SFr 39,-
DUV Sozialwissenschaft
ISBN 3-8244-4209-4
Die Autorin analysiert die internationalen Beziehungen und die programmatischen Standortbestimmungen der Blockfreien, insbesondere auf deren Gipfelkonferenzen in Belgrad (1989), Jakarta (1992) und Cartagena (1995).

Die Bücher erhalten Sie in Ihrer Buchhandlung!
Unser Verlagsverzeichnis können Sie anfordern bei:

Deutscher Universitäts-Verlag
Postfach 30 09 44
51338 Leverkusen